이 책의 차례_Contents

PART 1
내용 이해, 추론 — 006

PART 2
제목, 중심 내용 찾기 — 032

PART 3
세부 정보 추론 — 046

PART 4
어휘 개이득 — 058

PART 5
평론 문학 — 076

PART 6
빈칸 추론 — 090

공무원 독해
새로운 독해

새로운
독해 2
- 출제 기조 전환 유형편

PART 7
순서 추론   102

정답과 해설   142

PART 8
작문과 화법   112

빠른 정답   178

PART 9
강화, 약화 추론   128

공무원 독해

새로운 독해 2

- 출제 기조 전환 유형편

PART 1

내용 이해, 추론

PART 1 내용 이해, 추론

PART 1: 내용 이해, 추론 등의 문제는 읽지 않고 푸는 법은 없다. 읽어야 풀린다. 단, 이러한 방법이 가능하다. (1) 우선, 논하고자 하는 제재인 글 전체의 논의 범주를 잡고, (2) 논의 범주의 방향을 잡아야 한다.(대비, 문제 해결, 과정 등) (3) 세부 정보를 읽을 때는 '새 독해 1'에서 함께 정리한 대비 코드를 기억하자. 대상만 대비하지 말고 기준에 맞게 속성까지 대비하자. 대비 대상의 공통점도 있을 것이다. 아울러, 경중을 따지면서 읽고, 병렬도 대비라는 사실을 잊지 말자. (4) 이렇게 어느 정도 읽은 수준에서 크로스체크를 하면서 지문과 선지를 비교해서 문제를 풀어 나가도록 하자. (5) 이때, 주체와 속성을 변환시키거나, 없는 원인을 삽입하는 등의 선지 구성 방식에도 유의하도록 하자.

<0> 출제 기조 전환 대표 문항

0. 다음 글을 이해한 내용으로 적절하지 않은 것은?

〈출제기조 전환 2차 예시문제〉

조선시대 기록을 보면 오늘날 급성전염병에 속하는 병들의 다양한 명칭을 확인할 수 있는데, 전염성, 고통의 정도, 질병의 원인, 몸에 나타난 증상 등 작명의 과정에서 주목한 바는 각기 달랐다.

예를 들어, '역병(疫病)'은 사람이 고된 일을 치르듯[役] 병에 걸려 매우 고통스러운 상태를 말한다. '여역(厲疫)'이란 말은 힘들다[疫]는 뜻에다가 사납다[厲]는 의미가 더해져 있다. 현재의 성홍열로 추정되는 '당독역(唐毒疫)'은 오랑캐처럼 사납고[唐], 독을 먹은 듯 고통스럽다[毒]는 의미가 들어가 있다. '염병(染病)'은 전염성에 주목한 이름이고, 마찬가지로 '윤행괴질(輪行怪疾)' 역시 수레가 여기저기 옮겨 다니듯 한다는 뜻으로 질병의 전염성을 크게 강조한 이름이다.

'시기병(時氣病)'이란 특정 시기의 좋지 못한 기운으로 인해 생기는 전염병을 말하는데, 질병의 원인으로 나쁜 대기를 들고 있는 것이다. '온역(溫疫)'에 들어 있는 '온(溫)'은 이 병을 일으키는 계절적 원인을 가리킨다. 이밖에 '두창(痘瘡)'이나 '마진(麻疹)' 따위의 병명은 피부에 발진이 생기고 그 모양이 콩 또는 삼씨 모양인 것을 강조한 말이다.

① '온역'은 질병의 원인에 주목하여 붙여진 이름이다.
② '역병'은 질병의 전염성에 주목하여 붙여진 이름이다.
③ '당독역'은 질병의 고통스러운 정도에 주목하여 붙여진 이름이다.
④ '마진'은 질병으로 인해 몸에 나타난 증상에 주목하여 붙여진 이름이다.

<문항 분석>

0. 다음 글을 이해한 내용으로 적절하지 않은 것은?

> 조선시대 기록을 보면 오늘날 급성전염병에 속하는 병들의 다양한 명칭을 확인할 수 있는데, 전염성, 고통의 정도, 질병의 원인, 몸에 나타난 증상 등 작명의 과정에서 주목한 바는 각기 달랐다.
> (논의하고자 하는 범주는 '급성전염병에 속하는 병들'이다. 그리고, 병렬도 대비이다. 즉, 앞으로 전염성 / 고통의 정도 / 질병의 원인 / 몸에 나타난 증상으로 대상들을 구별할 것이다.)
>
> 예를 들어, '역병(疫病)'은 사람이 고된 일을 치르듯[役] 병에 걸려 매우 고통스러운 상태를 말한다. '여역(癘疫)'이란 말은 힘들다[疫]는 뜻에다가 사납다[癘]는 의미가 더해져 있다. 현재의 성홍열로 추정되는 '당독역(唐毒疫)'은 오랑캐처럼 사납고[唐], 독을 먹은 듯 고통스럽다[毒]는 의미가 들어가 있다. '염병(染病)'은 전염성에 주목한 이름이고, 마찬가지로 '윤행괴질(輪行怪疾)' 역시 수레가 여기저기 옮겨 다니듯 한다는 뜻으로 질병의 전염성을 크게 강조한 이름이다.
> (역병, 당독역은 고통의 정도를 드러내는 표현이다. / 염병, 윤행괴질은 전염성에 착안한 표현들이다.)
>
> '시기병(時氣病)'이란 특정 시기의 좋지 못한 기운으로 인해 생기는 전염병을 말하는데, 질병의 원인으로 나쁜 대기를 들고 있는 것이다. '온역(溫疫)'에 들어 있는 '온(溫)'은 이 병을 일으키는 계절적 원인을 가리킨다. 이밖에 '두창(痘瘡)'이나 '마진(麻疹)' 따위의 병명은 피부에 발진이 생기고 그 모양이 콩 또는 삼씨 모양인 것을 강조한 말이다.
> (온역은 질병의 원인을 가리키고 있다. / 두창, 마진은 증상과 관련이 있다. 이렇게 1문단을 기점으로 읽어야 한다는 것과, 병렬도 대비이며, 대비적으로 읽어야 문제가 풀린다는 점을 잊지 말자.)

① '온역'은 질병의 원인에 주목하여 붙여진 이름이다.
 (온역은 질병의 계절적 원인을 제시하고 있으므로 맞다.)
② '역병'은 질병의 전염성에 주목하여 붙여진 이름이다.
 (정답이다. 역병은 고통의 정도를 드러낸 표현이다. 항상 잊지 말자. 병렬도 대비이다. 그러므로 해당 선지는 적절하지 않은 문제의 정답이다.)
③ '당독역'은 질병의 고통스러운 정도에 주목하여 붙여진 이름이다.
 (당독역, 역병은 고통의 정도를 드러내는 것이 맞다.)
④ '마진'은 질병으로 인해 몸에 나타난 증상에 주목하여 붙여진 이름이다.
 (마진과 두창은 질병으로 인한 증상에 주목한 것이다.)

정답: ②

<1> 실전 연습 문제

[1~2] 다음 글을 읽고 물음에 답하시오.

학습 목적으로 글을 읽을 때 독자는 문자 이외에 그림, 사진 등의 시각 자료가 포함된 글을 접하곤 한다. 시각 자료가 글 내용을 이해하는 데 도움을 준다는 견해에 따르면, 시각 자료는 문자 외에 또 다른 학습 단서가 된다. 문자로만 구성된 글을 읽을 때 독자는 머릿속으로 문자가 제공하는 정보, 즉 '문자 정보'만을 처리하지만, 시각 자료가 포함된 글을 읽을 때는 '이미지 정보'도 함께 처리한다. 이 두 정보들은 서로 참조되면서 연결되어 독자가 글 내용을 이해하는 데 상호 보완적으로 기여할 수 있다. 독자가 문자 정보를 떠올리지 못할 때 이미지 정보가 단서가 되어 글 내용을 기억하는 데도 도움을 준다.

시각 자료는 글 내용과 관련하여 어떤 목적으로 쓰이는가에 따라 예시적, 설명적, 보충적 시각 자료로 구분할 수 있다. 예시적 시각 자료는 글 내용을 시각화하여 보여 주는 데 목적이 있다. 설명적 시각 자료는 글 내용을 시각화하여 제시하는 목적에 더하여 글에서 다룬 내용을 보완하는 목적으로 쓰인다. 보충적 시각 자료는 글의 주제와 관련이 있지만 글에서 다루어지지 않은 내용을 추가하여 보충하는 목적으로 쓰인다. 이에 따라 보충적 시각 자료는 글 내용의 범위를 확장하는 특징이 있다. 이외에 독자의 흥미를 유발하거나 글 내용과 관련 없이 여백을 메우는 목적으로 장식적 시각 자료가 쓰이기도 한다.

㉠글 내용과 관련된 시각 자료를 포함한 글을 읽을 때, 독자는 글의 내용과 시각 자료의 관계를 살피고 시각 자료로 강조된 중요한 정보를 파악해야 한다. 또한 시각 자료가 설명 대상이나 개념을 적절하게 표현하는지, 글에서 효과적으로 쓰이는지를 판단해야 한다. 이를 토대로, 독자는 글 내용과 이에 적합한 시각 자료를 종합하여 의미를 구성해야 한다. 독자는 매력적인 시각 자료에 사로잡혀 읽기의 목적을 잃지 않고, 낯설고 복잡한 시각 자료도 읽어 내는 능동성을 발휘할 필요가 있다.

1. 윗글의 내용과 일치하지 않는 것은?

① 시각 자료는 여백을 채우는 목적으로 쓰이기도 한다.
② 글에서 중요한 정보를 시각 자료를 통해 부각할 수 있다.
③ 독자가 시각 자료에 끌리다 보면 글을 읽는 목적을 잃을 수 있다.
④ 시각 자료의 용도는 머릿속에서 처리되는 정보의 종류에 따라 구분된다.

2. ㉠에 대한 이해로 적절하지 않은 것은?

① 문자 정보와 이미지 정보는 상호 참조되어 보완적으로 작용할 수 있다.
② 문자로만 구성된 글보다 내용을 이해하기가 쉬웠다면 이미지 정보가 단서가 되었을 수 있다.
③ 글에서 설명하는 개념과 시각 자료의 관련성을 따지고 시각 자료의 적절성을 판단할 필요가 있다.
④ 문자 정보 처리와 이미지 정보 처리를 통해 연결된 정보를 독자가 떠올려야 글의 내용을 기억할 수 있다.

[3] 다음 글을 읽고 물음에 답하시오.

'표시광고법'은 소비자를 속이거나 오인하게 할 우려가 있는 부당한 광고를 금지한다. 광고는 표현의 자유와 영업의 자유로 보호받는다. 하지만 사실과 다르거나 사실을 지나치게 부풀리는 거짓·과장 광고, 사실을 은폐하거나 축소하는 기만 광고를 금지한다. 이를 위반한 사업자는 시정명령이나 과징금 부과 또는 형사 처벌 대상이 될 수 있다.

추천·보증과 이용후기를 활용한 인터넷 광고가 늘면서 부당광고 심사 기준이 중요해졌다. 공정거래위원회의 '추천·보증 광고 심사 지침', '인터넷 광고 심사 지침'에 따르면 추천·보증은 사업자의 의견이 아니라 제3자의 독자적 의견으로 인식되는 표현으로서, 해당 상품·용역의 장점을 알리거나 구매·사용을 권장하는 것이다. 경험적 사실을 근거로 추천·보증을 할 때는 실제 사용해 봐야 하고 추천·보증을 하는 내용이 경험한 사실에 부합해야 부당한 광고로 제재받지 않는다. 전문적 판단을 근거로 추천·보증을 할 때는 그 내용이 해당 분야의 전문적 지식에 부합해야 한다. 추천·보증이 광고에 활용되면서 추천·보증을 한 사람이 사업자로부터 현금 등의 대가를 지급받는 등 경제적 이해관계가 있다면 해당 게시물에 이를 명시해야 한다.

위의 두 심사 지침에서 말하는 이용후기 광고란 사업자가 자사 홈페이지 등에 게시된 소비자의 상품 이용후기를 활용해 광고하는 것이다. 사업자는 자신에게 유리한 이용후기는 광고로 적극 활용한다. 반면 사업자는 자신에게 불리한 이용후기는 비공개하거나 삭제하기도 하는데, 합리적 이유가 없다면 이는 부당한 광고가 될 수 있다. 사업자는 자신에게 불리한 이용후기의 게시자를 인터넷상 명예훼손죄로 고소하기도 한다. 이때 이용후기가 객관적 내용으로 자신의 사용 경험에 바탕을 두고 다른 이용자에게 도움을 주려는 등 공공의 이익에 관한 것으로 인정받는다면, 게시자의 비방할 목적이 부정되어 명예훼손죄가 성립하지 않는다.

3. 윗글에 대한 이해로 가장 적절한 것은?

① 경험적 사실을 바탕으로 한 추천·보증은 심사 지침에 따라 해당 분야의 전문적 지식에 부합해야 한다.

② 이용후기 광고를 할 때 사업자는 영업의 자유를 보호받지만 표현의 자유는 보호받지 못한다.

③ 이용후기 광고는 사업자가 자사의 홈페이지에 직접 작성해서 게시한 이용후기를 광고로 활용하는 것을 포함하지 않는다.

④ 부당한 광고 행위에 대해서는 형사 처벌이 내려질 수 없다.

[4~5] 다음 글을 읽고 물음에 답하시오.

공정거래위원회는 시장 경쟁을 촉진하고 소비자 주권을 확립하기 위해, 사업자의 불공정한 거래 행위와 부당한 광고를 규제한다. 이를 위해 '공정거래법'을 활용한다.

'공정거래법'은 사업자의 재판매 가격 유지 행위를 원칙적으로 금지한다. 재판매 가격 유지 행위란 사업자가 상품·용역을 거래할 때 거래 상대방 사업자 또는 그다음 거래 단계별 사업자에게 거래 가격을 정해 그 가격대로 판매·제공할 것을 강제하거나 그 가격대로 판매·제공하도록 그 밖의 구속 조건을 ⓐ붙여 거래하는 행위이다. 이때 거래 가격에는 재판매 가격, 최고 가격, 최저 가격, 기준 가격이 포함된다. 권장 소비자 가격이라도 강제성이 있다면 재판매 가격 유지 행위에 해당한다.

재판매 가격 유지 행위는 사업자의 가격 결정의 자유, 즉 영업의 자유를 제한하고 사업자 간 가격 경쟁을 제한한다. 유통 조직의 효율성도 저하시킨다. 재판매 가격 유지 행위를 하는 사업자는 형사 처벌은 받지 않지만 시정명령이나 과징금 부과 대상이 될 수 있다. 다만, '공정거래법'에 따라 공정거래위원회가 고시하는 출판된 저작물은 금지 대상이 아니다. 또 경쟁 제한의 폐해보다 소비자 후생 증대 효과가 큰 경우 등 정당한 이유가 있으면 재판매 가격 유지 행위가 허용되는데, 그 이유는 사업자가 입증해야 한다.

4. 윗글을 통한 이해로 가장 적절한 것은?

① 거래 단계별 사업자에게 거래 가격을 강제하는 것은 유통 조직의 효율성 저하를 초래할 수 없다.
② 재판매 가격 유지 행위의 정당성을 인정받고자 하는 사업자는 그 행위의 정당성을 입증할 책임을 지지 않는다.
③ 공정거래위원회가 고시하는 출판된 저작물의 사업자는 거래 상대방 사업자에게 기준 가격을 지정할 수 있다.
④ 재판매 가격 유지 행위를 '공정거래법'에서 금지하는 목적은 사업자의 가격 결정의 자유를 제한하기 위한 것이다.

5. ⓐ와 문맥상 의미가 가장 가까운 것은?

① 그는 내 의견에 본인의 견해를 <u>붙여</u> 발언을 이어 갔다.
② 나는 수영에 재미를 <u>붙여</u> 수영장에 다니기로 결정했다.
③ 그는 따뜻한 바닥에 등을 <u>붙여</u> 잠깐 동안 잠을 청했다.
④ 나는 알림판에 게시물을 <u>붙여</u> 동아리 행사를 홍보했다.

[6~8] 다음 글을 읽고 물음에 답하시오.

　㉠전통적인 철학적 미학은 세계관, 인간관, 정치적 이념과 같은 심오한 정신적 내용의 미적 형상화를 예술의 소명으로 본다. 반면 현대의 ㉡체계 이론 미학은 내용적 구속성에서 벗어난 예술을 진정한 예술로 여긴다. 이는 예술이 미적 유희를 통제하는 모든 외적 연관에서 벗어나 하나의 자기 연관적 체계로 확립되어 온 과정을 관찰하고 분석함으로써 얻은 결론이다. 이 이론은 자율성을 참된 예술의 조건으로 보는 이들이 선호할 만하다. 그렇다면 현대의 새로운 예술 장르인 뮤지컬은 어떻게 진술될 수 있을까?
　뮤지컬은 여러 가지 형식적 요소로 구성되는데, 이것들은 내용, 즉 작품의 줄거리나 주제를 실질적으로 구현하는 역할을 한다. 전통적인 철학적 미학에 따르면 참된 예술은 훌륭한 내용과 훌륭한 형식이 유기적으로 조화될 때 달성된다. 이러한 고전적 기준을 수용할 때, 훌륭한 뮤지컬 작품은 어느 한 요소라도 ⓐ소홀히 한다면 만들어지기 어렵다. 뮤지컬은 기본적으로 극적 서사를 지니기에 훌륭한 극본이 요구되고, 그 내용이 노래와 춤으로 표현되기에 음악과 무용도 핵심이 되며, 이것들의 효과는 무대 장치, 의상과 소품 등을 통해 배가되기 때문이다.
　그런데 찬사를 받는 뮤지컬 중에는 전통적 기준의 충족과는 거리가 먼 사례가 적지 않다. 가령 A. L. 웨버는 대표작 〈캐츠〉의 일차적 목표를 다양한 형식의 볼거리와 들을 거리로 관객을 즐겁게 하는 데 두었다. 〈캐츠〉는 고양이들을 주인공으로 한 T. S. 엘리엇의 우화집에서 소재를 빌렸지만, 이 작품의 핵심은 내용의 충실한 전달에 있는 것이 아니라 어떤 기발한 무대에서 얼마나 다채롭고 완성도 있는 춤과 노래가 펼쳐지는가에 있다. 뮤지컬을 '레뷰(revue)', 즉 버라이어티 쇼로 바라보는 최근의 관점은 바로 이 점에 근거한다.
　체계 이론 미학의 기준을 끌어들일 때, 레뷰로서의 뮤지컬은 예술로서의 예술의 한 범례로 꼽힐 수 있다. 물론 이러한 유형의 미학이 완전히 주류로 확립된 것은 아니다. 전통적인 철학적 미학도 여전히 지지를 얻는 예술관의 하나이기 때문이다. 이 입장에 준거할 때 체계 이론 미학의 예술관은 예술을 명예롭게 하는 숭고한 가치 지향성을 아예 포기하는 형식 지상주의적 예술관으로 해석될 수 있다.

6. ㉠과 ㉡에 대한 이해로 적절한 것은?
① ㉠은 내용적 요소와 형식적 요소를 모두 중시한다.
② ㉡은 자율적 예술의 탄생을 주도적으로 이끈 이론이다.
③ ㉠과 ㉡이 적용되는 예술 장르는 서로 다르다.
④ ㉡은 ㉠을 대체할 수 있는 새로운 주류 이론이다.

7. 〈캐츠〉에 대한 감상 중 최근의 관점에 가장 가까운 것은?
① 멋진 춤과 노래가 어우러진 공연이 충분한 볼거리를 제공했기 때문에, 원작과 관계없이 만족했어요.
② 감독이 고양이들의 등장 장면에 채택한 연출 방식이 작품의 주제 구현을 오히려 방해해서 실망했어요.
③ 늙은 암고양이의 회한이 담긴 노래의 가사는 들을 때마다 소외된 사람들에 대한 연민을 불러일으켜요.
④ 기발한 조명과 의상이 사용된 것을 보고, 원작의 심오한 주제에 걸맞은 연출 방식이구나 하며 감탄했어요.

8. 문맥상 ⓐ와 바꾸어 쓰기에 가장 적절한 것은?
① 멸시(蔑視)한다면
② 천시(賤視)한다면
③ 등한시(等閑視)한다면
④ 문제시(問題視)한다면

[9~10] 다음 글을 읽고 물음에 답하시오.

어떤 경제 주체의 행위가 자신과 거래하지 않는 제3자에게 의도하지 않게 이익이나 손해를 주는 것을 '외부성'이라 한다. 과수원의 과일 생산이 인접한 양봉업자에게 벌꿀 생산과 관련한 이익을 준다든지, ㉠공장의 제품 생산이 강물을 오염시켜 주민들에게 피해를 주는 것 등이 대표적인 사례이다.

외부성은 사회 전체로 보면 이익이 극대화되지 않는 비효율성을 초래할 수 있다. 개별 경제 주체가 제3자의 이익이나 손해까지 고려하여 행동하지는 않을 것이기 때문이다. 예를 들어,

[A] ┌ 과수원의 이윤을 극대화하는 생산량이 Q_a라고 할 때, 생산량을 Q_a보다 늘리면 과수원의 이윤은 줄어든다. 하지만 이로 인한 과수원의 이윤 감소보다 양봉업자의 이윤 증가가 더 크다면, 생산량을 Q_a보다 늘리는 것이 사회적으로 바람직하다.

하지만 과수원이 자발적으로 양봉업자의 이익까지 고려하여 생산량을 Q_a보다 늘릴 이유는 없다.

전통적인 경제학은 이러한 비효율성의 해결책이 보조금이나 벌금과 같은 정부의 개입이라고 생각한다. 보조금을 받거나 벌금을 내게 되면 제3자에게 주는 이익이나 손해가 더 이상 자신의 이익과 무관하지 않게 되므로, 자신의 이익에 충실한 선택이 사회적으로 바람직한 결과로 이어진다는 것이다.

그러나 전통적인 경제학은 모든 시장 거래와 정부 개입에 시간과 노력, 즉 비용이 든다는 점을 간과하고 있다. 외부성은 이익이나 손해에 관한 협상이 너무 어려워 거래가 일어나지 못하는 경우이므로, 보조금이나 벌금뿐만 아니라 협상을 쉽게 해 주는 법과 규제도 해결책이 될 수 있다. 어떤 방식이든, 정부 개입은 비효율성을 줄이는 측면도 있지만 개입에 드는 비용으로 인해 비효율성을 늘리는 측면도 있다.

9. 윗글의 내용에 대한 이해로 적절하지 않은 것은?

① 이익이나 손해를 주고받는 당사자들 사이에 그 손익에 관한 거래가 이루어지는 경우는 외부성에 해당되지 않는다.
② 제3자에게 이익을 주는 외부성은 사회 전체적으로 비효율성을 초래하지 않는다.
③ 전통적인 경제학은 보조금을 지급하거나 벌금을 부과하는 데 따르는 비용을 고려하지 않는다.
④ 사회 전체적으로 보아 이익을 더 늘릴 여지가 있다면 그 사회는 사회적 효율성이 충족된 것이 아니다.

10. ㉠의 사례를 [A]처럼 설명할 때, 〈보기〉의 ㉮~㉰에 들어갈 말로 옳은 것은?

〈 보 기 〉

공장의 이윤을 극대화하는 생산량이 Q_b라고 할 때, 생산량을 Q_b보다 (㉮) 공장의 이윤은 줄어든다. 하지만 이로 인한 공장의 이윤 감소보다 주민들의 피해 감소가 더 (㉯), 생산량을 Q_b보다 (㉰) 것이 사회적으로 바람직하다.

	㉮	㉯	㉰
①	줄이면	크다면	줄이는
②	줄이면	크다면	늘리는
③	늘리면	작다면	줄이는
④	늘리면	작다면	늘리는

[11~13] 다음 글을 읽고 물음에 답하시오.

고대 그리스 시대의 사람들은 신에 의해 우주가 운행된다고 믿는 결정론적 세계관 속에서 신에 대한 두려움이나, 신이 야기한다고 생각되는 자연재해나 천체 현상 등에 대한 두려움을 떨치지 못했다. 에피쿠로스는 당대의 사람들이 이러한 잘못된 믿음에서 벗어나도록 하는 것이 중요하다고 보았고, 이를 위해 인간이 행복에 이를 수 있도록 자연학을 바탕으로 자신의 사상을 전개하였다.

에피쿠로스는 신의 존재는 인정하나 신의 존재 방식이 인간이 생각하는 것과는 다르다고 보고, 신은 우주들 사이의 중간 세계에 살며 인간사에 개입하지 않는다는 ㉠이신론(理神論)적 관점을 주장한다. 그는 불사하는 존재인 신은 최고로 행복한 상태이며, 다른 어떤 것에도 고통을 주지 않고, 모든 고통은 물론 분노와 호의와 같은 것으로부터 자유롭다고 말한다. 따라서 에피쿠로스는 인간의 세계가 신에 의해 결정되지 않으며, 인간의 행복도 자율적 존재인 인간 자신에 의해 완성된다고 본다.

한편 에피쿠로스는 인간의 영혼도 육체와 마찬가지로 미세한 입자로 구성된다고 본다. 영혼은 육체와 함께 생겨나고 육체와 상호작용하며 육체가 상처를 입으면 영혼도 고통을 받는다. 더 나아가 육체가 소멸하면 영혼도 함께 소멸하게 되어 인간은 사후(死後)에 신의 심판을 받지 않으므로, 살아 있는 동안 인간은 사후에 심판이 있다고 생각하여 두려워할 필요가 없게 된다. 이러한 생각은 인간으로 하여금 죽음에 대한 모든 두려움에서 벗어나게 하는 근거가 된다.

이러한 에피쿠로스의 ㉡자연학은 우주와 인간의 세계에 대한 비결정론적인 이해를 가능하게 한다. 이는 원자의 운동에 관한 에피쿠로스의 설명에서도 명확히 드러난다. 그는 원자들이 수직 낙하 운동이라는 법칙에서 벗어나기도 하여 비스듬히 떨어지고 충돌해서 튕겨 나가는 우연적인 운동을 한다고 본다. 그리고 우주는 이러한 원자들에 의해 이루어졌으므로, 우주 역시 우연의 산물이라고 본다. 따라서 우주와 인간의 세계에 신의 관여는 없으며, 인간의 삶에서도 신의 섭리는 찾을 수 없다고 한다. 에피쿠로스는 이러한 생각을 인간이 필연성에 얽매이지 않고 자신의 삶을 주체적으로 살아갈 수 있게 하는 자유 의지의 단초로 삼는다.

에피쿠로스는 이를 토대로 자유로운 삶의 근본을 규명하고 인생의 궁극적 목표인 행복으로 이끄는 ㉢윤리학을 펼쳐 나간다. 결국 그는 인간이 신의 개입과 우주의 필연성, 사후 세계에 대한 두려움에서 벗어날 수 있도록 함으로써, 자신의 삶을 자율적이고 주체적으로 살 수 있는 길을 열어 주었다. 그리고 쾌락주의적 윤리학을 바탕으로 영혼이 안정된 상태에서 행복 실현을 추구할 수 있는 방안을 제시하였다.

11. 윗글의 표제와 부제로 가장 적절한 것은?

① 에피쿠로스 사상의 성립 배경
 - 인간과 자연의 관계를 중심으로
② 에피쿠로스 사상의 목적과 의의
 - 신, 인간, 우주에 대한 이해를 중심으로
③ 에피쿠로스 사상에 대한 비판과 옹호
 - 사상의 한계와 발전적 계승을 중심으로
④ 에피쿠로스 사상을 둘러싼 논쟁과 이견
 - 당대 세계관과의 비교를 중심으로

12. ㉠~㉢에 대한 이해로 가장 적절한 것은?

① ㉠은 인간이 두려움을 갖는 이유를, ㉡과 ㉢은 신에 대한 의존에서 벗어나게 하는 방법을 제시한다.
② ㉠은 우주가 신에 의해 운행된다고 믿는 근거를, ㉡과 ㉢은 인간의 사후에 대해 탐구하는 방법을 제시한다.
③ ㉠과 ㉡은 인간이 영혼과 육체의 관계를 탐구하는 이유를, ㉢은 모든 두려움에서 벗어나는 방법을 제시한다.
④ ㉠과 ㉡은 인간이 잘못된 믿음에서 벗어날 수 있는 근거를, ㉢은 행복에 이르도록 하는 방법을 제시한다.

13. 다음 중 '에피쿠로스'의 입장을 약화시키는 것만을 고르면?

> ㄱ. 신이 분노와 호의로부터 자유로운 상태라면 인간의 세계에 개입을 하지 않는다는 뜻일 텐데, 신의 섭리에 따라 인간의 삶을 이해하려고 하면 안 된다.
> ㄴ. 원자가 법칙에서 벗어나 우연적인 운동을 한다는 것은 인과 관계 없이 뜻하지 않게 움직인다는 뜻일 텐데, 그것은 자유 의지의 단초가 될 수 없다.
> ㄷ. 인간이 죽음에 대해 두려움을 느낀다면 죽음에 이르는 고통 때문일 수도 있을 텐데, 사후에 대한 두려움을 떨쳐 버리는 것만으로 그것이 해소될 수 없다.
> ㄹ. 인간이 자연재해를 무서워한다면 자연재해 그 자체 때문일 수도 있을 텐데, 신이 일으키지 않았다고 하더라도 자연재해에 대한 두려움 자체에서는 벗어날 수 없다.

① ㄱ, ㄴ
② ㄱ, ㄹ
③ ㄷ, ㄹ
④ ㄴ, ㄷ, ㄹ

[14~16] 다음 글을 읽고 물음에 답하시오.

특허권은 발명에 대한 정보의 소유자가 특허 출원 및 담당 관청의 심사를 통하여 획득한 특허를 일정 기간 독점적으로 사용할 수 있는 법률상 권리를 말한다. 한편 영업 비밀은 생산 방법, 판매 방법, 그 밖에 영업 활동에 유용한 기술상 또는 경영상의 정보 등으로, 일정 조건을 갖추면 법으로 보호받을 수 있다. 법으로 보호되는 특허권과 영업 비밀은 모두 지식 재산인데, 정보 통신 기술(ICT) 산업은 이 같은 지식 재산을 기반으로 창출된다. 지식 재산 보호 문제와 더불어 최근에는 ICT 다국적 기업이 지식 재산으로 거두는 수입에 대한 과세 문제가 불거지고 있다.

일부 국가에서는 ICT 다국적 기업에 대해 디지털세 도입을 진행 중이다. 디지털세는 이를 도입한 국가에서 ICT 다국적 기업이 거둔 수입에 대해 부과되는 세금이다. 디지털세의 배경에는 법인세 감소에 대한 각국의 우려가 있다. 법인세는 국가가 기업으로부터 걷는 세금 중 가장 중요한 것으로, 재화나 서비스의 판매 등을 통해 거둔 수입에서 제반 비용을 제외하고 남은 이윤에 대해 부과하는 세금이라 할 수 있다.

많은 ICT 다국적 기업이 법인세율이 현저하게 낮은 국가에 자회사를 설립하고 그 자회사에 이윤을 몰아주는 방식으로 법인세를 회피한다는 비판이 있어 왔다. 예를 들면 ICT 다국적 기업 Z사는 법인세율이 매우 낮은 A국에 자회사를 세워 특허의 사용 권한을 부여한다. 그리고 법인세율이 A국보다 높은 B국에 설립된 Z사의 자회사에서 특허 사용으로 수입이 발생하면 Z사는 B국의 자회사로 하여금 A국의 자회사에 특허 사용에 대한 수수료인 로열티를 지출하도록 한다. 그 결과 Z사는 ⓐB국의 자회사에 법인세가 부과될 이윤을 최소화한다. ICT 다국적 기업의 본사를 많이 보유한 국가에서도 해당 기업에 대한 법인세 징수는 문제가 된다. 그러나 그중 어떤 국가들은 ICT 다국적 기업의 활동이 해당 산업에서 자국이 주도권을 유지하는 데 중요하기 때문에라도 디지털세 도입에는 방어적이다.

14. 윗글을 읽고 답을 찾을 수 있는 질문에 해당하지 않는 것은?

① 법으로 보호되는 특허권과 영업 비밀의 공통점은 무엇인가?
② 영업 비밀이 법적 보호 대상으로 인정받기 위한 절차는 무엇인가?
③ ICT 다국적 기업의 수입에 과세하는 제도 도입의 배경은 무엇인가?
④ 로열티는 ICT 다국적 기업의 법인세를 줄이는 데 어떻게 이용되는가?

15. 디지털세에 대한 이해로 가장 적절한 것은?

① 도입된 국가에서 ICT 다국적 기업이 거둔 수입에 부과된다.
② 이윤에서 제반 비용을 제외한 금액에 부과된다.
③ ICT 산업에서 주도적인 국가는 도입에 적극적이다.
④ 여러 국가에 자회사를 설립하는 방식으로 줄일 수 있다.

16. 문맥상 ⓐ와 바꿔 쓰기에 적절하지 않은 것은?

① Z사의 전체적인 법인세 부담을 줄인다
② A국의 자회사가 거두는 수입을 늘린다
③ A국의 자회사가 얻게 될 이윤을 줄인다
④ B국의 자회사가 낼 법인세를 최소화한다

[17~18] 다음 글을 읽고 물음에 답하시오.

　근대 이후 서양의 철학자들은 과학적 세계관이 대두하면서 이전과는 달리 인과를 물리적 작용 사이의 관계로 국한하려는 경향을 보였다. 문제는 흄이 지적했듯이 인과 관계 그 자체는 직접 관찰할 수 없다는 것이다. 원인과 결과에 해당하는 사건만을 관찰할 수 있을 뿐이다. 가령 "추위 때문에 강물이 얼었다."는 직접 관찰한 물리적 사실을 진술한 것이 아니다. 그래서 인과가 과학적 개념인지에 대한 의심이 철학자들 사이에 제기되었다. 이에 인과를 과학적 세계관, 즉 물리적 속성의 변화와 전달에 입각하여 이해하려는 시도가 새면의 과정 이론이었다. 그러나 이 이론은 물리적 세계 바깥의 관계를 설명하기 어렵다는 한계가 있다.
　한편, 자연 현상과 인간사를 인과 관계로 설명하는 동아시아의 대표적 논의는 재이론(災異論)이다. 한대의 동중서는 하늘이 덕을 잃은 군주에게 재이를 내려 견책한다는 천견설과, 인간과 하늘에 공통된 음양의 기(氣)를 통해 하늘과 인간이 서로 감응한다는 천인감응론을 결합하여 재이론을 체계화하였다. 그에 따르면, 군주가 실정(失政)을 저지르면 그로 말미암아 변화된 음양의 기를 통해 감응한 하늘이 가뭄과 홍수, 일식과 월식 등 재이를 통해 경고를 내린다. 이때 재이는 군주권이 하늘로부터 비롯된 것임을 입증하는 것이자 군주의 실정에 대한 경고였다.
　양면적 성격의 재이론은 신하가 정치적 논의에 참여할 수 있는 명분을 제공하였고, 재이가 발생하면 군주가 직언을 구하고 신하가 이에 응하는 전통으로 구체화되었다. 하지만 동중서 이후, 원인으로서의 인간사와 결과로서의 재이를 일대일로 대응시켜 설명하는 개별적 대응 방식은 억지가 심하다는 평가를 받았다. 이 방식은 오히려 ㉠예언화 경향으로 이어져 재이를 인간사의 징조, 인간사를 재이의 결과로 대응시키는 풍조를 낳기도 하였고, 요망한 말로 백성을 미혹시켰다는 이유로 군주가 직언을 하는 신하를 탄압하는 빌미가 되기도 하였다.
　이후 재이에 대한 예언적 해석은 비판의 대상이 되었고, 천인감응론 또한 부정되기도 하였다. 하지만 재이론은 여전히 정치 현장에서 사라지지 않았다. 송대 학자 주희가 보기에 군주의 적극적인 대응을 유도하며 안전한 언론 활동의 기회를 제공했던 재이론이 폐기되는 것은, 신하의 입장에서 유용한 정치적 기제를 잃는 것이었다. 이 때문에 그는 군주를 경계하는 적절한 방법을 찾고자 재이론을 고수하였다. 그는 재이에 대한 개별적 대응 대신 군주에게 허물과 잘못이 쌓이면 이에 하늘이 감응하여 변칙적인 자연 현상이 일어날 것이라는 ㉡전반적 대응설을 제시하고, 재이를 군주의 심성 수양 문제로 귀결시키며 재이론의 역사적 수명을 연장하였다.

17. ㉠, ㉡에 대한 설명으로 가장 적절한 것은?

① ㉠은 군주의 과거 실정에 대한 경고로서 재이의 의미가 강조되어 신하의 직언을 활성화하는 방향으로 활용되었다.
② ㉠은 이전과 달리 인간사와 재이의 인과 관계를 역전시켜 재이를 인간사의 미래를 알려 주는 징조로 삼는 데 활용되었다.
③ ㉡은 개별적인 재이 현상을 물리적 작용이라 보고 정치와 무관하게 재이를 이해하는 기초로 활용되었다.
④ ㉡은 누적된 실정과 특정한 재이 현상을 연결 짓는 방식으로 이어져 군주의 권력을 강화하는 데 활용되었다.

18. 〈보기〉는 윗글의 주제와 관련한 동서양 학자들의 견해이다. 윗글을 읽은 학생이 〈보기〉에 대해 보인 반응으로 적절하지 않은 것은?

〈 보 기 〉

㉮ 만약 인과 관계가 직접 관찰될 수 없다면, 물리적 속성의 변화와 전달과 같은 관찰 가능한 현상을 탐구하는 것이 인과 개념을 과학적으로 규명하는 올바른 경로이다.
㉯ 인과 관계란 서로 다른 대상들이 물리적 성질들을 서로 주고받는 관계일 수밖에 없다. 그러한 두 대상은 시공간적으로 연결되어 있어야만 한다.
㉰ 덕이 잘 닦인 치세에서는 재이를 찾아볼 수 없었고, 세상의 변고는 모두 난세의 때에 출현했으니, 하늘과 인간이 서로 통하는 관계임을 알 수 있다.

① 흄의 문제 제기와 ㉮로부터, 과정 이론이 인과 개념을 과학적으로 규명하려는 시도의 하나임을 이끌어낼 수 있겠군.
② 인과 관계를 대상 간의 물리적 상호 작용으로 국한하는 ㉯의 입장은 대상 간의 감응을 기반으로 한 동중서의 재이론이 보여 준 입장과 부합하겠군.
③ 치세와 난세의 차이를 재이의 출현 여부로 설명하는 ㉰에 대해 동중서와 주희는 모두 재이론에 입각하여 수용 가능한 견해라는 입장을 취하겠군.
④ 덕이 물리적 세계 바깥의 현상에 해당한다면, 덕과 세상의 변화 사이에 인과 관계가 있다고 본 ㉰는 새먼의 이론에 입각하여 설명되기 어렵겠군.

[19~20] 다음 글을 읽고 물음에 답하시오.

미학은 예술과 미적 경험에 관한 개념과 이론에 대해 논의하는 철학의 한 분야로서, 미학의 문제들 가운데 하나가 바로 예술의 정의에 대한 문제이다. 예술이 자연에 대한 모방이라는 아리스토텔레스의 말에서 비롯된 모방론은, 대상과 그 대상의 재현이 닮은꼴이어야 한다는 재현의 투명성 이론을 전제한다. 그러나 예술가의 독창적인 감정 표현을 중시하는 한편 외부 세계에 대한 왜곡된 표현을 허용하는 낭만주의 사조가 18세기 말에 등장하면서, 모방론은 많이 쇠퇴했다. 이제 모방을 필수조건으로 삼지 않는 낭만주의 예술가의 작품을 예술로 인정해 줄 수 있는 새로운 이론이 필요했다.

20세기 초에 콜링우드는 진지한 관념이나 감정과 같은 예술가의 마음을 예술의 조건으로 규정하는 표현론을 제시하여 이 문제를 해결하였다. 그에 따르면, 진정한 예술 작품은 물리적 소재를 통해 구성될 필요가 없는 정신적 대상이다. 또한 이와 비슷한 시기에 외부 세계나 작가의 내면보다 작품 자체의 고유 형식을 중시하는 형식론도 발전했다. 벨의 형식론은 예술 감각이 있는 비평가들만이 직관적으로 식별할 수 있고 정의는 불가능한 어떤 성질을 일컫는 '의미 있는 형식'을 통해 그 비평가들에게 미적 정서를 유발하는 작품을 예술 작품이라고 보았다.

20세기 중반에, 뒤샹이 변기를 가져다 전시한 「샘」이라는 작품은 예술 작품으로 인정되지만 그것과 형식적인 면에서 차이가 없는 일반적인 변기는 예술 작품으로 인정되지 않는 이유를 설명하지 못하게 되자 두 가지 대응 이론이 나타났다. 하나는 우리가 흔히 예술 작품으로 분류하는 미술, 연극, 문학, 음악 등이 서로 이질적이어서 그것들 전체를 아울러 예술이라 정의할 수 있는 공통된 요소를 갖지 않는다는 웨이츠의 예술 정의 불가론이다. 그의 이론은 예술의 정의에 대한 기존의 이론들이 겉보기에는 명제의 형태를 취하고 있으나 사실은 참과 거짓을 판정할 수 없는 사이비 명제이므로, 예술의 정의에 대한 논의 자체가 불필요하다는 견해를 대변한다.

다른 하나는 예술계라는 어떤 사회 제도에 속하는 한 사람 또는 여러 사람에 의해 감상의 후보 자격을 수여받은 인공물을 예술 작품으로 규정하는 디키의 제도론이다. 하나의 작품이 어떤 특정한 기준에서 훌륭하므로 예술 작품이라고 부를 수 있다는 평가적 이론들과 달리, 디키의 견해는 일정한 절차와 관례를 거치기만 하면 모두 예술 작품으로 볼 수 있다는 분류적 이론이다. 예술의 정의와 관련된 이 논의들은 예술로 분류할 수 있는 작품들의 공통된 본질을 찾는 시도이자 예술의 필요충분조건을 찾는 시도이다.

19. 형식론 에 대한 이해로 가장 적절한 것은?
① 미적 정서를 유발할 수 있는 어떤 성질을 근거로 예술 작품의 여부를 판단한다.
② 모든 관람객이 직관적으로 식별할 수 있는 형식을 통해 예술 작품의 여부를 판단한다.
③ 감정을 표현하는 모든 작품은 그 작품이 정신적 대상이더라도 예술 작품이라고 주장한다.
④ 외부 세계의 형식적 요소를 작가 내면의 관념으로 표현하는 것을 예술의 조건이라고 주장한다.

20. 윗글에 등장하는 이론가와 예술가들이 상대의 견해나 작품을 평가할 수 있는 말로 적절하지 않은 것은?
① **모방론자가 뒤샹에게**: 당신의 작품 「샘」은 변기를 닮은 것이 아니라 변기 그 자체라는 점에서 예술 작품이 되기 위한 필요충분조건을 갖추고 있습니다.
② **낭만주의 예술가가 모방론자에게**: 대상을 재현하기만 하면 예술가의 감정을 표현하지 않은 작품도 예술 작품으로 인정하는 당신의 견해는 받아들일 수 없습니다.
③ **표현론자가 낭만주의 예술가에게**: 당신의 작품은 예술가의 마음을 표현했으니 대상을 있는 그대로 표현하지 않았더라도 예술 작품입니다.
④ **뒤샹이 제도론자에게**: 예술계에서 일정한 절차와 관례를 거치면 예술 작품이라는 당신의 주장은 저의 작품 「샘」 외에 다른 변기들도 예술 작품이 될 수 있음을 인정하는 것입니다.

<2> 실력 확인 문제

[1] 다음 글을 읽고 물음에 답하시오.

〈출제기조 전환 1차 예시문제〉

한국 신화에 보이는 신과 인간의 관계는 다른 나라의 신화와 견주어 볼 때 흥미롭다. 한국 신화에서 신은 인간과의 결합을 통해 결핍을 해소함으로써 완전한 존재가 되고, 인간은 신과의 결합을 통해 혼자 할 수 없었던 존재론적 상승을 이룬다.

한국 건국신화에서 주인공인 신은 지상에 내려와 왕이 되고자 한다. 천상적 존재가 지상적 존재가 되기를 바라는 것인데, 인간들의 왕이 된 신은 인간 여성과의 결합을 통해 자식을 낳음으로써 결핍을 메운다. 무속신화에서는 인간이었던 주인공이 신과의 결합을 통해 신적 존재로 거듭나게 됨으로써 존재론적으로 상승하게 된다. 이처럼 한국 신화에서 신과 인간은 서로의 존재를 필요로 한다는 점에서 상호의존적이고 호혜적이다.

다른 나라의 신화들은 신과 인간의 관계가 한국 신화와 달리 위계적이고 종속적이다. 히브리 신화에서 피조물인 인간은 자신을 창조한 유일신에 대해 원초적 부채감을 지니고 있으며, 신이 지상의 모든 일을 관장한다는 점에서 언제나 인간의 우위에 있다. 이러한 양상은 북유럽이나 바빌로니아 등에 퍼져 있는 신체 화생 신화에도 유사하게 나타난다. 신체 화생 신화는 신이 죽음을 맞게 된 후 그 신체가 해체되면서 인간 세계가 만들어지게 된다는 것인데, 신의 희생 덕분에 인간 세계가 만들어질 수 있었다는 점에서 인간은 신에게 철저히 종속되어 있다.

1. 윗글을 이해한 내용으로 적절하지 않은 것은?

① 히브리 신화에서 신과 인간의 관계는 위계적이다.
② 한국 무속신화에서 신은 인간을 위해 지상에 내려와 왕이 된다.
③ 한국 건국신화에서 신은 인간과의 결합을 통해 완전한 존재가 된다.
④ 한국 신화에 보이는 신과 인간의 관계는 신체 화생 신화에 보이는 신과 인간의 관계와 다르다.

2. 다음 글에서 추론한 내용으로 가장 적절한 것은?

⟨출제기조 전환 2차 예시문제⟩

『성경』에 따르면 예수는 죽은 지 사흘 만에 부활했다. 사흘이라고 하면 시간상 72시간을 의미하는데, 예수는 금요일 오후에 죽어서 일요일 새벽에 부활했으니 구체적인 시간을 따진다면 48시간이 채 되지 않는다. 그렇다면 『성경』에서 3일이라고 한 것은 예수의 신성성을 부각하기 위한 것일까?

여기에는 수를 세는 방식의 차이가 개입되어 있다. 구체적으로 말하면 우리가 사용하는 현대의 수에는 '0' 개념이 깔려 있지만, 『성경』이 기록될 당시에는 해당 개념이 없었다. '0' 개념은 13세기가 되어서야 유럽으로 들어왔으니, '0' 개념이 들어오기 전 시간의 길이는 '1'부터 셈했다. 다시 말해 시간의 시작점 역시 '1'로 셈했다는 것인데, 금요일부터 다음 금요일까지는 7일이 되지만, 시작하는 금요일까지 날로 셈해서 다음 금요일은 8일이 되는 식이다.

이와 같은 셈법의 흔적을 현대 언어에서도 찾을 수 있다. 오늘날 그리스 사람들은 올림픽이 열리는 주기에 해당하는 4년을 'pentaeteris'라고 부르는데, 이 말의 어원은 '5년'을 뜻한다. '2주'를 의미하는 용도로 사용되는 현대 프랑스어 'quinze jours'는 어원을 따지자면 '15일'을 가리키는데, 시간적으로는 동일한 기간이지만 시간을 셈하는 방식에 따라 마지막 날과 해가 달라진 것이다. 바탕으로 한 추천·보증은 심사 지침에 따라 해당 분야의 전문적 지식에 부합해야 한다.

① '0' 개념은 13세기에 유럽에서 발명되었다.
② 『성경』에서는 예수의 신성성을 부각하기 위해 그의 부활 시점을 활용하였다.
③ 프랑스어 'quinze jours'에는 '0' 개념이 들어오기 전 셈법의 흔적이 남아 있다.
④ 'pentaeteris'라는 말이 생겨났을 때에 비해 오늘날의 올림픽이 열리는 주기는 짧아졌다.

[3~4] 다음 글을 읽고 물음에 답하시오.

〈출제기조 전환 2차 예시문제〉

생물은 자신의 종에 속하는 개체들과 의사소통을 한다. 꿀벌은 춤을 통해 식량의 위치를 같은 무리의 동료들에게 알려주며, 녹색원숭이는 포식자의 접근을 알리기 위해 소리를 지른다. 침팬지는 고통, 괴로움, 기쁨 등의 감정을 표현할 때 각각 다른 ㉠소리를 낸다.

말한다는 것을 단어에 대해 ㉡소리 낸다는 의미로 보게 되면, 침팬지가 사람처럼 말하도록 하는 것은 불가능하다. 침팬지는 인간과 게놈의 98%를 공유하고 있지만, 발성 기관에 차이가 있다.

인간의 발성 기관은 아주 정교하게 작용하여 여러 ㉢소리를 낼 수 있는데, 초당 십여 개의 (가)소리를 쉽게 만들어 낸다. 이는 성대, 후두, 혀, 입술, 입천장을 아주 정확하게 통제할 수 있기 때문에 가능한 것이다. 침팬지는 이만큼 정확하게 통제를 하지 못한다. 게다가 인간의 발성 기관은 유인원의 그것과 현저하게 다르다. 주요한 차이는 인두의 길이에 있다. 인두는 혀 뒷부분부터 식도에 이르는 통로로 음식물과 공기가 드나드는 길이다. 인간의 인두는 여섯 번째 목뼈에까지 이른다. 반면에 대부분의 포유류에서는 인두의 길이가 세 번째 목뼈를 넘지 않으며 개의 경우는 두 번째 목뼈를 넘지 않는다. 다른 동물의 인두에 비해 과도하게 긴 인간의 인두는 공명 상자 기능을 하여 세밀하게 통제되는 ㉣소리를 만들어 낸다.

3. 윗글에서 추론한 내용으로 가장 적절한 것은?

① 개의 인두 길이는 인간의 인두 길이보다 짧다.
② 침팬지의 인두는 인간의 인두와 98% 유사하다.
③ 녹색원숭이는 침팬지와 의사소통을 할 수 있다.
④ 침팬지는 초당 십여 개의 소리를 만들어 낼 수 있다.

4. ㉠~㉣ 중 문맥상 (가)에 해당하는 의미로 사용되지 않은 것은?

① ㉠
② ㉡
③ ㉢
④ ㉣

[5] 다음 글을 읽고 물음에 답하시오.

〈출제기조 전환 2차 예시문제〉

> 방각본 출판은 책을 목판에 새겨 대량으로 찍어내는 방식이다. 이 경우 소수의 작품으로 많은 판매 부수를 올리는 것이 유리하다. 즉, 하나의 책으로 500부를 파는 것이 세 권의 책으로 합계 500부를 파는 것보다 이윤이 높다. 따라서 방각본 출판업자는 작품의 종류를 늘리기보다는 시장성이 좋은 작품을 집중적으로 출판하였다. 또한 작품의 규모가 커서 분량이 많은 경우에는 생산 비용이 올라가 책값이 비싸지기 때문에 자연스럽게 분량이 적은 작품을 선호하였다. 이에 따라 방각본 출판에서는 규모가 큰 작품을 기피하였으며, 일단 선택된 작품에도 종종 축약적 윤색이 가해지고는 하였다.
>
> 일종의 도서대여업인 세책업은 가능한 여러 종류의 작품을 가지고 있는 편이 유리하고, 한 작품의 규모가 큰 것도 환영할 만한 일이었다. 소설을 빌려 보는 독자들은 하나를 읽고 나서 대개 새 작품을 찾았으니, 보유한 작품의 종류가 많을수록 좋았다. 또한 한 작품의 분량이 많아서 여러 책으로 나뉘어 있으면 그만큼 세책료를 더 받을 수 있으니, 세책업자들은 스토리를 재미나게 부연하여 책의 권수를 늘리기도 했다. 따라서 세책업자들은 많은 종류의 작품을 모으는 데에 주력했고, 이 과정에서 원본의 확장 및 개작이 적잖이 이루어졌다.

5. 윗글에서 추론한 내용으로 가장 적절한 것은?

① 분량이 많은 작품은 책값이 비쌌기 때문에 세책가에서 취급하지 않았다.

② 세책업자는 구비할 책을 선정할 때 시장성이 좋은 작품보다 분량이 적은 작품을 우선하였다.

③ 방각본 출판업자들은 책의 판매 부수를 올리기 위해 원본의 내용을 부연하여 개작하기도 하였다.

④ 한 편의 작품이 여러 권의 책으로 나뉘어 있는 대규모 작품들은 방각본 출판업자들보다 세책업자들이 선호하였다.

6. 다음 글을 이해한 내용으로 가장 적절한 것은?

〈출제기조 전환 2차 예시문제〉

> 언어의 형식적 요소에는 '음운', '형태', '통사'가 있으며, 언어의 내용적 요소에는 '의미'가 있다. 음운, 형태, 통사 그리고 의미 요소를 중심으로 그 성격, 조직, 기능을 탐구하는 학문 분야를 각각 '음운론', '문법론'(형태론 및 통사론 포괄), 그리고 '의미론'이라고 한다. 그 가운데서 음운론과 문법론은 언어의 형식을 중심으로 그 체계와 기능을 탐구하는 반면, 의미론은 언어의 내용을 중심으로 체계와 작용 방식을 탐구한다.
> 이처럼 언어학은 크게 말소리 탐구, 문법 탐구, 의미 탐구로 나눌 수 있는데, 이때 각각에 해당하는 음운론, 문법론, 의미론은 서로 관련된다. 이를 발화의 전달 과정에서 살펴보자. 화자의 측면에서 언어를 발신하는 경우에는 의미론에서 문법론을 거쳐 음운론의 방향으로, 청자의 측면에서 언어를 수신하는 경우에는 반대의 방향으로 작용한다. 의사소통의 과정상 발신자의 측면에서는 의미론에, 수신자의 측면에서는 음운론에 초점이 놓인다. 의사소통은 화자의 생각, 느낌, 주장 등을 청자와 주고받는 행위이므로, 언어 표현의 내용에 해당하는 의미는 이 과정에서 중심적 요소가 된다.

① 언어는 형식적 요소가 내용적 요소보다 다양하다.
② 언어의 형태 탐구는 의미 탐구와 관련되지 않는다.
③ 의사소통의 첫 단계는 언어의 형식을 소리로 전환하는 것이다.
④ 언어를 발신하고 수신하는 과정에서 통사론은 활용되지 않는다.

[7~8] 다음 글을 읽고 물음에 답하시오. 〈2025 국가직〉

동물이 신체의 내부 온도를 정상 범위 안에서 유지하는 과정을 '체온조절'이라고 한다. 체온조절을 위하여 동물은 신체 내부의 물질대사를 통해 열을 발생시키거나 외부 환경에서부터 열을 ㉠획득한다. 조류나 포유류는 체내의 물질대사에 의하여 생성된 열로 체온을 유지하기 때문에 '내온동물'이라고 부른다. 대부분의 내온동물은 외부 온도가 변화해도 안정적으로 체온을 유지한다. 추운 환경에 노출되어도 내온동물은 충분한 열을 생성해서 주변보다 더 따뜻하게 체온을 유지할 수 있다.

이와 달리 양서류나 많은 종류의 파충류와 어류는 열을 외부에서부터 획득하기 때문에 '외온동물'이라고 부른다. 외온동물은 체온조절을 위한 충분한 열을 생성하지는 않지만 그늘을 찾거나 햇볕을 쬐는 것과 같은 행동을 통해 체온을 ㉡조절한다. 외온동물은 열을 외부에서 얻기 때문에 체내의 물질대사를 통해 큰 에너지를 생성할 필요가 없어서 동일한 크기의 내온동물보다 먹이를 적게 섭취한다.

한편 체온의 안정성을 기준으로 동물을 '항온동물'과 '변온동물'로 ㉢구분하기도 한다. 주위 환경과 관계없이 비교적 일정한 체온을 유지하는 동물을 항온동물, 주위 환경에 따라서 체온이 변하는 동물을 변온동물이라고 부른다. 한때는 내온동물과 외온동물을 각각 항온동물과 변온동물이라고 부르기도 했다.

그런데 체온조절을 위해 열을 획득하는 방식과 체온의 안정성을 유지하는 것은 별개의 문제이다. 외온동물에 속하는 많은 종류의 해양 어류는 일정한 온도가 유지되는 물에서 ㉣서식하기 때문에 체온이 크게 변하지 않는다. 반대로 어떤 내온동물은 체온의 변화가 급격하게 일어나기도 한다. 예컨대 박쥐 중에는 겨울잠을 자면서 체온을 40°C나 떨어뜨리는 종류도 있다. 내온동물과 외온동물을 구분하는 방식과 항온동물과 변온동물을 구분하는 방식 사이에는 어떠한 상관관계도 없다.

7. 윗글의 중심 내용으로 가장 적절한 것은?

① 내온동물과 외온동물의 특징을 통해 항온동물과 변온동물의 특징을 밝힐 수 있다.
② 체온조절을 위한 열 획득 방식과 체온의 안정성은 동물을 분류하는 서로 다른 기준이다.
③ 동물을 내온동물과 외온동물로 구분하는 기준은 항온동물과 변온동물로 구분하는 기준보다 모호하다.
④ 체온조절을 위한 열 획득 방식보다 체온의 안정성을 유지하는 방식이 동물을 분류하는 더 적합한 기준이 된다.

8. 윗글의 ㉠~㉣과 바꿔 쓸 수 있는 유사한 표현으로 적절하지 않은 것은?

① ㉠ : 얻는다
② ㉡ : 올린다
③ ㉢ : 나누기도
④ ㉣ : 살기

[9~10] 다음 글을 읽고 물음에 답하시오. 〈2025 국가직〉

　이집트 벽화에서 신, 파라오, 귀족은 특이한 모습으로 표현된다. 신체의 주요 부위를 이상적으로 보여 줄 수 있도록 눈은 정면, 얼굴은 측면, 가슴은 정면, 발은 측면을 향하게 조합하여 그린 것이다. 이는 단일한 시점에서 대상을 표현한 것이 아니라 여러 시점에서 바라본 모습을 하나의 형상에 집약한 것이다. 이렇게 그려진 ㉠그들의 모습은 이상적인 부분끼리의 조합을 통해 완전하고 완벽하며 장중한 형상을 보여 주고자 한 의도의 결과이다. 그런데 벽화에 표현된 대상들 중 신, 파라오, 귀족과 같은 고귀한 존재는 이렇게 그려지고, 평범한 일반인은 곧잘 이런 방식과 관계없이 꽤 사실적으로 그려졌다. ㉡그들을 서로 다른 방식으로 표현하였다는 점은 이집트 미술이 특정한 이데올로기를 통해 양식화되어 있음을 선명하게 보여 준다.
　이 이데올로기에 따르면, 신과 파라오, 나아가 귀족은 '존재하는 자'이고, 죽을 운명을 가진 평범한 사람들은 그저 '행위하는 자'이다. 평범한 사람들이 일하는 모습을 그릴 때 사실적으로, 그러니까 얼굴이 측면이면 가슴도 측면으로 자연스럽게 그리는 것은, 그들이 썩어 없어질 찰나의 인생을 살고 있기 때문이다. 그러기에 ㉢그들은 이 세상에서 실제로 행위하는 모습 그대로 그려진다. 반면 고귀한 존재는 삼라만상의 변화와 관계없이 영원한 세계의 이상을 반영한다. 그러기에 ㉣그들은 이상적 규범에 따라 불변의 양식으로 그려진다.
　이렇게 같은 인간을 표현해도 위계에 따라 표현 방식을 달리한 것은 이집트 종교의 영향 때문이다. 이집트 종교는 수직적이고 이원적인 정신성에 그 토대를 두고 있다. 이런 이원론적인 정신성은 양식화된 이상주의적 미술로 표현되는 경향이 있다. 이집트의 벽화가 바로 그 대표적인 사례이다.

9. 윗글에서 추론한 내용으로 가장 적절한 것은?
① 이집트의 벽화에서는 존재와 행위를 동등한 가치로 표현하고 있다.
② 이집트의 종교가 가지는 정신성은 이집트의 미술 양식에 영향을 끼쳤다.
③ 이집트의 이상주의적 미술에서는 평범한 사람들은 그리지 않고 고귀한 존재들만 표현하였다.
④ 이집트인들은 신체를 바라보는 독특한 시점을 토대로 예술에 관한 이데올로기를 형성하였다.

10. 윗글의 ㉠~㉣ 중 문맥상 지시 대상이 같은 것만으로 묶인 것은?
① ㉠, ㉣
② ㉡, ㉢
③ ㉠, ㉡, ㉣
④ ㉠, ㉢, ㉣

11. 다음 글을 이해한 내용으로 가장 적절한 것은?

〈2025 지방직〉

김삿갓으로 알려진 김병연의 집안은 그의 할아버지인 김익순이 죄를 짓고 사형당하기 전까지 괜찮은 편이었다. 김병연의 5대조 할아버지 김시태가 경종 초에 신임사화에 연루되었지만, 영조가 즉위한 뒤 그것이 조작된 것임이 밝혀지고 명예가 회복되었다. 김익순은 김시태의 후광을 입어 여러 관직에 나아갔다. 1811년 그가 선천 부사로 재직 중일 때 홍경래의 난이 일어났다. 이때 그는 반란군에게 항복했을 뿐만 아니라, 반란이 수습될 무렵에는 반란군 장수의 목을 베어 왔다는 거짓 보고까지 했다. 김익순의 이러한 행적이 드러나 결국 그는 모든 재산이 몰수되고 사형을 당했다. 이후 김병연은 대역죄로 사형당한 인물의 후손이라는 오명을 쓰고 살아갈 수밖에 없었다. 그가 당대의 주류 세력과 관계를 맺지 못한 것도 이 때문이었다. 그는 20세 전후로 부모가 모두 숨지자 자신의 신세를 한탄하며 세상을 떠돌게 되었다.

① 김시태의 후손은 아무도 관직에 나아가지 못했다.
② 김익순은 김시태의 죄상이 드러나 재산이 몰수되었다.
③ 김병연은 자신의 조상이 신임사화에 연루되어 세상을 떠돌게 되었다.
④ 김병연은 대역죄인의 후손이어서 당대 주류 세력과 관계를 맺을 수 없었다.

[12~13] 다음 글을 읽고 물음에 답하시오. 〈2025 지방직〉

경제적으로 보면 우리의 삶은 끊임없이 무언가를 소비한다. 의식주 같은 기본 생활에 더해 문화생활과 사회 활동도 소비를 떼어 놓고 생각할 수 없다. 소비되는 것을 흔히 '상품'이라고 부르지만 실은 '재화'라고 해야 하는데, 재화는 소비를 목적으로 하고 상품은 시장에서의 판매를 목적으로 한다는 점에서 구분되기 때문이다. 이렇게 볼 때 재화는 인류 역사상 늘 있었지만, 상품은 자본주의 시대에 이르러 출현하였다.

냉전 시대에는 다음과 같은 말이 있었다. "자본주의에서는 상인이 최고이고, 사회주의에서는 공직자가 최고이다." 자본주의는 자유경쟁을 기본으로 하기에 ㉠물건을 싸게 사서 비싸게 파는 상인이 돈을 가장 많이 벌 수 있으며, 사회주의는 관료제의 폐해로 국가 기관이 부패해서 고위 관료라든가 고급 당원이 배불리 먹고산다는 의미이다.

자본주의의 역사를 볼 때 이 말은 사실에 가깝다. 자본주의는 애초부터 상업의 발달과 밀접한 관계가 있었다. 중세의 상인들이 물건을 시장에 팔아 이윤을 얻기 위해 수공업자들을 조직하여 그들에게 자본과 도구를 빌려주고 물건을 대신 생산하게 한 데에서 자본주의가 출발하였다. 이처럼 자본주의는 ㉡상품에 기초한 사회로, 상품은 그것이 판매될 수 있는 시장을 전제로 생산되는 것이기 때문에 시장이 형성되어 있지 않다면 상품도 존재할 수 없다. 목수가 ㉢집에서 쓰기 위해 만든 의자와 시장에 팔기 위해 만든 의자는 동일한 의자임에도 재화와 상품의 관점에서 볼 때 서로 다르다.

이와 같이 상품에는 생산과 유통이라는 두 가지 측면이 있다. ㉣자본주의 사회에서 생산되는 물품의 유통을 맡은 사람이 바로 상인이다. "자본주의에서는 상인이 최고이다."라는 말은 만드는 이에 비해서 파는 이가 더 많은 이익을 남긴다는 뜻이다. 자본주의화가 진행될수록 전자와 후자 사이의 차이는 더 커진다. 기술혁신이 이루어져 상품을 생산하는 과정은 갈수록 단순해지고 상품의 대량생산은 쉬워지는 반면, 유통의 경우 상품과 최종 소비자 사이의 관계가 갈수록 복잡해지므로 생산에 비해 우회로를 더 많이 거치게 된다. 따라서 자본주의가 성숙할수록 제조업의 이윤은 적어지고 유통업의 이윤은 많아진다.

12. 윗글에서 추론한 내용으로 가장 적절한 것은?

① 사회주의에서는 유통이 생산보다 중요하다.
② 상품이 존재한다는 것은 시장이 형성되어 있다는 것이다.
③ 자본주의가 성숙할수록 제조업과 유통업의 이윤 차이는 줄어든다.
④ 중세의 상인들은 물건의 생산 단가를 낮추기 위해 시장에 팔 물건을 손수 생산하였다.

13. 윗글의 ㉠~㉣ 중 문맥상 의미가 나머지와 다른 하나는?

① ㉠
② ㉡
③ ㉢
④ ㉣

14. 다음 글에서 추론한 내용으로 적절하지 않은 것은?

〈2025 지방직〉

모든 기호에는 정보성, 즉 의미가 있다. 다시 말해 정보성은 기호가 가진 필수 조건이다. 그런데 기호에는 정보성뿐 아니라 의사소통의 의도를 가지는 것도 있다. 즉 기호는 정보성만 가진 기호와 정보성도 가진 의사소통적 기호로 구분된다. 가령 개나리가 피는 것은 봄이 왔다는 신호이고 낙엽이 지는 것은 가을이 왔음을 의미한다. 그러나 계절을 알리기 위해 개나리가 피고 낙엽이 지는 것은 아니기 때문에 그러한 자연적 기호들은 의사소통적 기호로 볼 수 없다. 개인의 지문이나 필체 역시 사람을 식별하는 기호가 될 수 있다. 하지만 지문과 필체가 사람을 식별하기 위해 존재하는 것은 아니므로 이들은 정보성을 가진 기호일 뿐이다. 코넌 도일의 소설에서 셜록 홈스는 상대의 손톱, 코트의 소매, 표정 등을 근거로 그 사람의 직업이나 성격을 추리해 낸다. 홈스에게는 이런 것들이 모두 정보를 제공하는 기호들이다. 그러나 이들을 의사소통적 기호라고는 할 수 없다. 반면 인간이 관습적으로 사용하는 기호인 봉화, 교통 신호등, 모스 부호 등은 정보성뿐만 아니라 의사소통의 의도를 명백히 가진다. 모든 기호를 통틀어 인간의 언어는 가장 복잡하고 체계적인 관습적 기호이며 의사소통적 기호이다.

① 전쟁 중에 군대에서 사용하는 암호는 관습적 기호이다.
② 일기예보에서 흐린 날씨를 표시하는 구름 모양의 아이콘은 자연적 기호이다.
③ 특정 질병에 걸렸을 때 나타나는 얼굴색은 정보성만을 가진 기호이다.
④ 이웃 마을과 구별하기 위해 마을의 명칭을 본떠 만든 상징탑은 의사소통적 기호이다.

공무원 독해

새로운
독해 2

- 출제 기조 전환 유형편

PART 2
제목, 중심 내용 찾기

PART 2 제목, 중심 내용 찾기

PART 2: 제목 및 표제-부제 문제는 글 전체의 논의 범주 즉 논제와 관련이 깊다. 참고로 글의 첫 부분에서 본론으로 넘어가는 지점에서 논제를 잡거나 혹은 글의 마지막 정리 부분에서 논제를 잡아야 할 수가 있다. 그리고 그 논제를 통해 말하고자 하는 바가 논지, 즉 중심 내용이다.

<발문의 유형 확인>

Q. 다음 글의 제목으로 적절한 / 적절하지 않은 것은?

Q. 다음 글의 중심 내용으로 적절한 / 적절하지 않은 것은?

Q. 다음 글의 주제로 가장 적절한 / 적절하지 않은 것은?

Q. 다음 글의 글쓴이가 궁극적으로 강조하는 내용으로 가장 적절한 것은?

[문제 해결의 대원칙]
ⓐ 글 전체의 논제를 파악하라.
ⓑ 본론에서 가장 많이 할애한 어휘가 빠진 선지는 제목으로 적절하지 않다.

[출제 패턴에 근거한 Tip]
ⓐ 논제는 주로 서론의 후반부, 결론의 시작부, 혹은 본론의 전반적 흐름에 분포된다.
ⓑ 선지에 제시된 내용이 지문의 정보를 부분적으로 포괄하는지, 전체적으로 설명할 수 있는지 따져라! (매력적 오답에 유의하라.)

<0> 출제 기조 전환 대표 문항

0. 다음 글의 중심 내용으로 가장 적절한 것은?

〈출제기조 전환 2차 예시문제〉

> 플라톤의 『국가』에는 사람들이 살아가면서 가장 중요하게 생각하는 두 가지 요소에 대한 언급이 있다. 우리가 만약 이것들을 제대로 통제하고 조절할 수 있다면 좋은 삶을 살 수 있다고 플라톤은 말하고 있다. 하나는 대다수가 갖고 싶어하는 재물이며, 다른 하나는 대다수가 위험하게 생각하는 성적 욕망이다. 소크라테스는 당시 성공적인 삶을 살고 있다고 사람들에게 잘 알려진 케팔로스에게, 사람들이 좋아하는 재물이 많아서 좋은 점과 사람들이 싫어하는 나이가 많아서 좋은 점은 무엇인지를 물었다. 플라톤은 이 대화를 통해 우리가 어떻게 좋은 삶을 살 수 있는지를 보여준다.
> 케팔로스는 재물이 많으면 남을 속이거나 거짓말하지 않을 수 있어서 좋고, 나이가 많으면 성적 욕망을 쉽게 통제할 수 있어서 좋다고 말한다. 물론 재물이 적다고 남을 속이거나 거짓말을 하는 것은 아니며, 나이가 적다고 해서 성적 욕망을 쉽게 통제할 수 없는 것은 아니다. 그렇지만 누구나 살아가면서 이것들로 인해 힘들어하고 괴로워하는 경우가 많다는 것은 분명하다. 삶을 살아가면서 돈에 대한 욕망이나 성적 욕망만이라도 잘 다스릴 수 있다면 낭패를 당하거나 망신을 당할 일이 거의 없을 것이다. 인간에 대한 플라톤의 통찰력과 삶에 대한 지혜는 현재에도 여전히 유효하다.

① 재물욕과 성욕은 과거나 지금이나 가장 강한 욕망이다.
② 재물이 많으면서 나이가 많은 자가 좋은 삶을 살 수 있다.
③ 성공적인 삶을 살려면 재물욕과 성욕을 잘 다스려야 한다.
④ 잘 살기 위해서는 살면서 가장 중요한 것이 무엇인지 알아야 한다.

<문항 분석>

0. 다음 글의 중심 내용으로 가장 적절한 것은?

> 플라톤의 『국가』에는 사람들이 살아가면서 가장 중요하게 생각하는 두 가지 요소에 대한 언급이 있다. 우리가 만약 이것들을 제대로 통제하고 조절할 수 있다면 좋은 삶을 살 수 있다고 플라톤은 말하고 있다. 하나는 대다수가 갖고 싶어하는 재물이며, 다른 하나는 대다수가 위험하게 생각하는 성적 욕망이다. 소크라테스는 당시 성공적인 삶을 살고 있다고 사람들에게 잘 알려진 케팔로스에게, 사람들이 좋아하는 재물이 많아서 좋은 점과 사람들이 싫어하는 나이가 많아서 좋은 점은 무엇인지를 물었다. 플라톤은 이 대화를 통해 우리가 어떻게 좋은 삶을 살 수 있는지를 보여준다.
> (이 문단의 논의 범주, 즉 논제는 재물과 성적 욕망이다. 이것에 대해서 말하고자 하는 바, 즉 논지는 제대로 통제, 조절하면 좋은 삶을 살 수 있다는 것이다.)
>
> 케팔로스는 재물이 많으면 남을 속이거나 거짓말하지 않을 수 있어서 좋고, 나이가 많으면 성적 욕망을 쉽게 통제할 수 있어서 좋다고 말한다. 물론 재물이 적다고 남을 속이거나 거짓말을 하는 것은 아니며, 나이가 적다고 해서 성적 욕망을 쉽게 통제할 수 없는 것은 아니다. 그렇지만 누구나 살아가면서 이것들로 인해 힘들어하고 괴로워하는 경우가 많다는 것은 분명하다. 삶을 살아가면서 돈에 대한 욕망이나 성적 욕망만이라도 잘 다스릴 수 있다면 낭패를 당하거나 망신을 당할 일이 거의 없을 것이다. 인간에 대한 플라톤의 통찰력과 삶에 대한 지혜는 현재에도 여전히 유효하다.
> (결국에는 재물욕과 성욕을 잘 다스려야 한다는 것이 핵심 논지이다.)

① 재물욕과 성욕은 과거나 지금이나 가장 강한 욕망이다.
(과거와 현재의 유사성은 논하고자 하는 중심 주제가 아니다.)

② 재물이 많으면서 나이가 많은 자가 좋은 삶을 살 수 있다.
(이 글의 중심 내용이 아니다. 결국, 욕망의 다스림이 포인트이다.)

③ 성공적인 삶을 살려면 재물욕과 성욕을 잘 다스려야 한다.
(핵심적인 논지로 정답 선지이다.)

④ 잘 살기 위해서는 살면서 가장 중요한 것이 무엇인지 알아야 한다.
(좋은 삶을 살기 위해서 가장 중요한 것이 무엇인지에 대한 '알아야 함=인지'가 중요함을 이 글에서 말하고자 하는 것이 아니다.)

정답: ③

<1> 실전 연습 문제

[1~2] 다음 글을 읽고 물음에 답하시오.

> 지구상에서는 매년 약 10만 명 중의 한 명이 목에 걸린 음식물 때문에 질식사하고 있다. 이러한 현상은 인간의 호흡 기관[기도]과 소화 기관[식도]이 목구멍 부위에서 교차하는 구조로 되어 있기 때문에 발생한다. 인간과 달리, 곤충이나 연체동물 같은 무척추동물은 교차 구조가 아니어서 음식물로 인한 질식의 위험이 없다. 인간의 호흡 기관이 이렇게 불합리한 구조를 갖게 된 원인은 무엇일까?
>
> 바다 속에 서식했던 척추동물의 조상형 동물들은 체와 같은 구조를 이용하여 물 속의 미생물을 걸러 먹었다. 이들은 몸집이 아주 작아서 물 속에 녹아 있는 산소가 몸 깊숙한 곳까지 자유로이 넘나들 수 있었기 때문에 별도의 호흡계가 필요하지 않았다. 그런데 몸집이 커지면서 먹이를 거르던 체와 같은 구조가 호흡 기능까지 갖게 되어 마침내 아가미 형태로 변형되었다. 즉, 소화계의 일부가 호흡 기능을 담당하게 된 것이다. 그 후 호흡계의 일부가 변형되어 허파로 발달하고, 그 허파는 위장으로 이어지는 식도 아래쪽으로 뻗어 나갔다. 한편, 공기가 드나드는 통로는 콧구멍에서 입천장을 뚫고 들어가 입과 아가미 사이에 자리 잡게 되었다. 이러한 진화 과정을 보여 주는 것이 폐어(肺魚) 단계의 호흡계 구조이다.
>
> 이후 진화 과정이 거듭되면서 호흡계와 소화계가 접하는 지점이 콧구멍 바로 아래로부터 목 깊숙한 곳으로 이동하였다. 그 결과 머리와 목구멍의 구조가 변형되지 않는 범위 내에서 호흡계와 소화계가 점차 분리되었다. 즉, 처음에는 길게 이어져 있던 호흡계와 소화계의 겹친 부위가 점차 짧아졌고, 마침내 하나의 교차점으로만 남게 된 것이다. 이것이 인간을 포함한 고등 척추동물에서 볼 수 있는 호흡계의 기본 구조이다. 따라서 음식물로 인한 인간의 질식 현상은 척추동물 조상형 단계를 지나 자리 잡게 된 허파의 위치—당시에는 최선의 선택이었을—때문에 생겨난 진화의 결과라 할 수 있다.
>
> 이처럼 진화는 반드시 이상적이고 완벽한 구조를 창출해 내는 방향으로만 이루어지는 것은 아니다. 진화 과정에서는 새로운 환경에 적응하기 위한 최선의 구조가 선택되지만, 그 구조는 기존의 구조를 허물고 처음부터 다시 만들어 낸 최상의 구조와는 차이가 있다. 그래서 진화는 불가피하게 타협적인 구조를 선택하는 방향으로 이루어지며, 순간순간의 필요에 대응한 결과가 축적되는 과정이라고 할 수 있다. 질식의 원인이 되는 교차된 기도와 식도의 경우처럼, 진화의 산물이 우리가 보기에는 납득할 수 없는 불합리한 구조를 지니게 되는 이유가 바로 여기에 있다.

1. 윗글에서 글쓴이가 다룬 핵심 문제로 알맞은 것은?

① 인간이 진화 과정을 통하여 얻은 이익과 손해는 무엇일까?
② 무척추동물과 척추동물의 호흡계 구조에는 어떤 차이가 있을까?
③ 인간의 호흡계와 소화계가 지니고 있는 근본적인 결함은 무엇일까?
④ 진화 과정에서 인간의 호흡계와 같은 불합리한 구조가 발생하는 이유는 무엇일까?

2. 윗글의 내용을 잘못 이해한 것은?

① 곤충이나 연체동물은 음식물로 인한 질식은 없겠군.
② 인간은 진화 단계의 최정점에 있는 동물답게 호흡계 구조가 이상적이군.
③ 진화가 항상 완전한 구조를 만들어 내는 방향으로만 진행되는 것은 아니군.
④ 이미 만들어진 구조를 바탕으로 하여 진화한다는 것이 때로는 제약 조건이 되기도 하는군.

[3~4] 다음 글을 읽고 물음에 답하시오.

「뉴욕 타임스」와 「워싱턴 포스트」를 비롯한 미국의 많은 신문은 선거 과정에서 특정 후보에 대한 지지를 표명한다. 전통적으로 이 신문들은 후보의 정치적 신념, 소속 정당, 정책을 분석하여 자신의 입장과 같거나 그것에 근접한 후보를 선택하여 지지해 왔다. 그러나 근래 들어 이 전통은 적잖은 ㉠논란거리가 되고 있다. 신문이 특정 후보를 지지하는 것이 실제로 영향력이 있는지, 또는 공정한 보도를 사명으로 하는 신문이 특정 후보를 지지하는 행위가 과연 바람직한지 등과 관련하여 근본적인 의문이 제기되고 있는 것이다.

신문의 특정 후보 지지가 유권자의 표심(票心)에 미치는 영향은 생각보다 강하지 않다는 것이 학계의 일반적인 시각이다. 1958년 뉴욕 주지사 선거에서 「뉴욕 포스트」가 록펠러 후보를 지지해 그의 당선에 기여한 유명한 일화가 있긴 하지만, 지지 선언의 영향력은 해가 갈수록 줄어들고 있다.

한편 신문의 후보 지지 선언이 과연 바람직한가에 대한 논쟁도 계속되고 있다. 후보 지지 선언이 언론의 공정성을 ⓐ훼손할 수 있다는 것이 이 논쟁의 핵심 내용이다. 이런 논쟁이 일어나는 이유는 신문의 특정 후보 지지가 언론의 권력을 강화하는 도구로 이용될 뿐만 아니라, 수많은 쟁점들이 복잡하게 얽혀 있는 선거에서는 후보에 대한 독자의 판단을 선점하려는 비민주적인 행위가 될 수 있기 때문이다. 일부 정치 세력이 신문의 후보 지지 선언을 정치 선전에 이용하는 문제점 또한 이에 대한 비판의 근거로 제시되고 있다.

신문이 특정 후보를 공개적으로 지지하는 것은 사회적 가치에 대한 신문의 입장을 분명히 드러내는 행위이다. 하지만 그로 인해 보도의 공정성을 ⓑ담보하는 데에 어려움이 따를 수도 있다. 따라서 신문은 지지 후보의 ⓒ표명이 보도의 공정성을 해치지 않는지 신중하게 따져 보아야 하며, 독자 역시 지지 선언의 ⓓ함의를 분별할 수 있는 혜안을 길러야 할 것이다.

3. 윗글에 따를 때, ㉠에 해당하지 않는 것은?
① 정치 세력의 신문 지배
② 후보에 대한 판단의 선점
③ 정치 선전의 도구화
④ 후보 지지 선언의 영향력

4. ⓐ~ⓓ의 사전적 뜻풀이로 바르지 않은 것은?
① ⓐ: 체면이나 명예를 손상함.
② ⓑ: 억지로 또는 강제로 요구함.
③ ⓒ: 의사나 태도를 분명하게 드러냄.
④ ⓓ: 말이나 글 속에 들어 있는 뜻.

[5~6] 다음 글을 읽고 물음에 답하시오.

> 사회 이론은 사회 구조나 사회적 상호 작용을 연구하는 이론들을 통칭한다. 사회 이론은 과학적 방법을 적용하면서도 연구 대상뿐 아니라 이론 자체가 사회 상황이나 역사적 조건에 긴밀히 연관된다는 특징을 지닌다. 19세기의 시민 사회론을 이야기할 때 그 시대를 함께 살펴보게 되는 것도 바로 이와 같은 이유 때문이다.
>
> 시민 사회라는 용어는 17세기에 등장했지만, 19세기 초에 이를 국가와 구분하여 개념적으로 정교화한 인물이 헤겔이다. 그가 활동하던 시기에 유럽의 후진국인 프로이센에는 절대주의 시대의 잔재가 아직 남아 있었다. 산업 자본주의도 미성숙했던 때여서, 산업화를 추진하고 자본가들을 육성하며 심각한 빈부 격차나 계급 갈등 등의 사회 문제를 해결해야 하는 시대적 과제가 있었다. 그는 시민 사회 내에서 사익 조정과 공익 실현에 기여하는 직업 단체와 복지 및 치안 문제를 해결하는 복지 행정 조직의 역할을 설정하면서, 이 두 기구가 시민 사회를 이상적인 국가로 이끌 연결 고리가 될 것으로 기대했다. 하지만 빈곤과 계급 갈등은 시민 사회 내에서 근원적으로 해결될 수 없는 것이었다. 따라서 그는 국가를 사회 문제를 해결하고 공적 질서를 확립할 최종 주체로 설정하면서 시민 사회가 국가에 협력해야 한다고 생각했다.
>
> 한편 1789년 프랑스 혁명 이후 프랑스 사회는 혁명을 이끌었던 계몽주의자들의 기대와는 다른 모습을 보이고 있었다. 사회는 사익을 추구하는 파편화된 개인들의 각축장이 되어 있었고 빈부 격차와 계급 갈등은 격화된 상태였다. 뒤르켐은 이러한 상황을 아노미, 곧 무규범 상태로 파악하고 최대 다수의 최대 행복을 표방하는 공리주의가 사실은 개인의 이기심을 전제로 하고 있기에 아노미를 조장할 뿐이라고 생각했다. 그는 사익을 조정하고 공익과 공동체적 연대를 실현할 도덕적 개인주의의 규범에 주목하면서, 이를 수행할 주체로서 직업 단체의 역할을 강조하였다. 국가의 역할을 강조한 헤겔의 영향을 받았음에도 불구하고, 뒤르켐은 직업 단체가 정치적 중간 집단으로서 구성원의 이해관계를 국가에 전달하는 한편 국가를 견제해야 한다고 보았던 것이다.
>
> 헤겔과 뒤르켐은 시민 사회를 배경으로 직업 단체의 역할과 기능을 연구했다는 공통점이 있었다. 하지만 직업 단체에 대한 두 사람의 생각은 달랐다. 이러한 차이는 두 학자의 시민 사회론이 철저하게 시대의 산물이라는 점을 보여 준다. 이들의 이론은 과학적 연구로서 객관적으로 타당하다는 평가를 받기도 하지만, 이론이 갖는 객관적 속성은 그 이론이 마주 선 현실의 문제 상황이나 이론가의 주관적인 문제의식으로부터 근본적으로 자유로울 수는 없는 것이다.

5. 윗글을 통해 알 수 있는 내용으로 적절하지 않은 것은?

① 19세기 초 프로이센에는 절대주의의 잔재와 미성숙한 산업 자본주의가 혼재하였다.
② 프랑스 혁명 후 수십 년간 프랑스는 개인들의 사익 추구가 불가능한 상황이었다.
③ 헤겔은 국가를 빈곤 문제나 계급 갈등과 같은 사회 문제를 해결할 최종 주체라고 생각하였다.
④ 헤겔과 뒤르켐은 직업 단체가 사익을 조정하고 공익을 실현할 수 있는 곳이라고 생각하였다.

6. 윗글의 글쓴이의 관점으로 가장 적절한 것은?

① 사회 이론을 이해하는 데에는 그 이론이 만들어진 당시의 시대적 배경에 대한 이해가 도움이 된다.
② 객관적 사회 이론은 이론가의 주관적 문제의식과 무관하다.
③ 시·공간을 넘어 보편타당하게 적용할 수 있는 객관적 사회 이론이 성립할 수 있다.
④ 과학적 연구 방법에 의거한 사회 이론은 사회 현실의 문제 상황과 무관하게 성립할 수 있다.

[7] 다음 글을 읽고 물음에 답하시오.

현대의 문장 부호는 독서의 편의를 위해 사용하는 보조적 기호의 일종이다. 일반적으로 문장의 의미를 명백하게 하거나 문장을 구별하여, 읽고 이해하는 데 도움을 주기 위해 사용된다. 형태나 기능의 차이는 있지만, 옛 문헌에도 오늘날의 문장 부호와 비슷한 역할을 하는 것들이 있었다. 띄어쓰기를 거의 하지 않았던 옛 문헌에서 이러한 부호들은 더욱 요긴하게 쓰였다.

현대의 마침표나 쉼표의 기능을 하는 것으로 '◦'이 있다. '◦'은 찍힌 위치에 따라 그 기능이 달랐다. 세로쓰기를 했던 옛 문헌에서 글자의 오른쪽 아래에 찍힌 점은 구점(句點)이라 하는데, 마침표와 비슷한 기능을 하였다. 글자 아래쪽 가운데에 찍힌 점은 두점(讀點)이라 하는데, 쉼표와 비슷한 기능을 하였다. '구두점'이란 말은 여기서 유래한다. 단락이 끝나고 공백이 오는 경우와 같이 문장이 끝났음이 명백할 때에는 문장 뒤에 구점이 생략된다. 『훈민정음해례』나 『용비어천가』 등에 이러한 구두점이 사용되었다.

'○'은 새로운 단위의 내용이 시작될 때 쓰였다. 각각의 예문이나 단락, 조항 등이 시작하는 곳이나 화제가 전환되는 곳에 사용되었다.

주석을 달기 위해서는 '【 】'가 사용되었다. 단어나 구절의 뜻을 풀이하거나 보충 설명이 필요할 때 '【 】' 안에 그 내용을 넣었다. 오늘날의 '( )', '[ ]'와 기능이나 형태가 유사하다. 다만 구점과 마찬가지로 단락이 끝나는 위치에서는 '】'가 생략된다.

'〃', '々', '〆'은 앞 글자나 앞 어구와 동일함을 표시해 주는 부호인데, 인쇄본보다는 손으로 쓴 필사본에 더 많이 나타난다. 한편 사전류에서는 설명의 대상인 표제어가 용례로 반복되어 나타날 때 '―'로 대체하였다. '〃' 등은 바로 앞에 오는 글자나 어구의 반복만 나타낼 수 있는 데 비해, '―'는 위치에 상관없이 표제어에 해당하는 것이 그 자리에 들어감을 나타낸다.

이러한 부호들은 한문 문화권에서 널리 사용되던 것이다. 우리 조상들은 이를 사용하여 우리의 문자 생활을 다채롭고 정확하게 하였다. 구점은 한글 맞춤법 규정에 포함되어, 세로쓰기를 할 때 마침표로 사용된다. '○', '〃'은 규정에는 포함되어 있지 않으나 지금도 쓰이고 있다.

※ 이 글에 쓰인 옛 문헌의 부호들은 가로쓰기에 맞게 방향을 바꿔 제시한 것임.

7. 윗글의 중심 내용은?
① 옛 문헌에 쓰인 부호의 기원
② 옛 문헌에 쓰인 부호의 변화 과정
③ 옛 문헌에 쓰인 부호의 종류와 기능
④ 옛 문헌에 쓰인 부호의 현대적 수용

[8~9] 다음 글을 읽고 물음에 답하시오.

베토벤의 교향곡은 서양 음악사에 한 획을 그은 걸작으로 평가된다. 그 까닭은 음악 소재를 개발하고 그것을 다채롭게 처리하는 창작 기법의 탁월함으로 설명될 수 있다. 연주 시간이 한 시간 가까이 되는 제3번 교향곡 '영웅'에서 베토벤은 으뜸화음을 펼친 하나의 평범한 소재를 모티브로 취하여 다양한 변주와 변형 기법을 통해 통일성을 유지하면서도 가락을 다채롭게 들리게 했다. 이처럼 단순한 소재에서 착상하여 이를 다양한 방식으로 가공함으로써 성취해 낸 복잡성은 후대 작곡가들이 본받을 창작 방식의 전형이 되었으며, 유례없이 늘어난 교향곡의 길이는 그들이 넘어서야 할 산이었다.

그렇다면 오로지 작품의 내적인 원리만이 베토벤의 교향곡을 19세기의 중심 레퍼토리로 자리매김하게 했을까? 베토벤의 신화를 이해하기 위해서는 19세기 초 음악사의 중심에 서고자 했던 독일 민족의 암묵적 염원을 들여다볼 필요가 있다. 그것은 1800년을 전후하여 뚜렷하게 달라진 빈(Wien)의 청중의 음악관, 음악에 대한 독일 비평가들의 새로운 관점, 그리고 당시 유행한 천재성 담론에 반영되었다.

빈의 ⊙새로운 청중의 귀는 유럽의 다른 지역 청중과는 달리 순수 기악을 향해 열려 있었다. 순수 기악이란 악기에서 나오는 소리 외에는 다른 어떤 것과도 연합되지 않는 음악을 뜻한다. 당시 청중은 언어가 순수 기악이 주는 의미를 담기에 부족하다고 생각했기 때문에 제목이나 가사 등의 음악 외적 단서를 원치 않았다. 그들이 원했던 것은 말로 형용할 수 없는, 무한을 향해 열려 있는 '음악 그 자체'였다.

또한 당시 음악 비평가들은 음악을 앎의 방식으로 이해하기를 원했다. 이는 음악을 정서의 촉발자로 본 이전 시대와 달리 음악을 감상자가 능동적으로 이해해야 할 대상으로 인식하기 시작했음을 뜻한다. 슐레겔은 모든 순수 기악이 철학적이라고 보았으며, 호프만은 베토벤의 교향곡이 '보편적 진리를 향한 문'이라고 주장하였다. 요컨대 당시의 빈의 청중과 독일의 음악 비평가들은 베토벤의 교향곡이 음악의 독립적 가치를 극대화한 음악이자 독일 민족의 보편적 가치를 실현해 주는 순수 기악의 정수라 여겼다.

더욱이 당시 독일 지역에서 유행한 천재성 담론도 베토벤의 교향곡이 특별한 지위를 얻는 데 한몫했다. 그 시대가 요구하는 천재상은 타고난 재능으로 기존의 관습에서 벗어나 새로운 전통을 창조하는 자였다. 베토벤은 이전의 교향곡의 전통을 수용하면서도 자신만의 독창적인 색채를 더하여 교향곡의 새로운 지평을 열었다고 여겨졌다. 베토벤이야말로 이러한 천재라는 인식이 널리 받아들여지면서 그의 교향곡은 더욱 주목받았다.

8. 윗글의 내용과 일치하지 않는 것은?

① 베토벤 신화 형성 과정에는 독일 민족의 음악적 이상이 반영되었다.
② 베토벤 교향곡의 확대된 길이는 후대 작곡가들이 극복해야 할 과제였다.
③ 베토벤 교향곡에서 복잡성은 단순한 모티브를 다양하게 가공하는 창작 방식에 기인한다.
④ 베토벤의 천재성은 기존의 음악적 관습을 부정하고 교향곡이라는 새로운 장르를 창시한 데에서 비롯된다.

9. ⊙의 관점에 가장 가까운 것은?

① 음악은 소리를 다양하게 변형시켜 그것을 듣는 인간의 정서를 순화시킨다.
② 음악은 인간의 구체적인 감정을 전달하는 수단이라는 점에서 그 자체가 언어이다.
③ 가사는 가락을 통해 전달되는 메시지라는 점에서 언어는 음악의 본질적 요소이다.
④ 음악은 언어가 표현할 수 없는 것을 보여 준다는 점에서 언어를 초월하는 예술이다.

[10] 다음 글을 읽고 물음에 답하시오.

우리나라의 남해안 일대에서는 중생대 백악기에 살았던 공룡의 발자국 화석이 1만 개 이상 발견되었다. 이 화석들은 당시 한반도에 서식했던 공룡들의 특성을 밝히는 실마리를 제공한다. 공룡 발자국 연구에서는 발자국의 형태를 관찰하고, 발자국의 길이와 폭, 보폭 거리 등을 측정한다. 이렇게 수집한 정보를 분석하여 공룡의 종류, 크기, 보행 상태 등을 알아낸다.

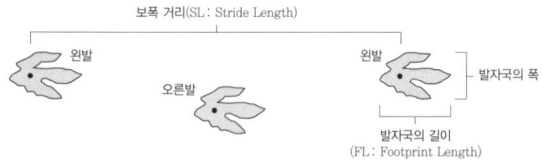

우선 공룡 발자국의 형태로부터 공룡의 종류를 알아낸다. 남해안 일대에서 발견된 공룡 발자국은 초식 공룡인 용각류와 조각류, 육식 공룡인 수각류의 것으로 대별된다. 용각류의 발자국은 타원형이나 원형에 가까우며 앞발이 뒷발보다 작고 그 모양도 조금 다르다. 이들은 대체로 4족 보행렬을 나타낸다. 조각류의 발자국은 세 개의 뭉툭한 발가락이 앞으로 향해 있고 발뒤꿈치는 완만한 곡선을 이룬다. 이들은 대개 규칙적인 2족 보행렬을 보인다. 수각류의 발자국은 날카로운 발톱이 달린 세 개의 발가락과 좁고 뾰족한 발뒤꿈치를 보인다. 조각류처럼 2족 보행렬을 나타내지만 발자국의 길이가 발자국의 폭보다 더 길다는 점이 조각류와 다르다.

다음으로 공룡 발자국의 길이로부터 공룡의 크기를 추정할 수 있다. '발자국의 길이(FL)'에 4를 곱해 '지면으로부터 골반까지의 높이(h)'를 구하여[h=4FL], 그 크기를 짐작할 수 있다. 4족 보행 공룡의 경우에는 일반적으로 뒷발자국의 길이를 기준으로 한다. 단, h와 FL의 비율은 공룡의 성장 단계나 종류에 따라 약간씩 다르게 적용된다.

또한 '보폭 거리(SL)'는 보행 상태를 추정하는 기준으로 사용된다. 여기서 SL은 공룡의 크기에 따라 달라지기 때문에 SL을 h로 나눈 '상대적 보폭 거리[SL/h]'를 사용한다. 학자들은 SL/h의 값이 2.0 미만이면 보통 걸음, 2.0 이상 2.9 이하이면 빠른 걸음이었을 것으로, 2.9를 초과하면 달렸을 것으로 추정하고 있다.

남해안 일대에서는 공룡 발자국 외에도 공룡의 뼈나 이빨, 다른 동식물의 화석 등도 발견된다. 공룡 발자국과 함께 발견되는 물결 자국이나 건열* 등의 퇴적 구조를 분석하여 발자국이 만들어진 당시의 기후나 환경을 짐작할 수 있다.

* 건열 : 건조한 대기로 인해 땅 표면이 말라서 갈라진 것.

10. 윗글의 표제와 부제로 가장 적절한 것은?

① 공룡 발자국 화석 연구와 그 의미
   – 한반도의 공룡 발자국 화석을 중심으로
② 공룡 화석과 중생대 백악기의 기후 환경
   – 공룡의 분포와 서식지 특성을 중심으로
③ 공룡 화석 연구의 가치
   – 공룡 골격 화석의 학술적 활용 방안을 중심으로
④ 한반도 서식 공룡의 다양성
   – 용각류, 조각류, 수각류의 공존을 중심으로

[11] 다음 글을 읽고 물음에 답하시오.

둘 이상의 기업이 자본과 조직 등을 합하여 경제적으로 단일한 지배 체제를 형성하는 것을 '기업 결합'이라고 한다. 기업은 이를 통해 효율성 증대나 비용 절감, 국제 경쟁력 강화와 같은 긍정적 효과들을 기대할 수 있다. 하지만 기업이 속한 사회에는 간혹 역기능이 나타나기도 하는데, 시장의 경쟁을 제한하거나 소비자의 이익을 침해하는 경우가 그러하다. 가령, 시장 점유율이 각각 30%와 40%인 경쟁 기업들이 결합하여 70%의 점유율을 갖게 될 경우, 경쟁이 제한되어 지위를 남용하거나 부당하게 가격을 인상할 수 있는 것이다. 이 때문에 정부는 기업 결합의 취지와 순기능을 보호하는 한편, 시장과 소비자에게 끼칠 폐해를 가려내어 이를 차단하기 위한 법적 조치들을 강구하고 있다. 하지만 기업 결합의 위법성을 섣불리 판단해서는 안 되므로 여러 단계의 심사 과정을 거치도록 하고 있다.

이 심사는 기업 결합의 성립 여부를 확인하는 것부터 시작한다. 여기서는 해당 기업 간에 단일 지배 관계가 형성되었는지가 관건이다. 예컨대 주식 취득을 통한 결합의 경우, 취득 기업이 피취득 기업을 경제적으로 지배할 정도의 지분을 확보하지 못하면, 결합의 성립이 인정되지 않고 심사도 종료된다.

반면에 결합이 성립된다면 정부는 그것이 영향을 줄 시장의 범위를 획정함으로써, 그 결합이 동일 시장 내 경쟁자 간에 이루어진 수평 결합인지, 거래 단계를 달리하는 기업 간의 수직 결합인지, 이 두 결합 형태가 아니면서 특별한 관련이 없는 기업 간의 혼합 결합인지를 규명하게 된다. 문제는 어떻게 시장을 획정할 것인지인데, 대개는 한 상품의 가격이 오른다고 가정할 때 소비자들이 이에 얼마나 민감하게 반응하여 다른 상품으로 옮겨 가는지를 기준으로 한다. 그 민감도가 높을수록 그 상품들은 서로에 대해 대체재, 즉 소비자에게 같은 효용을 줄 수 있는 상품에 가까워진다. 이 경우 생산자들이 동일 시장 내의 경쟁자일 가능성도 커진다.

이런 분석에 따라 시장의 범위가 정해지면, 그 결합이 시장의 경쟁을 제한하는지를 판단하게 된다. 하지만 설령 그럴 우려가 있는 것으로 판명되더라도 곧바로 위법으로 보지는 않는다. 정부가 당사자들에게 결합의 장점이나 불가피성에 관해 항변할 기회를 부여하여 그 타당성을 검토한 후에, 비로소 시정 조치 부과 여부를 최종 결정하게 된다.

11. 윗글의 취지로 가장 적절한 것은?

① 기업 결합의 성립 여부는 기업 스스로의 판단에 맡겨야 한다.
② 기업 결합으로 얻은 이익은 사회에 환원하는 것이 바람직하다.
③ 기업 결합을 통한 기업의 확장은 경제 발전에 도움이 되지 않는다.
④ 기업 결합의 순기능을 살리되 그에 따른 부정적 측면을 신중히 가려내야 한다.

[12] 다음 글을 읽고 물음에 답하시오.

영국의 역사가 아놀드 토인비는 『역사의 연구』를 펴내며 역사 연구의 기본 단위를 국가가 아닌 문명으로 설정했다. 그는 예를 들어 영국이 대륙과 떨어져 있을지라도 유럽의 다른 나라들과 서로 영향을 미치며 발전해 왔으므로, 영국의 역사는 그 자체만으로는 제대로 이해할 수 없고 서유럽 문명이라는 틀 안에서 바라보아야 한다고 하였다. 그는 문명 중심의 역사를 이해하기 위한 몇 가지 가설들을 세웠다. 그리고 방대한 사료(史料)를 바탕으로 그 가설들을 검증하여 문명의 발생과 성장 그리고 쇠퇴 요인들을 규명하려 하였다.

토인비가 세운 가설들의 중심축은 '도전과 응전' 및 '창조적 소수와 대중의 모방' 개념이다. 그에 의하면 환경의 도전에 대해 성공적으로 응전하는 인간 집단이 문명을 발생시키고 성장시킨다. 여기서 중요한 것은 그 환경이 역경이라는 점이다. 인간의 창의적 행동은 역경을 당해 이를 이겨 내려는 분투 과정에서 발생하기 때문이다.

토인비는 이 가설이 단순하게 도전이 강력할수록 그 도전이 주는 자극의 강도가 커지고 응전의 효력도 이에 비례한다는 식으로 해석되는 것을 막기 위해, 소위 '세 가지 상호 관계의 비교'를 제시하여 이 가설을 보완하고 있다. 즉 도전의 강도가 지나치게 크면 응전이 성공적일 수 없게 되며, 반대로 너무 작을 경우에는 전혀 반응이 나타나지 않고, 최적의 도전에서만 성공적인 응전이 나타난다는 것이다.

이렇게 성공적인 응전을 통해 나타난 문명이 성장하기 위해서는 그 후에도 지속적으로 나타나는 문제, 즉 새로운 도전들을 해결해야만 한다. 토인비에 따르면 이를 해결하기 위해서는 그 사회의 창조적 인물들이 역량을 발휘해야 한다. 그러나 이들은 소수이기 때문에 응전을 성공적으로 이끌기 위해서는 다수의 대중까지 힘을 결집해야 한다. 이때 대중은 일종의 사회적 훈련인 '모방'을 통해 그들의 역할을 수행한다.

물론 모방은 모든 사회의 일반적인 특징으로서 문명을 발생시키지 못한 원시 사회에서도 찾아볼 수 있다. 여기에 대해 토인비는 모방의 유무가 중요한 것이 아니라 모방의 작용 방향이 중요하다고 설명한다. 문명을 발생시키지 못한 원시 사회에서 모방은 선조들과 구세대를 향한다. 그리고 죽은 선조들은 살아 있는 연장자의 배후에서 눈에 보이지 않게 그 권위를 강화해 준다. 그리하여 이 사회는 인습이 지배하게 되고 발전적 변화가 나타나지 않는다. 반대로 모방이 창조적 소수에게로 향하는 사회에서는 인습의 권위를 인정하지 않으므로 문명이 지속적으로 성장한다.

12. 윗글에 나타난 '토인비의 견해'에 대한 이해로 적절한 것은?

① 문명은 최적의 도전에 대한 성공적 응전에서 나타난다.
② 모방의 존재 여부는 문명의 발생과 성장의 기준이 된다.
③ 환경의 도전이 강력할수록 그에 대한 응전은 더 효과적으로 나타난다.
④ 선조에 기대어 기성세대의 권위가 강화되는 사회는 발전적 변화를 겪는다.

<2> 실력 확인 문제

1. 다음 글의 핵심 논지로 가장 적절한 것은?
〈출제기조 전환 2차 예시문제〉

> 판타지와 SF의 차별성은 '낯섦'과 '이미 알고 있는 것'이라는 기준을 통해 드러난다. 이 둘은 일반적으로 상반된 의미를 갖는다. 이미 알고 있는 것은 낯설지 않고, 낯선 것은 새로운 것을 의미하기 때문이다.
> 판타지와 SF에는 모두 새롭고 낯선 것이 등장하는데, 비근한 예가 현실에 존재하지 않는 괴물의 출현이다. 판타지에서 낯선 괴물이 나오면 사람들은 '저게 뭐지?'하면서도 그 낯섦을 그대로 받아들인다. 그렇기에 등장인물과 독자 모두 그 괴물을 원래부터 존재했던 것으로 받아들이고, 괴물은 등장하자마자 세계의 일부가 된다. 결국 판타지에서는 이미 알고 있는 것보다 새로운 것이 더 중요한 의미를 갖는다. 이와 달리 SF에서는 '그런 괴물이 어떻게 존재할 수 있지?'라고 의심하고 물어야 한다. SF에서는 인물과 독자들이 작가의 경험적 환경을 공유하기 때문에 괴물은 절대로 자연스럽지 않다. 괴물의 낯섦에 대한 질문은 괴물이 존재하는 세계에 대한 지식, 세계관, 나아가 정체성의 문제로 확장된다. 이처럼 SF에서는 어떤 새로운 것이 등장했을 때 그 낯섦을 인정하면서도 동시에 그것을 자신이 이미 알고 있던 인식의 틀로 끌어들여 재조정하는 과정이 요구된다.

① 판타지와 SF는 모두 새로운 것에 의해 알고 있는 것이 바뀌는 장르이다.
② 판타지와 SF는 모두 알고 있는 것과 새로운 것을 그대로 인정하고 둘 사이의 재조정이 필요한 장르이다.
③ 판타지는 새로운 것보다 알고 있는 것이 더 중요하고, SF는 알고 있는 것보다 새로운 것이 더 중요한 장르이다.
④ 판타지는 알고 있는 것보다 새로운 것이 더 중요하고, SF는 알고 있는 것과 새로운 것 사이의 재조정이 필요한 장르이다.

2. 갑~병의 주장을 분석한 내용으로 적절한 것만을 〈보기〉에서 모두 고르면?
〈출제기조 전환 2차 예시문제〉

갑: 오늘날 사회는 계급 체계가 인간의 생활을 전적으로 규정하지 않는다. 실제로 많은 사람이 사회 이동을 경험하며, 전문직 자격증에 대한 접근성 또한 증가하였다. 인터넷은 상향 이동을 위한 새로운 통로를 제공하고 있다. 이에 따라서 전통적인 계급은 사라지고, 이제는 계급이 없는 보다 유동적인 사회 질서가 새로 정착되었다.

을: 지난 30년 동안 양극화는 더 확대되었다. 부가 사회 최상위 계층에 집중되는 것에 대한 우려가 커지고 있다. 과거 계급 불평등은 경제 전반의 발전을 위해 치를 수밖에 없는 일시적 비용이었다고 한다. 하지만 경제 수준이 향상된 지금도 이 불평등은 해소되지 않고 있다. 오늘날 세계화와 시장 규제 완화로 인해 빈부 격차가 심화되고 계급 불평등이 더 고착되었다.

병: 오랫동안 지속되었던 계급의 전통적 영향력은 확실히 약해지고 있다. 하지만 현대사회에서 계급 체계는 여전히 경제적 불평등의 핵심으로 남아 있다. 사회 계급은 아직도 일생에 걸쳐 개인의 삶에 큰 영향을 미친다. 특정 계급의 구성원이라는 사실은 수명, 신체적 건강, 교육, 임금 등 다양한 불평등과 관련된다. 이는 계급의 종말이 사실상 실현될 수 없는 현실적이지 않은 주장이라는 점을 보여 준다.

〈 보 기 〉
ㄱ. 갑의 주장과 을의 주장은 대립하지 않는다.
ㄴ. 을의 주장과 병의 주장은 대립하지 않는다.
ㄷ. 병의 주장과 갑의 주장은 대립하지 않는다.

① ㄱ
② ㄴ
③ ㄱ, ㄷ
④ ㄴ, ㄷ

공무원 독해

새로운 독해 2

- 출제 기조 전환 유형편

PART 3
세부 정보 추론

PART 3 세부 정보 추론

PART 3: 세부 정보 추론은 ㉠~㉢ / 작은따옴표(' ') / 특정 문맥에 대한 이해 문제이다. 이럴 때는 단어 자체의 의미를 파악하고 주변 문맥을 보아야 한다. 나아가 적절한 발문일 때는 핵심까지 파악해야 하며, 적절하지 않은 발문이고, 대비적 지문일 때는 반대항에서 답을 찾는 훈련도 해 보자.

[문제 해결의 대원칙]

ⓐ '㉠~㉢' 등에 나온 '단어 그 자체'의 의미, 기능, 역할을 파악하라. 이때, 이들의 속성이 대비된다면 동그라미, 세모 등으로 필기!

ⓑ 앞뒤 문맥을 통해 속성을 파악하라. '㉠~㉢' 등으로 표현된 부분의 문장에'만' 집중하게 될 경우, 다른 문장에서 결합된 정보를 놓칠 수도 있다.

<발문의 유형 확인>

Q. ㉠~㉢에 대한 설명으로 적절한 것은? / 적절하지 않은 것은?

Q. '   '에 대한 설명으로 적절한 것은? / 적절하지 않은 것은?

Q. 다음 글의 ㉠~㉣ 중 어색한 곳을 찾아 가장 적절하게 수정한 것은? (2차 예시 문제)

<0> 출제 기조 전환 대표 문항

0. 다음 글의 ㉠~㉣ 중 어색한 곳을 찾아 가장 적절하게 수정한 것은? 〈출제기조 전환 2차 예시문제〉

언어는 랑그와 파롤로 구분할 수 있다. 랑그는 머릿속에 내재되어 있는 추상적인 언어의 모습으로, 특정한 언어공동체가 공유하고 있는 기호체계를 가리킨다. 반면에 파롤은 구체적인 언어의 모습으로, 의사소통을 위해 랑그를 사용하는 개인적인 행위를 의미한다.

언어학자들은 흔히 ㉠<u>랑그를 악보에 비유하고, 파롤을 실제 연주에 비유하곤</u> 하는데, 악보는 고정되어 있지만 실제 연주는 그 고정된 악보를 연주하는 사람에 따라 달라지기 마련이다. 그러니까 ㉡<u>랑그는 여러 상황에도 불구하고 변하지 않고 기본을 이루는 언어의 본질적인 모습</u>에 해당한다. 한편 '책상'이라는 단어를 발음할 때 사람마다 발음되는 소리는 다르기 때문에 '책상'에 대한 발음은 제각각일 수밖에 없다. 여기서 ㉢<u>실제로 발음되는 제각각의 소리값이 파롤이다</u>.

랑그와 파롤 개념과 비슷한 것으로 언어능력과 언어수행이 있다. 자기 모국어에 대해 사람들이 내재적으로 가지고 있는 지식이 언어능력이고, 사람들이 실제로 발화하는 행위가 언어수행이다. ㉣<u>파롤이 언어능력에 대응한다면, 랑그는 언어수행에 대응한다</u>.

① ㉠: 랑그를 실제 연주에 비유하고, 파롤을 악보에 비유하곤
② ㉡: 랑그는 여러 상황에 맞춰 변화하는 언어의 본질적인 모습
③ ㉢: 실제로 발음되는 제각각의 소리값이 랑그
④ ㉣: 랑그가 언어능력에 대응한다면, 파롤은 언어수행에 대응

<문항 분석>

0. 다음 글의 ㉠~㉣ 중 어색한 곳을 찾아 가장 적절하게 수정한 것은?

> 언어는 랑그와 파롤로 구분할 수 있다. 랑그는 머릿속에 내재되어 있는 추상적인 언어의 모습으로, 특정한 언어공동체가 공유하고 있는 기호체계를 가리킨다. 반면에 파롤은 구체적인 언어의 모습으로, 의사소통을 위해 랑그를 사용하는 개인적인 행위를 의미한다.
> (대상만 대비하지 말고 속성까지 대비해 보자.
> → 랑그: 내재, 추상, 기호체계 / 파롤: 구체, 개인적 행위)
> 언어학자들은 흔히 ㉠랑그를 악보에 비유하고, 파롤을 실제 연주에 비유하곤 하는데, 악보는 고정되어 있지만 실제 연주는 그 고정된 악보를 연주하는 사람에 따라 달라지기 마련이다. 그러니까 ㉡랑그는 여러 상황에도 불구하고 변하지 않고 기본을 이루는 언어의 본질적인 모습에 해당한다. 한편 '책상'이라는 단어를 발음할 때 사람마다 발음되는 소리는 다르기 때문에 '책상'에 대한 발음은 제각각일 수밖에 없다. 여기서 ㉢실제로 발음되는 제각각의 소리값이 파롤이다.
> (이제 추가적으로 속성을 더욱 대비해 보자.
> → 랑그: 내재, 추상(본질), 기호체계(악보) / 파롤: 구체(실제 소릿값), 개인적 행위(실제 연주))
> 랑그와 파롤 개념과 비슷한 것으로 언어능력과 언어수행이 있다. 자기 모국어에 대해 사람들이 내재적으로 가지고 있는 지식이 언어능력이고, 사람들이 실제로 발화하는 행위가 언어수행이다. ㉣파롤이 언어능력에 대응한다면, 랑그는 언어수행에 대응한다.
> (재진술을 이해할 필요가 있다. '내재'적으로 가지고 있는 지식이 언어능력, '실제'적 행위는 언어수행이므로 본문 속 ㉣의 발화는 어색하다.
> → 랑그: 내재(언어능력), 추상(본질), 기호체계(악보) / 파롤: 구체(실제 소릿값), 개인적 행위(실제 연주, 언어수행))

① ㉠: 랑그를 실제 연주에 비유하고, 파롤을 악보에 비유하곤
(랑그는 추상, 파롤은 실제이기에 본문이 더 적합한 문장이다.)

② ㉡: 랑그는 여러 상황에 맞춰 변화하는 언어의 본질적인 모습
(랑그는 고정성, 그 변치 않음에 가깝기에 여러 상황에 맞춰 변화하지 않는다. 본문의 내용이 더 적합한 문장이다.)

③ ㉢: 실제로 발음되는 제각각의 소리값이 랑그
(실제로 발음되는 제각각의 소릿값은 실제적인 소리이며 그것은 파롤에 해당한다.)

④ ㉣: 랑그가 언어능력에 대응한다면, 파롤은 언어수행에 대응
(내재성, 추상성, 고정성, 본질성은 랑그이며, 구체적, 개인적, 실제적은 파롤에 해당하므로 해당 선지처럼 바꾸는 것이 맞다.)

정답: ④

<1> 실전 연습 문제

[1~2] 다음 글을 읽고 물음에 답하시오.

　1894년, 화성에 고도로 진화한 지적 생명체가 존재한다는 주장이 언론의 주목을 받았다. 이러한 주장은 당시 화성의 지도들에 나타난, '운하'라고 불리던 복잡하게 얽힌 선들에 근거를 두고 있었다. 화성의 '운하'는 1878년에 처음 보고된 뒤 거의 30년간 여러 화성 지도에 계속해서 나타났다. 존재하지도 않는 화성의 '운하'들이 어떻게 그렇게 오랫동안 천문학자들에게 받아들여질 수 있었을까?

　19세기 후반에 망원경 관측을 바탕으로 한 화성의 지도가 많이 제작되었다. 특히 1877년 9월은 지구가 화성과 태양에 동시에 가까워지는 시기여서 화성의 표면이 그 어느 때보다도 밝게 보였다. 영국의 아마추어 천문학자 그린은 대기가 청명한 포르투갈의 마데이라 섬으로 가서 13인치 반사 망원경을 사용해서 화성을 보이는 대로 직접 스케치했다. 그린은 화성 관측 경험이 많았으므로 이전부터 이루어진 자신의 관측 결과를 참고하고, 다른 천문학자들의 관측 결과까지 반영하여 당시로서는 가장 정교한 화성 지도를 제작하였다.

　그런데 이듬해 이탈리아의 천문학자인 스키아파렐리의 화성 지도가 나오면서 이 지도의 정확성이 도전받았다. 그린과 같은 시기에 수행한 관측을 토대로 제작한 스키아파렐리의 지도에는, 그린의 지도에서 흐릿하게 표현된 지역에 평행한 선들이 그물 모양으로 교차하는 지형이 나타나 있었기 때문이었다. 스키아파렐리는 이것을 '카날리(canali)'라고 불렀는데, 이것은 '해협'이나 '운하'로 번역될 수 있는 용어였다.

　㉠<u>절차적 측면에서 보면 그린이 스키아파렐리보다 우위를 점하고 있었다.</u> 우선 스키아파렐리는 전문 천문학자였지만 화성 관측은 이때가 처음이었다. 게다가 그는 마데이라 섬보다 대기의 청명도가 떨어지는 자신의 천문대에서 관측을 했고, 배율이 상대적으로 낮은 8인치 반사 망원경을 사용했다. 또한 그는 짧은 시간에 특징만을 스케치하고 나중에 기억에 의존해 그것을 정교화했으며, 자신만의 관측을 토대로 지도를 제작했던 것이다.

　그런데도 승리는 스키아파렐리에게 돌아갔다. 그가 천문학계에서 널리 알려진 존경받는 천문학자였던 것이 결정적이었다. 대다수의 천문학자들은 그들이 존경하는 천문학자가 눈에 보이지도 않는 지형을 지도에 그려 넣었으리라고는 생각하기 어려웠다. 게다가 스키아파렐리의 지도는 지리학의 채색법을 그대로 사용하여 그린의 지도보다 호소력이 강했다. 그 후 스키아파렐리가 몇 번 더 '운하'의 관측을 보고하자 다른 천문학자들도 '운하'의 존재를 보고하기 시작했고, 이후 더 많은 '운하'들이 화성 지도에 나타나게 되었다.

　일단 권위자가 무엇인가를 발견했다고 알려지면 그것이 존재하지 않는다는 것을 입증하기란 쉽지 않다. 더구나 관측의 신뢰도를 결정하는 척도로 망원경의 성능보다 다른 조건들이 더 중시되던 당시 분위기에서는 이러한 오류가 수정되기 어려웠다. 성능이 더 좋아진 대형 망원경으로는 종종 '운하'가 보이지 않았는데, 놀랍게도 '운하' 가설 옹호자들은 이것에 대해 대형 망원경이 높은 배율 때문에 어떤 대기 상태에서는 오히려 왜곡이 심해서 소형 망원경보다 해상도가 떨어질 수 있다고 '해명'하곤 했던 것이다.

1. 윗글의 제목으로 가장 적절한 것은?

① 천문학과 지리학의 만남: 화성 지도
② 설명과 해명: 그린과 스키아파렐리
③ 과학의 신화: 화성 생명체 가설
④ 과학사의 그늘: 화성의 운하

2. ㉠의 근거로 적절하지 않은 것은?

① 보이는 대로 직접 그림
② 지리학의 방식대로 채색함
③ 더 높은 배율의 망원경을 사용함
④ 다른 관측자의 관측 결과를 반영함

[3] 다음 글을 읽고 물음에 답하시오.

오늘날의 기업은 경제적 이익뿐 아니라 ㉠사회적 이익도 포함된 다원적인 목적을 추구하는 것이 일반적이다. 현대 사회가 어떠한 집단도 독점적 권력을 행사할 수 없는 다원(多元) 사회로 변화하였기 때문이다. 이는 많은 이해 집단이 기업에게 상당한 압력을 행사하기 시작했다는 것을 의미한다. 기업 활동과 직·간접적 이해 관계에 있는 집단으로는 노동 조합, 소비자 단체, 환경 단체, 지역 사회, 정부 등을 들 수 있다. 기업이 이러한 다원 사회의 구성원이 되어 장기적으로 생존하기 위해서는, 주주의 이익을 극대화하는 것은 물론 다양한 이해 집단들의 요구도 모두 만족시켜야 한다. 그래야만 기업의 장기 이익이 보장되기 때문이다.

3. ㉠에 대한 사례로 적절하지 않은 것은?

① 직무 능력을 향상시키기 위한 종업원 연수의 기회를 확대한다.
② 고객에게 동일한 품질의 제품을 저렴한 가격에 제공한다.
③ 환경 오염을 막기 위한 시설 투자를 한다.
④ 지역 사회에 안락한 공원을 조성해 준다.

[4] 다음 글을 읽고 물음에 답하시오.

중세부터 르네상스 시대에 이르기까지 생리학 분야의 절대적 권위는 2세기경 그리스 의학을 집대성한 갈레노스에게 있었다. 갈레노스에 따르면, 정맥피는 간에서 생성되어 정맥을 타고 온몸으로 영양분을 전달하면서 소모된다. 정맥피 중 일부는 심실 벽인 격막의 구멍을 통과하여 우심실에서 좌심실로 이동한 후, 거기에서 공기의 통로인 폐정맥을 통해 폐에서 유입된 공기와 만나 동맥피가 된다. 그 다음에 동맥피는 동맥을 타고 온몸으로 퍼져 생기를 전해 주면서 소모된다. 이 이론은 피의 전달 경로에 대한 근본적인 오류를 포함하고 있었으나, 갈레노스의 포괄적인 생리학 체계의 일부로서 권위 있게 받아들여졌다. 중세를 거치면서 인체 해부가 가능했지만, 그러한 오류들은 고대의 권위를 추종하는 학문 풍토 때문에 시정되지 않았다.

16세기에 이르러 베살리우스는 해부를 통해 격막에 구멍이 없으며, 폐정맥이 공기가 아닌 피의 통로라는 사실을 발견했다. 그 후 심장에서 나간 피가 폐를 통과한 후 다시 심장으로 돌아오는 폐순환이 발견되자 갈레노스의 피의 소모 이론은 도전에 직면했다. 그러나 당시의 의학자들은 갈레노스의 이론에 얽매여 있었으므로 격막 구멍이 없다는 사실로 인해 생긴 문제, 즉 우심실에서 좌심실로 피가 옮겨 갈 수 없는 문제를 폐순환으로 설명할 수 있다고 생각하였다.

이러한 판도를 바꾼 사람은 하비였다. 그는 생리학에 근대적인 정량적 방법을 도입했다. 그는 심장의 용적을 측정하여 심장이 밀어내는 피의 양을 추정했다. 그 결과, 심장에서 나가는 동맥피의 양은 섭취되는 음식물의 양보다 훨씬 많았다. 먹은 음식물보다 더 많은 양의 피가 만들어질 수 없으므로 하비는 피가 순환되어야 한다고 생각했다. 그는 이 가설을 검증하기 위해 실험을 했다. 하비는 끈으로 자신의 팔을 묶어 동맥과 정맥을 함께 압박하였다. 피의 흐름이 멈추자 피가 통하지 않는 손은 차가워졌다. 동맥을 차단했던 끈을 약간 늦추어 동맥피만 흐르게 해 주자 손은 이내 생기를 회복했고, 잠시 후 여전히 끈에 압박되어 있던 정맥의 말단 쪽 혈관이 부풀어 올랐다. 끈을 마저 풀어 주자 부풀어 올랐던 정맥은 이내 가라앉았다. 이로써 동맥으로 나갔던 피가 손을 돌아 정맥으로 돌아온다는 것이 확실해졌다.

이 실험을 근거로 하비는 1628년에 '좌심실 → 대동맥 → 각 기관 → 대정맥 → 우심방 → 우심실 → 폐동맥 → 폐 → 폐정맥 → 좌심방 → 좌심실'로 이어지는 피의 순환 경로를 제시했다. 반대자들은 해부를 통해 동맥과 정맥의 말단을 연결하는 통로를 찾을 수 없음을 지적하였다. 얼마 후, 말피기가 새로 발명된 현미경으로 모세혈관을 발견하면서 피의 순환 이론 은 널리 받아들여졌다. 그리고 폐와 그 밖의 기관들을 피가 따로 순환해야 하는 이유를 포함하여 다양한 인체 기능을 설명하는 새로운 생리학의 구축이 시작되었다.

4. 윗글로 보아 '피의 순환 이론'의 성립이나 수용에 기여하지 않은 것은?

① 새로운 생리학의 구축
② 과학적 발견들과의 부합
③ 정량적 사고방식의 채택
④ 새로운 관찰 도구의 도입

[5] 다음 글을 읽고 물음에 답하시오.

나는 10년 전에 금강산을 유람하여 한 달 동안 다니다가 돌아왔다. 바다는 출렁이고 산은 높이 솟아 그 광경은 무어라 말로 형용할 길이 없었다. 유람하는 이들은 줄지어 이어지고 안개와 구름은 무심하였다. 여기저기 신령스런 골짜기와 신비한 전각들, 이런 것들이 마침내 일대 장관으로 다가왔다. 구룡연·만물상·수미봉·옥경대 같은 여러 뛰어난 경치는 금강산에서도 특히 이름난 것이다. 그런데 ⓐ경관이 기이하고 그윽한 언덕과 골짜기가 또 있어, 만일 이름을 붙여 널리 전파한다면 명승의 대열에 끼일 수 있을 터였다. 그러나 모두 ⓑ거친 수풀과 우거진 넝쿨 사이에 가려지고 묻혀 있었다.

이로 말미암아 생각하건대 사람 또한 이와 같다. 관각(館閣)*에서 능력을 발휘하여 문화를 빛내고, 낭묘(廊廟)*에서 예복을 입고 왕정(王政)을 보좌하여, 육경(六經)의 참뜻이 뭇 백성에게 파급되게 하는 분들은 말할 필요도 없다. 그런데 여항의 사람에 이르러서는 기릴 만한 경술(經術)이나 공적은 없지만, ⓒ그 언행에 혹 기록할 만한 것이 있는 사람, 그 시문에 혹 전할 만한 것이 있는 사람이라도 모두 적막한 구석에서 초목처럼 시들어 없어지고 만다. 아아, 슬프도다! 내가 『호산외기(壺山外記)』를 지은 까닭이 여기에 있다.

친구인 겸산(兼山) 유재건(劉在建)이 나와 뜻이 통하여 여러 사람의 문집 속에서 더듬고 찾아서 이미 전(傳)에 오른 사람 약간 명을 얻었다. 그리고 전이 없는 사람은 겸산이 직접 전을 지었다. 그리하여 모두 280여 편이 된다. 정성스럽게 책을 만들어 제목을 『이향견문록(里鄕見聞錄)』이라 붙이고 나에게 서문을 요청하였다. 내 어찌 감히 사양할 수 있겠는가!

나라 수천 리 안에 인물이 번성하니 언행이나 시문으로써 후세에 전할 만한 사람이 어찌 이루 다 헤아릴 수 있겠는가마는 인멸되어 아는 이가 없게 되었다. 겸산은 흉금이 바다 같아 남의 좋은 점을 즐거워하여 귀로 듣고 눈으로 본 것을 그물질하듯 끌어 모았다. 또한 그 언행이나 시문 외에도 한 가지 기예, 한 가지 재능이라도 있으면 모두 기록하였다. 그 부지런한 뜻이 어찌 헛되겠는가? 후세 사람으로 하여금 이 책을 읽고 감동하고 분발함이 있기를 바라는 것이니, 어찌 다만 한 사람의 글에 그치겠는가? 세상의 교화에 크게 보탬이 될 것이다.

이 뜻은 내가 명산(名山)에서 깨달아서 겸산의 글에 기록하여 두는 바이다. 아아! ⓓ숨은 빛을 찾아내어 찬연히 세상에 나오게 하였도다. 사관(史官)이 기록하여 석실(石室)에 보관한 역사 기록 이외에 태평한 시절 교화의 아름다움을 볼 수 있는 것은 아마 이 책에 있으리라.

— 조희룡,「이향견문록 서(里鄕見聞錄序)」—

* 관각: 조선 시대에, 홍문관·예문관·규장각을 통틀어 이르던 말.
* 낭묘: 조정의 정무(政務)를 돌보던 궁전(宮殿).

5. ⓐ~ⓓ 중, 문맥상 의미하는 바가 다른 하나는?

① ⓐ
② ⓑ
③ ⓒ
④ ⓓ

[6] 다음 글을 읽고 물음에 답하시오.

우리는 매일 밤 자신의 피부를 감싸고 있던 덮개[옷]들을 벗어 벽에 걸어 둘 뿐 아니라, 신체 기관을 보조하기 위해 사용하던 여러 도구들, 예를 들면 안경이나 가발, 의치 등도 모두 벗어 버리고 잠에 든다. 여기에서 한 걸음 더 나아가면, 우리는 잠을 잘 때 옷을 벗는 행위와 비슷하게 자신의 의식(意識)도 벗어서 한쪽 구석에 치워 둔다고 할 수 있다. 두 경우 모두 우리는 삶을 처음 시작할 때와 아주 비슷한 상황으로 돌아가는 셈이 된다. 신체적인 측면에서 보면 잠든다는 것은 평온하고 안락한 자궁(子宮) 안의 시절로 돌아가는 것과 다름이 없다. ㉠실제로 많은 사람들은 잠을 잘 때 태아와 같은 자세를 취한다. 마찬가지로 잠자는 사람의 정신 상태를 보면 의식의 세계에서 거의 완전히 물러나 있으며, 외부에 대한 관심도 정지되는 것으로 보인다.

우리는 꿈을 자세히 관찰함으로써 이러한 수면 중의 정신적인 상태에 대해 알아볼 수 있다. 예를 들어, 우리는 그동안의 연구를 통해 꿈이 철저하게 자기 중심적이라는 것과, 꿈의 세계에서 주도적인 역할을 하는 인물은 항상 꿈꾸는 자 자신이라는 사실을 알게 되었다. 이것을 간단히 '수면 상태의 나르시시즘(narcissism)'으로 부를 수 있는데, ㉡이는 정신의 작용 방향이 외부 세계에서 자기 자신으로 바뀌면서 나타나는 현상이다.

또한, 사람들이 오랫동안 신비로운 현상으로 여겨 왔던 꿈의 '진단' 능력에 대해서도 이런 맥락에서 설명이 가능해졌다. 꿈속에서는 모든 감각이 크게 과장되어 정신적이거나 신체적인 이상 증상이 깨어 있을 때보다 더 빨리, 더 분명하게 감지된다는 것을 알게 되었기 때문이다. 이와 같은 '꿈의 과장성' 역시 외부 세계로 향하던 정신적 에너지가 자아로 되돌려지는 데서 나오는 것으로, ㉢깨어 있는 상태에서는 감지하기 어려웠던 미세한 정신적, 신체적 변화를 감지할 수 있도록 해 준다.

이러한 과정을 통해 우리는 꿈이 인간의 내면 세계를 외면화하는 역할을 한다는 것도 알게 되었다. 이를 '투사(投射, projection)'라고 하는데, 우리는 꿈속에서 평소에는 억누르고 있던 내적 욕구나 콤플렉스[강박 관념]를 민감하게 느끼고, 투사를 통해 그것을 외적인 형태로 구체화한다. 예를 들어 전쟁터에서 살아 돌아온 사람이 몇 달 동안 계속해서 죽은 동료의 꿈을 꾸는 경우, 이는 그의 내면에 잠재해 있는, 그러나 깨어 있을 때는 결코 인정하고 싶지 않은 죄책감을 암시하는 것으로 볼 수 있다.

우리에게 꿈이 중요한 까닭은 이처럼 자신도 깨닫지 못하는 무의식의 세계를 구체적으로 이해할 수 있는 형태로 바꾸어서 보여 주기 때문이다. 우리는 꿈을 통해 그 사람의 잠을 방해할 정도의 어떤 일이 진행되고 있다는 것을 알 수 있을 뿐 아니라, 그 일에 대해서 어떤 식으로 대처해야 하는지까지도 알게 된다. 그런 일은 깨어 있을 때에는 쉽사리 알아내기가 어렵다. 이는 따뜻하고 화려한 옷이 몸의 상처나 결점을 가려 주는 것과 마찬가지로, ㉣꿈속에서 잠재되어 있는 무의식이 내면 세계의 관찰을 방해하기 때문이다. 우리는 정신이 옷을 벗기를 기다려 비로소 그 사람의 내면 세계로 들어갈 수 있다.

6. 윗글의 ㉠~㉣ 중 어색한 곳을 찾아 가장 적절하게 수정한 것은?

① ㉠ : 실제로 많은 사람들은 잠을 잘 때 노인과 같은 자세를 취한다.
② ㉡ : 이는 정신의 작용 방향이 자기 자신에서 외부 세계로 바뀌면서 나타나는 현상이다.
③ ㉢ : 깨어 있는 상태에서는 감지했던 미세한 정신적, 신체적 변화를 감지할 수 없도록 해 준다.
④ ㉣ : 깨어 있는 의식이 내면 세계의 관찰을 방해하기 때문이다.

[7~8] 다음 글을 읽고 물음에 답하시오.

최근에 새로운 경향의 공연 예술가들이 등장하기 시작하였다. 그들은 춤과 연극의 경계를 허무는 한편, 기승전결을 지닌 기존의 작품 구조를 해체한 새로운 형식을 창조하고자 하였다. 무엇보다도 논리와 이성이 투영되지 않은, **신체의 언어**를 중요하게 사용함으로써, 춤에서는 연극처럼 배우들이 말을 하고, 연극에서는 춤처럼 배우들의 몸짓 표현을 강조하게 되었다. 연출가들은 극장의 무대에서 공연하기도 하고, 극장이 아닌 길거리나 들판 혹은 공장과 같은 일상 공간을 무대로 활용하기도 하였다. 이를 위해서 연출가들은 문자로 쓰인 대본에 의존하기보다는 배우들의 경험을 바탕으로 한 즉흥적인 연출을 시도하였다. 나아가 자신들의 공연을 영화로 옮기기도 하였다.

'춤연극'으로 잘 알려진 피나 바우쉬의 영화 「황후의 탄식」에는 각 장면들이 연극 무대처럼 펼쳐진다. 이 작품은 **일정한 줄거리**가 없는 대신, 상이한 연상을 불러일으키는 다양한 장면들로 구성된 몽타주*와 같다. 연출가는 배우들의 모습을 클로즈업하여 그들의 표정과 행동을 자세하게 관찰하고, 그들이 도시와 숲 속에서 돌아다니는 모습을 먼 거리에서 바라보고 있다. 도시와 자연 배경은 주위와의 연관 관계로부터 떨어져 나와 원래의 지리적 공간이 아닌 낯설고 새로운 추상적인 공간이 된다. 그 공간에 등장하는 배우들은 갈 곳을 잃고 헤매는 모습을 보여 주고 있다. 낮과 밤의 구별이 없는 도시의 거리, 마른 나뭇가지들이 여기저기 흩어진 숲 속의 빈터, 너른 풀밭, 어두운 숲 등은 그 빛과 어둠으로 우리 존재의 슬픈 내면을 비춘다. 밝음 속에서 소외되는 것과 어둠 속에 갇히는 것은 본원적으로 같다. 이렇게 상징적인 이미지를 통해서 연출가는 작품을 고정되고 완성된 것이 아니라, 새롭게 생성되는 '과정 속의 작품'으로 만들게 된다.

위와 같이 현대 공연 예술의 연출가들은 **극적 사건**이라는 허구를 통해서가 아니라, 무대 위에서 배우의 몸이 겪는 고통과 상처의 느낌을 관객들에게 다양한 방법으로 직접 전달하려고 한다. 이것을 위해서 연출가들은 오브제*에 새로운 가치를 부여한다. 일상 생활에서 고정된 기능을 가진 가구·가방·책·옷 등이 무대 위에서는 전혀 다른 상징적 의미를 갖게 되어 공연에 시적(詩的)인 특질을 부여하게 된다. 이런 것은 지금까지 오브제를 무대 장치에 필요한 소품(小品) 정도로 여겨 온 것과 크게 다르다. 상대적으로 공연에서 중요한 역할을 담당했던 인물들은 이제 마네킹처럼 오브제로 변형되어 존재한다. 기존의 **공연 예술의 관습**이었던 인간과 사물 사이의 위계질서가 사라져 버리는 것이다.

우리 주위에서 쉽게 찾을 수 있는 오브제를 사용하고, 장면들을 자유롭게 뒤얽어 놓음으로써 공연은 보다 다양한 해석이 가능한 제의적(祭儀的), 시적인 성격을 지니게 된다. 이렇게 해서 현대 공연 예술은 단순한 재현을 넘어 표현 주체의 행위와 상태를 상징적으로 보여 주는 언어이자, 기승전결이라는 우회로를 거치지 않은 현존의 언어가 된다. ⊙<u>이미지의 표면이 이야기 그 자체가 되는 것이다.</u>

* 몽타주: 둘 이상의 장면을 하나로 편집하는 영화나 사진 등의 기법.
* 오브제: 예술 작품에서 새로운 느낌을 일으키는 상징적 기능의 물체.

7. 윗글에 나타난 '현대 공연 예술'의 특징으로 적절하지 않은 것은?

① 연출의 즉흥성을 중시한다.
② 고정된 대본의 중요성이 커지고 있다.
③ 공연 예술 간의 경계를 허물어뜨린다.
④ 인물과 오브제 간의 위계가 사라진다.

8. ⊙의 의미와 가장 가까운 것은?

① 신체의 언어
② 일정한 줄거리
③ 극적 사건
④ 공연 예술의 관습

⟨2⟩ 실력 확인 문제

1. 다음 글의 ㉠~㉣ 중 어색한 곳을 찾아 가장 적절하게 수정한 것은?   ⟨2025 국가직⟩

> 소리는 보통 귀로 듣는다고 생각한다. 그렇지만 앰프에서 강력한 저음이 흘러나오는 것을 듣고 몸이 흔들리는 것을 경험할 때, 우리는 소리를 몸으로 느낀다고 생각하기도 한다. 가청 주파수 대역의 하한인 20Hz보다 낮은 주파수의 진동이 발생하면 ㉠우리의 몸은 흔들리지만 귀로는 아무것도 듣지 못한다. 우리는 이 들리지 않는 진동을 '초저주파음'이라고 부른다. ㉡귀에 들리지 않는 진동도 소리로 간주할 수 있다는 생각에서이다.
> 높은 주파수의 영역에서도 귀에 들리지 않는 진동이 있다. ㉢사람은 보통 20,000Hz 이상의 진동이 귀에 도달하면 소리로 인식한다. 가청 주파수 대역의 상한을 넘겨서 더 높은 주파수의 진동이 발생하면 사람의 귀에 들리지 않는 것이다. 이때의 음파를 '초음파'라고 부른다.
> 사람과 동물은 가청 주파수 대역이 다르다. 그래서 동물은 사람에게 들리지 않는 소리를 들을 수 있다. 예컨대 우리와 가까이 지내는 개의 경우, 가청 주파수 대역의 하한은 사람과 비슷하지만 50,000Hz의 진동까지 소리로 인식할 수 있다. 그래서 개는 사람이 듣지 못하는 기척을 알아차리기도 한다. 이는 개의 가청 주파수 대역이 ㉣사람의 가청 주파수 대역보다 넓기 때문이다.

① ㉠: 우리의 몸이 흔들리지 않을 뿐 귀로는 저음을 들을 수 있다
② ㉡: 귀에 들리지 않는 진동은 소리로 간주할 수 없다는 생각에서이다
③ ㉢: 사람은 보통 20,000Hz 이상의 진동이 귀에 도달하면 소리로 인식하지 못한다
④ ㉣: 사람의 가청 주파수 대역보다 좁기 때문이다

2. 다음 글의 ㉠~㉣ 중 문맥상 어색한 곳을 수정한 것으로 가장 적절한 것은?   ⟨2025 지방직⟩

> 면역반응에는 '자연면역'과 '획득면역'이 있다. 먼저, 자연면역이란 외부 이물질에 대해 내 몸이 태어날 때부터 지니게 된 저항 능력을 가리킨다. 자연면역에서는 항원과 항체 사이의 ㉠직접적인 일대일 반응 관계가 존재하지 않는다. 외부에서 들어온 특정 항원에만 반응하는 유일의 항체가 별도로 존재하지 않는다는 것이다. 자연면역은 세균과 같은 미생물 등을 외부 이물질로 인식하여 제거한다. 예컨대 코나 폐에는 점막조직이 발달해 있어 외부 이물질을 걸러 낸다. 세포 차원에서는 대식세포의 기능이 자연면역인데, 이 세포는 ㉡외부 미생물이 어떤 종류인지에 관계없이 대상을 제거한다.
> 특정 항원에만 반응하는 유일의 항체를 생성하는 면역반응을 획득면역이라고 한다. 획득면역에서는 자연면역과 달리 ㉢항원의 종류와 무관하게 특정 항원에 대해 여러 종류의 항체가 반응한다. 일례로 B림프구의 세포 표면에는 특정 항원을 인식하고 그 특정 항원에 결합하는 부위가 있는데, 이를 '항원 수용체'라고 한다. ㉣항원 수용체는 세포 표면에 형성되는 단백질의 일종으로, 항원에 의해 자극된다. 이 수용체가 림프구 세포로부터 떨어져 나와 혈액 안으로 들어간 단백질 단위를 항체라고 부른다.

① ㉠: 직접적인 일대일 반응 관계가 존재한다
② ㉡: 특정한 외부 미생물에 유일하게 반응하며 그 외의 대상은 제거하지 않는다
③ ㉢: 특정 항체가 특정 항원에 대해서만 반응한다
④ ㉣: 항원 수용체는 세포 내부에 형성되는 단백질의 일종으로, 항체에 의해 자극된다

공무원 독해

새로운
독해 2

- 출제 기조 전환 유형편

PART 4

어휘 개이득

PART 4 어휘 개이득

PART 4: 어휘 문제를 푸는 법은 다음과 같다. (1) 단어 자체의 의미를 파악한다. 그리고 (2) 주변 문맥을 잡는다. (3) 선지의 단어를 지문에 속하는 해당 부분에 대입해 본다. (4) 각종 범주를 따져 본다.(지문 단어에는 의도가 있었는데 선지 단어에는 의도가 없다든지 등의 범주를 살펴보기로 하자.)

P.S. 참고로 발문이 지시 대상이 같은 것을 확인하는 것이라면, 내용을 제대로 읽으면서 주어, 수식어 등을 확인해 보도록 하자.

<발문의 유형 확인>

Q. 밑줄 친 표현이 문맥상 ⊙의 의미와 가장 가까운 것은?

Q. ⊙~㉣과 바꿔쓸 수 있는 유사한 표현으로 적절하지 않은 것은?

Q. 문맥상 ⊙~㉣ 중 지시 대상이 같은 것만으로 묶인 것은?

Q. 윗글의 ⊙~㉮ 중 지시하는 바가 같은 것끼리 짝 지은 것은?

<0> 출제 기조 전환 대표 문항

[0] 다음 글을 읽고 물음에 답하시오.

〈출제기조 전환 1차 예시문제〉

> 고소설에는 돌아가야 할 곳으로서의 원점이 존재한다. 그것은 영웅소설에서라면 중세의 인륜이 원형대로 보존된 세계이고, 가정소설에서라면 가장을 중심으로 가족 구성원들이 평화롭게 공존하는 가정이다. 고소설에서 주인공은 적대자에 의해 원점에서 분리되어 고난을 겪는다. 그들의 목표는 상실한 원점을 회복하는 것, 즉 그곳에서 향유했던 이상적 상태로 ⊙돌아가는 것이다. 주인공과 적대자 사이의 갈등이 전개되는 시간을 서사적 현재라 한다면, 주인공이 도달해야 할 종결점은 새로운 미래가 아니라 다시 도래할 과거로서의 미래이다. 이러한 시공간의 배열을 '회귀의 크로노토프'라고 한다.

0. 문맥상 ⊙의 의미와 가장 가까운 것은?

① 전쟁은 연합군의 승리로 돌아갔다.
② 사과가 한 사람 앞에 두 개씩 돌아간다.
③ 그는 잃어버린 동심으로 돌아가고 싶었다.
④ 그녀는 자금이 잘 돌아가지 않는다며 걱정했다.

<문항 분석>

[0] 다음 글을 읽고 물음에 답하시오.

> 고소설에는 돌아가야 할 곳으로서의 원점이 존재한다. 그것은 영웅소설에서라면 중세의 인륜이 원형대로 보존된 세계이고, 가정소설에서라면 가장을 중심으로 가족 구성원들이 평화롭게 공존하는 가정이다. 고소설에서 주인공은 적대자에 의해 원점에서 분리되어 고난을 겪는다. 그들의 목표는 상실한 원점을 회복하는 것, 즉 그곳에서 향유했던 이상적 상태로 ㉠돌아가는 것이다.
> (단어 자체를 확인하자. '돌아가다' 앞뒤 문맥을 통해서 보자. 이전의 상태 등으로 회귀하는(원점 회복, 다시 도래) 의미가 있다.)
> 주인공과 적대자 사이의 갈등이 전개되는 시간을 서사적 현재라 한다면, 주인공이 도달해야 할 종결점은 새로운 미래가 아니라 다시 도래할 과거로서의 미래이다. 이러한 시공간의 배열을 '회귀의 크로노토프'라고 한다.

0. 문맥상 ㉠의 의미와 가장 가까운 것은?

① 전쟁은 연합군의 승리로 <u>돌아갔다</u>.
  ('일이나 형편이 어떤 상태로 끝을 맺다.'의 의미를 지닐 뿐, 원상 복귀의 의미는 없다.)

② 사과가 한 사람 앞에 두 개씩 <u>돌아간다</u>.
  ('누군가의 차지가 되다.' 정도로 읽을 수 있을 뿐이다.)

③ 그는 잃어버린 동심으로 <u>돌아가고</u> 싶었다.
  (정답이다. 잃어버린 동심으로 돌아간다는 것 자체는 회귀의 의미가 있다.)

④ 그녀는 자금이 잘 <u>돌아가지</u> 않는다며 걱정했다.
  (원활하게 흘러가는 것일 뿐, 원점 회귀의 의미를 갖지는 않는다.)

정답: ③

<1> 실전 연습 문제

[1] 다음 글을 읽고 물음에 답하시오.

공자는 예에 기반을 둔 정치는 정명(正名)에서 시작한다고 하며, 정명을 실현할 주체로서 군자를 제시하였다. 정명이란 '이름을 바로잡는다'라는 뜻으로, 다양한 사회적 관계 속에서 자신이 마땅히 해야 할 도리를 행하는 것을 의미한다. 군주는 군주다운 덕성을 갖추고 그에 ⓐ맞는 예를 실천해야 하며, 군주뿐만 아니라 신하, 부모 자식도 그러해야 한다. 만일 군주가 예에 의하지 아니하고 법과 형벌에 ⓑ기대어 정치를 한다면, 백성들은 형벌을 면하기 위해 법을 지킬 뿐, 무엇이 옳고 그른지 스스로 판단하려 하지 않는 문제가 생길 것이라고 공자는 보았다.

공자가 제시한 군자는 도덕적 인격을 완성하기 위해 애쓰는 사람이기도 하면서 자신의 도덕적 수양을 통해 예를 실현하는 사람이다. 원래 군자는 정치적 지배 계층을 ⓒ가리키는 말로 일반 서민을 가리키는 소인과 대비되는 개념이었다. 공자는 이러한 개념을 확장하여 군자와 소인을 도덕적으로도 구별하였다. 사리사욕에 ⓓ사로잡혀 자신의 이익과 욕심을 채우는 데만 몰두하는 소인과 도덕적 수양을 최우선으로 삼는 군자를 도덕적으로 차별화한 것이다. 군자는 이익을 따지기보다는 무엇이 옳고 그른지를 먼저 판단해야 한다고 하였다.

1. ⓐ~ⓓ를 한자어로 바꾼 것으로 적절하지 않은 것은?

① ⓐ: 합당(合當)한
② ⓑ: 의거(依據)하여
③ ⓒ: 지칭(指稱)하는
④ ⓓ: 매수(買收)되어

[2] 다음 글을 읽고 물음에 답하시오.

근대 초기의 합리론은 이성에 의한 확실한 지식만을 중시하여 미적 감수성의 문제를 거의 논외로 하였다. 미적 감수성은 이성과는 달리 어떤 원리도 없는 자의적인 것이어서 '세계의 신비'를 푸는 데 거의 기여하지 못한다고 ㉠여겼기 때문이다. 이러한 근대 초기의 합리론에 맞서 칸트는 미적 감수성을 '미감적 판단력'이라 부르면서, 이 또한 어떤 원리에 의거하며 결코 이성에 못지않은 위상과 가치를 지닌다는 주장을 ㉡펼친다. 이러한 작업에서 핵심 역할을 하는 것이 그의 취미 판단 이론이다.

취미 판단은 오로지 대상의 형식적 국면을 관조하여 그것이 일으키는 감정에 따라 미·추를 판정하는 것 이외의 어떤 다른 목적도 배제하는 순수한 태도, 즉 미감적 태도를 전제로 한다. 취미 판단에는 대상에 대한 지식뿐 아니라, 실용적 유익성, 교훈적 내용 등 일체의 다른 맥락이 ㉢끼어들지 않아야 하는 것이다.

중요한 것은 취미 판단이 기본적으로 공동체적 차원의 것이라는 점이다. 순수한 미감적 태도를 취할 때, 취미 판단의 주체들은 미감적 공동체를 이루고 있다고 할 수 있다. 왜냐하면 그 구성원들 간에는 '공통감'이라 불리는 공통의 미적 감수성이 전제로 작용하고 있기 때문이다. 이때 공통감은 취미 판단의 미적 규범 역할을 한다. 즉 공통감으로 인해 취미 판단은 규정적 판단의 객관적 보편성과 구별되는 '주관적 보편성'을 ㉣지니는 것으로 설명된다. 따라서 어떤 주체가 내리는 취미 판단은 그가 속한 공동체의 공통감을 예시한다.

2. 문맥상 ㉠~㉣과 바꿔 쓰기에 적절하지 않은 것은?

① ㉠: 간주했기
② ㉡: 피력한다
③ ㉢: 개입하지
④ ㉣: 소지하는

[3] 다음 글을 읽고 물음에 답하시오.

　각 식품마다 포함된 필수 아미노산의 양은 다르며, 필수 아미노산이 균형을 이룰수록 공급된 필수 아미노산의 총량 중 단백질 합성에 이용되는 양의 비율, 즉 필수 아미노산의 이용 효율이 ㉠높다. 일반적으로 육류, 계란 등 동물성 단백질은 필수 아미노산을 균형 있게 함유하고 있어 필수 아미노산의 이용 효율이 높은 반면, 쌀이나 콩류 등에 포함된 식물성 단백질은 제한 아미노산을 가지며 필수 아미노산의 이용 효율이 상대적으로 낮다.

3. ㉠의 문맥적 의미와 가장 가까운 것은?

① 가을이 되면 그 어느 때보다 하늘이 높다.
② 우리나라는 원자재의 수입 의존도가 높다.
③ 이번에 새로 지은 건물은 높이가 매우 높다.
④ 잘못을 시정하라는 주민들의 목소리가 높다.

[4] 다음 글을 읽고 물음에 답하시오.

논증은 크게 연역과 귀납으로 나뉜다. 전제가 참이면 결론이 확실히 참인 연역 논증은 결론에서 지식이 확장되는 것처럼 보이지만, 실제로는 전제에 이미 포함된 결론을 다른 방식으로 확인하는 것일 뿐이다. 반면 귀납 논증은 전제들이 모두 참이라고 해도 결론이 확실히 참이 되는 것은 아니지만 우리의 지식을 확장해 준다는 장점이 있다. 여러 귀납 논증 중에서 가장 널리 ⓐ쓰이는 것은 수많은 사례들을 관찰한 다음에 그것을 일반화하는 것이다. 우리는 수많은 까마귀를 관찰한 후에 우리가 관찰하지 않은 까마귀까지 포함하는 '모든 까마귀는 검다.'라는 새로운 지식을 얻게 되는 것이다.

철학자들은 과학자들이 귀납을 이용하기 때문에 과학적 지식에 신뢰를 보낼 수 있다고 생각했다. 그러나 모든 귀납에는 논리적인 문제가 있다. 수많은 까마귀를 관찰한 사례에 근거해서 '모든 까마귀는 검다.'라는 지식을 정당화하는 것은 합리적으로 보이지만, 아무리 치밀하게 관찰하여도 아직 관찰되지 않은 까마귀 중에서 검지 않은 까마귀가 ⓑ있을 수 있기 때문이다. 포퍼는 귀납의 논리적 문제는 도저히 해결할 수 없지만, 귀납이 아닌 연역만으로 과학을 할 수 있는 방법이 있으므로 과학적 지식은 정당화될 수 있다고 주장한다. 어떤 지식이 반증 사례 때문에 거짓이 된다고 추론하는 것은 순전히 연역적인데, 과학은 이 반증에 의해 발전하기 때문이다.

'모든 까마귀는 검다.'라는 지식은 귀납에 의해서 참임을 보여 줄 수는 없지만, 이 논증에서처럼 검지 않은 까마귀가 있음이 참임이 밝혀진다면 확실히 거짓임을 ⓒ보여 줄 수 있다. 그러나 아직 그것이 참임이 밝혀지지 않았다면 그 지식을 거짓이라고 말할 수 없다.

포퍼에 따르면, 지금 우리가 받아들이는 과학적 지식들은 이런 반증의 시도로부터 잘 ⓓ견뎌 온 것들이다. 참신하고 대담한 가설을 제시하고 그것이 거짓이라는 증거를 제시하려는 노력을 진행해서, 실제로 반증이 되면 실패한 과학적 지식이 되지만 수많은 반증의 시도로부터 끝까지 살아남으면 성공적인 과학적 지식이 되는 것이다. 그런데 포퍼는 반증 가능성이 ⓔ없는 지식, 곧 아무리 반증을 해 보려 해도 경험적인 반증이 아예 불가능한 지식은 과학적 지식이 될 수 없다고 비판한다. 가령 '관찰할 수 없고 찾아낼 수 없는 힘이 항상 존재한다.'처럼 경험적으로 반박할 수 있는 사례를 생각할 수 없는 주장이 그것이다.

4. 문맥상 ⓐ~ⓔ를 바꿔 쓰기에 적절하지 않은 것은?

① ⓐ : 사용(使用)되는
② ⓑ : 실재(實在)할
③ ⓒ : 입증(立證)할
④ ⓓ : 인내(忍耐)해
⑤ ⓔ : 전무(全無)한

[5] 다음 글을 읽고 물음에 답하시오.

　연금 제도의 목적은 나이가 많아 경제 활동을 못하게 되었을 때 일정 소득을 보장하여 경제적 안정을 ⓐ도모하는 것이다. 이를 위해서는 보험 회사의 사적 연금이나 국가가 세금으로 운영하는 공공 부조를 활용할 수 있다. 그럼에도 국가가 이 제도들과 함께 공적 연금 제도를 실시하는 까닭은 무엇일까?

　그것은 사적 연금이나 공공 부조가 낳는 부작용 때문이다. 특히 공공 부조는 도덕적 해이를 ⓑ야기할 수 있다. 무상으로 부조가 이루어지므로, 젊은 시절에는 소득을 모두 써 버리고 노년에는 공공 부조에 의존하려는 ⓒ경향이 생길 수 있기 때문이다. 이와 같은 부작용에 대응하기 위해 공적 연금 제도는 소득이 있는 국민들을 강제 가입시켜 보험료를 징수한 뒤, 적립된 연금 기금을 국가의 책임으로 운용하다가, 가입자가 은퇴한 후 연금으로 지급하는 방식을 취하고 있다.

　최근 이 연금 기금을 국민 전체가 사회 발전을 위해 ⓓ조성한 투자 자금으로 보고, 이를 일자리 창출에 연계된 사회 경제적 분야에 투자해야 한다는 주장이 힘을 얻고 있다. 이는 지금까지 연금 기금을 일종의 신탁 기금으로 규정해 온 관련 법률을 개정하여, 보험료를 낼 소득자 집단을 확충하는 데 이 막대한 돈을 직접 활용하자는 주장이기도 하다.

5. ⓐ~ⓓ의 뜻풀이로 바르지 않은 것은?

① ⓐ : 어떤 시기나 기회가 닥쳐 옴.
② ⓑ : 일이나 사건 따위를 끌어 일으킴.
③ ⓒ : 현상이나 사상, 행동 따위가 어떤 방향으로 기울어짐.
④ ⓓ : 무엇을 만들어서 이룸.

[6] 다음 글을 읽고 물음에 답하시오.

　사물놀이에 대한 우려는 그것이 창조적 발전을 거듭하지 못한 채 ㉠타성에 젖고 있다는 측면에서도 제기된다. 많은 사물놀이 패가 새로 생겨났지만, 사물놀이의 창안자들이 애초에 이룩한 음악 어법이나 수준을 넘어서서 새로운 발전을 이루어 내지 못한 채 그 예술적 성과와 대중적 인기에 안주하고 있다는 것이다. 이는 사물놀이가 민족 예술로서의 정체성을 뚜렷이 갖추지 못한 데 따른 결과로 분석되기도 한다. 이런 맥락에서 비판자들은 혹시라도 사물놀이가 대중의 일시적인 기호에 영합하는 방향으로 흘러갈 경우 머지않아 위기를 맞게 될지도 모른다고 경고하고 있다.

6. ㉠과 바꾸어 쓰기에 적합하지 않은 것은?

① 타성이 붙고
② 타성에 빠지고
③ 타성이 생기고
④ 타성에 스며들고

[7] 다음 글을 읽고 물음에 답하시오.

지구 밖에 생명이 있다고 믿을 만한 분명한 근거는 아직까지 없다. 그럼에도 불구하고 일부 과학자들은 외계 생명의 존재를 사실로 인정하려 한다. 그들은, 천문학자들이 스펙트럼으로 별 사이에 있는 성운에서 메탄올과 같은 간단한 유기 분자를 발견하자, 이것이 외계 생명의 증거라고 하였다. 그러나 별 사이 공간은 거의 진공 상태이므로 생명이 존재하기 어렵다. 외계 생명의 가능성을 지지하는 또 한 가지 증거는 운석에서 유기 분자가 추출되었다는 것이다. 1969년에 호주의 머치슨에 떨어진 운석 조각에서 모두 74종의 아미노산이 검출된 데에서도 알 수 있듯이, 유기 분자가 운석에 실려 외계에서 지구로 ㉠온다는 것은 분명한 사실이다.

7. ㉠과 바꾸어 쓰기에 알맞은 것은?

① 투입(投入)된다는
② 수입(輸入)된다는
③ 유입(流入)된다는
④ 도입(導入)된다는

[8] 다음 글을 읽고 물음에 답하시오.

딸의 생일 선물을 깜빡 ⓐ잊은 아빠가 "내일 우리 집보다 더 큰 곰 인형 사 올게."라고 말했을 때, 아빠가 발화한 문장은 상황에 적절한 발화인가 아닌가?

8. ⓐ의 문맥적 의미와 가장 유사한 것은?

① 수돗물 잠그고 나오는 것을 잊어서 불안해요.
② 그는 일에 푹 빠져 자기 나이를 잊고 지낸다.
③ 오랜 세월이 지나 그 사람의 이름도 잊었어요.
④ 그는 괴로운 현실을 잊기 위해 여행을 떠났다.

[9] 다음 글을 읽고 물음에 답하시오.

　이어폰으로 스테레오 음악을 ㉠들으면 두 귀에 약간 차이가 나는 소리가 들어와서 자기 앞에 공연장이 펼쳐진 것 같은 공간감을 느낄 수 있다. 이러한 효과는 어떤 원리가 적용되어 나타난 것일까?

　음원이 청자의 정면 정중앙에 있다면 음원에서 두 귀까지의 거리가 같으므로 소리가 두 귀에 도착하는 시간 차이는 없다. 반면 음원이 청자의 오른쪽으로 ㉡치우치면 소리는 오른쪽 귀에 먼저 도착하므로, 두 귀 사이에 도착하는 시간 차이가 생긴다. 이때 치우친 정도가 클수록 시간 차이도 커진다. 도착 순서와 시간 차이는 음원의 수평 방향을 ㉢알아내는 중요한 단서가 된다.

　음원이 청자의 오른쪽 귀 높이에 있다면 머리 때문에 왼쪽 귀에는 소리가 작게 들린다. 이러한 현상을 '소리 그늘'이라고 하는데, 주로 고주파 대역에서 ㉣일어난다.

9. ㉠~㉣을 바꾸어 쓴 말로 적절하지 않은 것은?

① ㉠: 청취(聽取)하면
② ㉡: 치중(置重)하면
③ ㉢: 파악(把握)하는
④ ㉣: 발생(發生)한다

[10] 다음 글을 읽고 물음에 답하시오.

　우리 모두는 특정 개인과 특별한 친분 관계를 유지하면서 살아간다. 상대가 가족인 경우는 개인적 인간관계의 친밀성과 중요성이 매우 강하다. 가족 관계라 하여 상대에게 ⓐ특별한 개인적 선호를 표현하는 행동이 과연 도덕적으로 정당화될 수 있을까?

10. 문맥으로 보아 ⓐ와 바꿔 쓰기에 가장 적절한 것은?

① 각별한
② 고유한
③ 독특한
④ 특이한

[11] 다음 글을 읽고 물음에 답하시오.

　창조 도시는 인재들을 위한 문화 및 거주 환경의 창조성이 풍부하며, 혁신적이고도 유연한 경제 시스템을 ⓐ구비하고 있는 도시이다. 창조 계층을 중시하는 관점에서는, 개인의 창의력으로 부가가치를 ⓑ창출하는 창조 계층이 모여서 인재 네트워크인 창조 자본을 형성하고, 이를 통해 도시는 경제적 부를 축적할 수 있는 자생력을 갖게 된다고 본다. 따라서 창조 계층을 끌어들이고 유지하는 것이 도시의 경쟁력을 ⓒ제고하는 관건이 된다. 창조 계층에는 과학자, 기술자, 예술가, 건축가, 프로그래머, 영화 제작자 등이 포함된다.

　창조성의 근본 동력을 무엇으로 보든, 한 도시가 창조 도시로 성장하려면 창조 산업과 창조 계층을 유인하는 창조 환경이 먼저 마련되어야 한다. 창조 도시에 대한 논의를 ⓓ주도한 랜드리는, 창조성이 도시의 유전자 코드로 바뀌기 위해서는 다음과 같은 환경적 요소들이 필요하다고 보았다. 개인의 자질, 의지와 리더십, 다양한 재능을 가진 사람들과의 접근성, 조직 문화, 지역 정체성, 도시의 공공 공간과 시설, 역동적 네트워크의 구축 등이 그것이다.

11. ⓐ~ⓓ와 바꿔 쓸 수 있는 말로 적절하지 않은 것은?

① ⓐ : 갖추고
② ⓑ : 늘리는
③ ⓒ : 높이는
④ ⓓ : 이끈

[12] 다음 글을 읽고 물음에 답하시오.

　인공생명론에서는 생명체의 행동을 구성 요소로 분석하는 방법 대신에 구성 요소를 모아서 행동을 합성하는 방법으로 생명을 연구한다. 생물학은 생명을 다양한 계층 구조에 의하여 구성된 하나의 생화학적 기계로 보기 때문에, 상위 계층부터 하위 계층까지 더듬어 내려가는 '하향식(top-down) 방법'으로 물질을 분석하여 생명의 기제(機制)를 연구한다. 따라서 오로지 탄소 화합물의 생화학에 의존하는 생물학은, 모든 생명체가 본질적으로 공유하고 있는 특성인 역동적인 형식을 설명할 수 없는 한계를 노출하고 있다. 이에 반해 인공생명론은 생명을 구성 요소 간의 상호 작용에서 생겨나는 특성으로 보기 때문에, 상호 작용하는 간단한 구성 요소를 모아서 거대한 집합체를 만들어 내는 '상향식(bottom-up) 방법'으로 행동의 합성을 시도하여 생명의 역동적인 형식을 연구한다. ㉠아직까지는 아무도 규명해 내지 못한 생명의 역동적 과정을 인공생명론에서 설명하게 될 경우 생물학의 한계를 보완해 줄 것으로 기대되고 있다.

12. ㉠에 가장 가까운 것은?

① 고진감래(苦盡甘來)
② 유일무이(唯一無二)
③ 진퇴유곡(進退維谷)
④ 전인미답(前人未踏)

[13] 다음 글을 읽고 물음에 답하시오.

둘 이상의 기업이 자본과 조직 등을 합하여 경제적으로 단일한 지배 체제를 형성하는 것을 '기업 결합'이라고 한다. 기업은 이를 통해 효율성 증대나 비용 절감, 국제 경쟁력 강화와 같은 긍정적 효과들을 기대할 수 있다. 하지만 기업이 속한 사회에는 간혹 역기능이 나타나기도 하는데, 시장의 경쟁을 제한하거나 소비자의 이익을 ㉠침해하는 경우가 그러하다. 가령, 시장 점유율이 각각 30%와 40%인 경쟁 기업들이 결합하여 70%의 점유율을 갖게 될 경우, 경쟁이 제한되어 지위를 ㉡남용하거나 부당하게 가격을 인상할 수 있는 것이다. 이 때문에 정부는 기업 결합의 취지와 순기능을 보호하는 한편, 시장과 소비자에게 끼칠 ㉢폐해를 가려내어 이를 차단하기 위한 법적 조치들을 강구하고 있다. 하지만 기업 결합의 위법성을 섣불리 판단해서는 안 되므로 여러 단계의 심사 과정을 거치도록 하고 있다.

이 심사는 기업 결합의 성립 여부를 확인하는 것부터 시작한다. 여기서는 해당 기업 간에 단일 지배 관계가 형성되었는지가 ㉣관건이다. 예컨대 주식 취득을 통한 결합의 경우, 취득 기업이 피취득 기업을 경제적으로 지배할 정도의 지분을 확보하지 못하면, 결합의 성립이 인정되지 않고 심사도 종료된다.

13. ㉠~㉣의 사전적 뜻풀이가 잘못된 것은?

① ㉠: 사라져 없어지게 함.
② ㉡: 본래의 목적이나 범위를 벗어나 함부로 행사함.
③ ㉢: 폐단으로 생기는 해.
④ ㉣: 어떤 사물이나 문제 해결의 가장 중요한 부분.

[14] 다음 글을 읽고 물음에 답하시오.

음길이를 표시하는 기호는 13세기 말 '프랑코 기보법'에서 본격적으로 사용되었다. 이 기보법에서는 네 종류의 음길이를 ⓐ정하고, 이를 가장 긴 두플렉스롱가부터 가장 짧은 세미브레비스까지 네 가지의 음표로 표기했다. 이런 길이를 나타내는 음표를 사용하여 음의 장단을 나타내는 리듬의 표현이 다양해졌다. 특히 다성 음악이 발달하기 시작하는 이 시기에는 선율들이 서로 다른 리듬으로 구별되었는데, 여러 가지 음길이의 음표는 이를 표시하는 데 유용했다.

14. 문맥상 ⓐ와 바꾸어 쓸 수 있는 것은?

① 개정(改定)하고
② 판정(判定)하고
③ 추정(推定)하고
④ 설정(設定)하고

[15] 다음 글을 읽고 물음에 답하시오.

　진화고고학에서는 인간의 삶은 자연환경에 더욱 잘 적응하기 위한 선택이라고 보는 진화론에 초점을 맞추어 과거를 설명한다. 진화론이 적용된 사례를 토기의 변화에 대한 연구를 통해 구체적으로 살펴보자. 이 연구에서는 서기 1세기부터 약 1천 년 동안 어느 한 지역에서 출토된 조리용 토기들의 두께와, 토기에 탄화된 채로 남아 있던 식재료에 사용된 곡물의 전분 함량을 조사했다. 그 결과 후대로 갈수록 토기 두께가 상당히 얇아지고 곡물의 전분 함량은 ⓐ증가한다는 사실을 발견했다. 진화고고학은 이렇게 토기 두께가 얇아진 이유를 전분이 좀 더 많은 씨앗의 출현이라는 외부 환경의 변화에 적응하였기 때문이라고 설명한다.

　한편, 두께가 얇은 토기가 사용된 의미를 파악하기 위해서는 토기 두께의 변화를 ⓑ초래한 원인을 찾는 것도 중요하지만 두께가 얇아진 토기가 장기간 사용된 이유에도 주목할 필요가 있다. 예컨대 전분 함량이 높은 곡물을 아기들의 이유식으로 이용한다면 여성들의 수유기가 ⓒ단축됨에 따라 출산율을 높이는 데 도움이 되었을 것이라고 볼 수도 있다.

　이처럼 고고학에서는 발굴을 통해 유물 자료가 빠르게 ⓓ축적되고, 주변 과학의 발달에 힘입어 새로운 측정 방법이 개발됨에 따라 다양한 해석이 제시된다.

15. 문맥상 ⓐ~ⓓ와 바꿔 쓰기에 적절하지 않은 것은?

① ⓐ : 늘어난다는
② ⓑ : 일으킨
③ ⓒ : 짧아짐에
④ ⓓ : 나타나고

[16] 다음 글을 읽고 물음에 답하시오.

　권리와 의무의 주체가 될 수 있는 자격을 권리 능력이라 한다. 사람은 태어나면서 저절로 권리 능력을 갖게 되고 생존하는 내내 보유한다. 그리하여 사람은 재산에 대한 소유권의 주체가 되며, 다른 사람에 대하여 채권을 누리기도 하고 채무를 지기도 한다. 사람들의 결합체인 단체도 일정한 요건을 ㉠갖추면 법으로써 부여되는 권리 능력인 법인격을 취득할 수 있다. 단체 중에는 사람들이 일정한 목적을 갖고 결합한 조직체로서 구성원과 구별되어 독자적 실체로서 존재하며, 운영 기구를 두어, 구성원의 가입과 탈퇴에 관계없이 존속하는 단체가 있다.

16. 문맥상 ㉠과 바꿔 쓰기에 가장 적절한 것은?

① 겸비(兼備)하면
② 구비(具備)하면
③ 대비(對備)하면
④ 예비(豫備)하면

17. 〈보기〉의 ㉠~㉥에 대한 설명으로 적절한 것은?

〈 보 기 〉

(두 사람이 공원에서 만난 상황)

민수: 영이야, ㉠우리 둘이 뭐 하고 놀까? 이 강아지랑 놀까?

영이: (민수 품에 안겨 있는 강아지를 가리키며) 아, 얘?

민수: 응, 얘가 전에 말했던 봄이야. 봄이 동생 솜이는 집에 있고.

영이: 봄이랑 뭐 하고 놀까? 우리 강아지 별이는 실뭉치를 좋아해서 ㉡우리 둘은 실뭉치를 자주 가지고 놀아. 너네 강아지들도 그래?

민수: 실뭉치는 ㉢둘 다 안 좋아해. 그런데 공은 좋아해서 ㉣우리 셋은 공을 갖고 자주 놀아. 그래서 공을 챙겨 오긴 했어.

영이: 그렇구나. 별이는 실뭉치를 좋아하니까, 다음에 네가 혼자 나오고 내가 별이랑 나오면 그때 ㉤우리 셋은 실뭉치를 갖고 놀면 되겠다.

민수: 그러자. 그럼 오늘 ㉥우리 셋은 공을 가지고 놀자.

① ㉠과 ㉡은 가리키는 대상이 동일하다.
② ㉡이 가리키는 대상은 ㉤이 가리키는 대상에 포함된다.
③ ㉢이 가리키는 대상은 ㉥이 가리키는 대상에 포함된다.
④ ㉣과 ㉤은 가리키는 대상이 동일하다.
⑤ ㉣과 ㉥은 가리키는 대상이 동일하다.

[18] 다음 글을 읽고 물음에 답하시오.

창수는, 말로만 들었지 정작 눈으로 본 일은 없는 '승강기'라는 물건을, 잠깐 머릿속에 아무렇게나 만들어 보느라 골몰이었으나, 어느 틈엔가 제 곁에 서너 명의 아이들이 모여 선 것을 깨닫고, 그들을 둘러보았다.
"얘가 시굴 아이다, 시굴 아이야."
칠팔 세나 그밖에 더 안 된 아이가, 옆에 있는 아이들을 둘러보고 그렇게 말하니까, 모두 고만고만한 또래의 딴 아이들이,
"그래, 시굴 아이야, 시굴 아이……"
저마다 연방 고개를 끄덕이고, 열한두 살이나 그렇게 된 계집아이 등에 업혀 있는 두세 살 된 갓난애조차, 잘 안 돌아가는 혀끝을 놀리어,
"시구라, 시구라."
하고, 빤히 저를 쳐다보는 것에, 소년은 그러한 것에도 쉽사리 붉어지는 제 얼굴을 아무렇게도 하는 수 없이, 문득, 등 뒤에서 요란스러이 울린 자전거 종소리에, 그만 질겁을 하여 한옆으로 허둥대며 비켜서는 꼴을 보고, 그 결코 그렇게는 놀라는 일이 없는 ㉠'서울 아이'들이, "하, 하, 하" 하고 가장 재미있는 듯 싶게 한바탕을 웃었을 때, 소년은 귀밑까지 새빨개가지고 마음속에 끝없는 모욕을 느끼지 않으면 안 되었다.
그러나 ㉡저를 비웃은 아이는, 옆에 모여 선 그 애들뿐이 아니다. 개천 건너 이발소 창 앞에 앉아, ㉢저보다 좀 큰 아이가 아까부터 제 편만 지켜보고 있었던 듯싶어,
"하, 하, 하…… 녀석, 놀라기는……"
하고, 그러한 말을 하더니, 눈이 마주치자,
"너, 약국에, 오늘 들왔구나?"
아주 어른같이 그러한 것을 묻는다. ㉣창수는 또 변변치 못하게 얼굴을 붉히며, 가까스로 고개를 한 번 끄떡하고, 문득, 부모를 떠나 외따로이 이러한 곳에서 이제 어떻게 지내 가나 겁이 부쩍 나며, 그저 아버지가 '전차'나 태워 주고, '화신상'이나 구경시켜 주고, 또 '승강기' 있다는 데로 데리고 가 주고, 그러한 다음에, 같이 집으로나 다시 내려갔으면, 그러면 퍽 좋겠다고 침을 몇 덩어리나 삼키며, 저 혼자 속으로 생각하지 않으면 안 되었다.

18. ㉠~㉣의 관계에 대한 이해로 가장 적절한 것은?
① ㉠은 ㉡과 함께 ㉢, ㉣을 조롱하고 있다.
② ㉠은 ㉡과 달리 ㉣을 무시하고 있다.
③ ㉢은 ㉡에 기대어 ㉣에게 조언하고 있다.
④ ㉢은 ㉡이기는 하지만 ㉣에게 관심을 갖고 있다.

<2> 실력 확인 문제

[1] 다음 글을 읽고 물음에 답하시오.

〈출제기조 전환 1차 예시문제〉

　　한국 신화에 보이는 신과 인간의 관계는 다른 나라의 신화와 ㉠견주어 볼 때 흥미롭다. 한국 신화에서 신은 인간과의 결합을 통해 결핍을 해소함으로써 완전한 존재가 되고, 인간은 신과의 결합을 통해 혼자 할 수 없었던 존재론적 상승을 이룬다.

　　한국 건국신화에서 주인공인 신은 지상에 내려와 왕이 되고자 한다. 천상적 존재가 지상적 존재가 되기를 ㉡바라는 것인데, 인간들의 왕이 된 신은 인간 여성과의 결합을 통해 자식을 낳음으로써 결핍을 메운다. 무속신화에서는 인간이었던 주인공이 신과의 결합을 통해 신적 존재로 ㉢거듭나게 됨으로써 존재론적으로 상승하게 된다. 이처럼 한국 신화에서 신과 인간은 서로의 존재를 필요로 한다는 점에서 상호의존적이고 호혜적이다.

　　다른 나라의 신화들은 신과 인간의 관계가 한국 신화와 달리 위계적이고 종속적이다. 히브리 신화에서 피조물인 인간은 자신을 창조한 유일신에 대해 원초적 부채감을 지니고 있으며, 신이 지상의 모든 일을 관장한다는 점에서 언제나 인간의 우위에 있다. 이러한 양상은 북유럽이나 바빌로니아 등에 ㉣퍼져 있는 신체 화생 신화에도 유사하게 나타난다. 신체 화생 신화는 신이 죽음을 맞게 된 후 그 신체가 해체되면서 인간 세계가 만들어지게 된다는 것인데, 신의 희생 덕분에 인간 세계가 만들어질 수 있었다는 점에서 인간은 신에게 철저히 종속되어 있다.

1. ㉠~㉣과 바꿔쓸 수 있는 유사한 표현으로 적절하지 않은 것은?

① ㉠ : 비교해

② ㉡ : 희망하는

③ ㉢ : 복귀하게

④ ㉣ : 분포되어

[2] 다음 글을 읽고 물음에 답하시오.

〈출제기조 전환 2차 예시문제〉

　　방각본 출판은 책을 목판에 새겨 대량으로 찍어내는 방식이다. 이 경우 소수의 작품으로 많은 판매 부수를 올리는 것이 유리하다. 즉, 하나의 책으로 500부를 파는 것이 세 권의 책으로 합계 500부를 파는 것보다 이윤이 높다. 따라서 방각본 출판업자는 작품의 종류를 늘리기보다는 시장성이 좋은 작품을 집중적으로 출판하였다. 또한 작품의 규모가 커서 분량이 많은 경우에는 생산 비용이 ㉠올라가 책값이 비싸지기 때문에 자연스럽게 분량이 적은 작품을 선호하였다. 이에 따라 방각본 출판에서는 규모가 큰 작품을 기피하였으며, 일단 선택된 작품에도 종종 축약적 윤색이 가해지고는 하였다.

　　일종의 도서대여업인 세책업은 가능한 여러 종류의 작품을 가지고 있는 편이 유리하고, 한 작품의 규모가 큰 것도 환영할 만한 일이었다. 소설을 빌려 보는 독자들은 하나를 읽고 나서 대개 새 작품을 찾았으니, 보유한 작품의 종류가 많을수록 좋았다. 또한 한 작품의 분량이 많아서 여러 책으로 나뉘어 있으면 그만큼 세책료를 더 받을 수 있으니, 세책업자들은 스토리를 재미나게 부연하여 책의 권수를 늘리기도 했다. 따라서 세책업자들은 많은 종류의 작품을 모으는 데에 주력했고, 이 과정에서 원본의 확장 및 개작이 적잖이 이루어졌다.

2. 밑줄 친 표현이 문맥상 ㉠의 의미와 가장 가까운 것은?

① 습도가 올라가는 장마철에는 건강에 유의해야 한다.

② 내가 키우던 반려견이 하늘나라로 올라갔다.

③ 그녀는 승진해서 본사로 올라가게 되었다.

④ 그는 시험을 보러 서울로 올라갔다.

[3] 다음 글을 읽고 물음에 답하시오.

〈출제기조 전환 1차 예시문제〉

　영국의 유명한 원형 석조물인 스톤헨지는 기원전 3,000년경 신석기시대에 세워졌다. 1960년대에 천문학자 호일이 스톤헨지가 일종의 연산장치라는 주장을 하였고, 이후 엔지니어인 톰은 태양과 달을 관찰하기 위한 정교한 기구라고 확신했다. 천문학자 호킨스는 스톤헨지의 모양이 태양과 달의 배열을 나타낸 것이라는 의견을 제시해 관심을 모았다.

　그러나 고고학자 앳킨슨은 ⊙그들의 생각을 비난했다. 앳킨슨은 스톤헨지를 세운 사람들을 '야만인'으로 묘사하면서, ⓒ이들은 호킨스의 주장과 달리 과학적 사고를 할 줄 모른다고 주장했다. 이에 호킨스를 옹호하는 학자들이 진화적 관점에서 앳킨슨을 비판하였다. ⓒ이들은 신석기시대보다 훨씬 이전인 4만 년 전의 사람들도 신체적으로 우리와 동일했으며 지능 또한 우리보다 열등했다고 볼 근거가 없다고 주장했다.

　하지만 스톤헨지의 건설자들이 포괄적인 의미에서 현대인과 같은 지능을 가졌다고 해도 과학적 사고와 기술적 지식을 가지지는 못했다. ⓔ그들에게는 우리처럼 2,500년에 걸쳐 수학과 천문학의 지식이 보존되고 세대를 거쳐 전승되어 쌓인 방대하고 정교한 문자 기록이 없었다. 선사시대의 생각과 행동이 우리와 똑같은 식으로 전개되지 않았으리라는 점은 매우 중요하다. 지적 능력을 갖췄다고 해서 누구나 우리와 같은 동기와 관심, 개념적 틀을 가졌으리라고 생각하는 것은 잘못이다.

3. 문맥상 ⊙~ⓔ 중 지시 대상이 같은 것만으로 묶인 것은?

① ⊙, ⓒ
② ⓒ, ⓔ
③ ⊙, ⓒ, ⓒ
④ ⊙, ⓒ, ⓔ

[4] 다음 글을 읽고 물음에 답하시오.

〈출제기조 전환 2차 예시문제〉

　일반적으로 한 나라의 문학, 즉 '국문학'은 "그 나라의 말과 글로 된 문학"을 지칭한다. 그래서 우리나라에서 국문학에 대한 근대적 논의가 처음 시작될 무렵에는 국문학에서 한문으로 쓰인 문학을 배제하자는 주장이 있었다. 국문학 연구가 점차 전문화되면서, 한문문학 배제론자와 달리 한문문학을 배제하는 데 있어 신축성을 두는 절충론자의 입장이 힘을 얻었다. 절충론자들은 국문학의 범위를 획정하는 데 있어 종래의 국문학의 정의를 기본 전제로 하되, 일부 한문문학을 국문학으로 인정하자고 주장했다. 즉 한문으로 쓰여진 문학을 국문학에서 완전히 배제하지 않고, ⊙전자 중 일부를 ⓒ후자의 주변부에 위치시키는 것으로 국문학의 영역을 구성한 것이다. 이에 따라 국문학을 지칭할 때에는 '순(純)국문학'과 '준(準)국문학'으로 구별하게 되었다. 작품에 사용된 문자의 범주에 따라서 ⓒ전자는 '좁은 의미의 국문학', ⓔ후자는 '넓은 의미의 국문학'이라고도 칭할 수 있다.

　하지만 이런 절충안을 취하더라도 순국문학과 준국문학을 구분하는 데에는 논자마다 차이가 있다. 어떤 이는 국문으로 된 것은 ⓜ전자에, 한문으로 된 것은 ⓑ후자에 귀속시켰다. 다른 이는 훈민정음 창제 이전과 이후로 나누어 국문학의 영역을 구분하였다. 훈민정음 창제 이전의 문학은 차자표기건 한문표기건 모두 국문학으로 인정하고, 창제 이후의 문학은 국문문학만을 순국문학으로 규정하고 한문문학 중 '국문학적 가치'가 있는 것을 준국문학에 귀속시켰다.

4. 윗글의 ⊙~ⓑ 중 지시하는 바가 같은 것끼리 짝을 지은 것은?

① ⊙, ⓒ
② ⓒ, ⓔ
③ ⓒ, ⓑ
④ ⓒ, ⓜ

[5] 다음 글을 읽고 물음에 답하시오. ⟨2025 지방직⟩

　천상계와 지상계로 나누어진 영웅 소설의 세계 구조에서 서사적으로 중요한 것은 지상계의 일이지만 인과론적 구도로는 천상계가 우위에 있다. 천상계의 의지나 그 대리자의 개입에 의해서 지상계의 서사가 결정되기 때문이다. 천상계는 지상에서 ㉠일어나는 모든 사건의 발생과 귀결을 지배하는 초월적 세계로서, 일시적으로 고난에 빠졌던 주인공이 세상에 창궐한 악을 물리치고 승리하도록 해 주는 근거로 작용한다. 지상의 혼란이나 세계 질서의 모순은 일시적인 것일 뿐 현실의 구체적 갈등에 뿌리를 둔 것이 아니어서 초월적 세계가 이미 설계한 바에 따라 쉽사리 해소된다. 이런 모습의 세계 구조를 '이원적 세계상'이라고 부른다.

　반면에 판소리계 소설의 세계상은 대체로 일원적이고 경험적이다. 판소리계 소설에는 초월적 세계가 지배적 장치로 나타나는 경우가 극히 드물며, 현실의 경험적 인과 관계에 의해 서사가 전개된다. 예컨대 변학도의 횡포로 인한 춘향의 수난, 흥부의 가난과 고난, 심청과 심봉사의 불행, 유혹에 넘어간 토끼의 위기 탈출, 배비장의 욕망과 봉변, 장끼의 죽음 등은 초월적 세계의 의지나 그 대리자의 개입 없이 현실적 삶의 인과에 따라 이루어지는 것이다.

5. 윗글의 문맥상 ㉠의 의미와 가장 가까운 것은?

① 언니는 뽀얗게 일어나는 물보라에 손을 대었다.
② 그는 가까스로 일어나는 불꽃을 바라보고 있었다.
③ 아침 일찍 일어나는 습관을 들이는 것이 중요하다.
④ 싸움이 일어나는 동안 그는 숨어 있을 수밖에 없었다.

공무원 독해

새로운 독해 2
- 출제 기조 전환 유형편

PART 5

평론 문학

PART 5 평론 문학

PART 5: 문학 작품을 하나하나 공부하는 유형이 아닙니다. 문학 평론은 독해와도 같다. 단, 자아(작품 속 경험 주체)와, 그것을 둘러싼 세계(작중 주변 상황)라는 용어를 이해하고, 대비(특히 '병렬도 대비이다.'라는 캐치프레이즈를 생각하자.)와 재진술(동의, 지시어, 문맥적 유의어)에 유의하면 된다.

<0> 출제 기조 전환 대표 문항

[0] 다음 글을 읽고 물음에 답하시오.

〈출제기조 전환 1차 예시문제〉

'크로노토프'는 그리스어로 시간과 공간을 뜻하는 두 단어를 결합한 것으로, 시공간을 통합적으로 이해하기 위한 개념이다. 크로노토프의 관점에서 보면 고소설과 근대소설의 차이를 명확하게 파악할 수 있다.

고소설에는 돌아가야 할 곳으로서의 원점이 존재한다. 그것은 영웅소설에서라면 중세의 인륜이 원형대로 보존된 세계이고, 가정소설에서라면 가장을 중심으로 가족 구성원들이 평화롭게 공존하는 가정이다. 고소설에서 주인공은 적대자에 의해 원점에서 분리되어 고난을 겪는다. 그들의 목표는 상실한 원점을 회복하는 것, 즉 그곳에서 향유했던 이상적 상태로 돌아가는 것이다. 주인공과 적대자 사이의 갈등이 전개되는 시간을 서사적 현재라 한다면, 주인공이 도달해야 할 종결점은 새로운 미래가 아니라 다시 도래할 과거로서의 미래이다. 이러한 시공간의 배열을 '회귀의 크로노토프'라고 한다.

근대소설 「무정」은 회귀의 크로노토프를 부정한다. 이것은 주인공인 이형식과 박영채의 시간 경험을 통해 확인된다. 형식은 고아지만 이상적인 고향의 기억을 갖고 있다. 그것은 박 진사의 집에서 영채와 함께 하던 때의 기억이다. 이는 영채도 마찬가지기에, 그들에게 박 진사의 집으로 표상되는 유년의 과거는 이상적 원점의 구실을 한다. 박 진사의 죽음은 그들에게 고향의 상실을 상징한다. 두 사람의 결합이 이상적 상태의 고향을 회복할 수 있는 유일한 방법이겠지만, 그들은 끝내 결합하지 못한다. 형식은 새 시대의 새 인물이 되어야 한다고 생각하며 과거로의 복귀를 거부한다.

0. 윗글에서 추론한 내용으로 가장 적절한 것은?

① 「무정」과 고소설은 회귀의 크로노토프를 부정한다는 점에서 공통적이다.

② 영웅소설의 주인공과 「무정」의 이형식은 그들의 이상적 원점을 상실했다는 공통점을 가지고 있다.

③ 「무정」에서 이형식이 박영채와 결합했다면 새로운 미래로서의 종결점에 도달할 수 있었을 것이다.

④ 가정소설은 가족 구성원들이 평화롭게 공존하는 결말을 통해 상실했던 원점으로의 복귀를 거부한다.

<문항 분석>

[0] 다음 글을 읽고 물음에 답하시오.

'크로노토프'는 그리스어로 시간과 공간을 뜻하는 두 단어를 결합한 것으로, 시공간을 통합적으로 이해하기 위한 개념이다. 크로노토프의 관점에서 보면 고소설과 근대소설의 차이를 명확하게 파악할 수 있다.
(고소설과 / 근대소설을 대비하라. 병렬도 대비이다.)

고소설에는 돌아가야 할 곳으로서의 원점이 존재한다. 그것은 영웅소설에서라면 중세의 인류가 원형대로 보존된 세계이고, 가정소설에서라면 가장을 중심으로 가족 구성원들이 평화롭게 공존하는 가정이다. 고소설에서 주인공은 적대자에 의해 원점에서 분리되어 고난을 겪는다. 그들의 목표는 상실한 원점을 회복하는 것, 즉 그곳에서 향유했던 이상적 상태로 돌아가는 것이다. 주인공과 적대자 사이의 갈등이 전개되는 시간을 서사적 현재라 한다면, 주인공이 도달해야 할 종결점은 새로운 미래가 아니라 다시 도래할 과거로서의 미래이다. 이러한 시공간의 배열을 '회귀의 크로노토프'라고 한다.
(대상만 대비하지 말고 속성까지 대비한다면, 고소설은 돌아갈 원점이 존재한다는 것, 즉 회귀의 크로노토프이다.)

근대소설 「무정」은 회귀의 크로노토프를 부정한다. 이것은 주인공인 이형식과 박영채의 시간 경험을 통해 확인된다. 형식은 고아지만 이상적인 고향의 기억을 갖고 있다. 그것은 박 진사의 집에서 영채와 함께 하던 때의 기억이다. 이는 영채도 마찬가지기에, 그들에게 박 진사의 집으로 표상되는 유년의 과거는 이상적 원점의 구실을 한다. 박 진사의 죽음은 그들에게 고향의 상실을 상징한다. 두 사람의 결합이 이상적 상태의 고향을 회복할 수 있는 유일한 방법이겠지만, 그들은 끝내 결합하지 못한다. 형식은 새 시대의 새 인물이 되어야 한다고 생각하며 과거로의 복귀를 거부한다.
(고소설과는 달리 근대소설은 회귀의 크로노토프가 부정된다. 참고로, '박 진사 = 고향 = 과거'로 유의어 처리를 할 수 있어야 하며, '박 진사의 죽음 = 고향 거부 = 과거 복귀 거부'로 읽을 수 있어야 했다.)

0. 윗글에서 추론한 내용으로 가장 적절한 것은?

① 「무정」과 고소설은 회귀의 크로노토프를 부정한다는 점에서 공통적이다.
(고소설은 회귀의 크로노토프를 인정한다.)

② 영웅소설의 주인공과 「무정」의 이형식은 그들의 이상적 원점을 상실했다는 공통점을 가지고 있다.
(영웅소설의 주인공은 원점에서 분리되었으며, 이형식 역시 박 진사의 죽음으로 이상적 원점과 분리되어 있다.)

③ 「무정」에서 이형식이 박영채와 결합했다면 새로운 미래로서의 종결점에 도달할 수 있었을 것이다.
(박영채와의 결혼은 새로운 미래가 아니라, 과거로의 복귀, 이상적 상태의 고향을 회복하는 것에 해당한다.)

④ 가정소설은 가족 구성원들이 평화롭게 공존하는 결말을 통해 상실했던 원점으로의 복귀를 거부한다.
(가정소설에서 구성원들의 평화로운 공존은 원점에 해당하기 때문에, 구성원들이 평화롭게 공존하는 결말은 원점으로의 복귀를 의미한다.)

정답 : ②

<1> 실전 연습 문제

1. 다음 글에서 추론한 내용으로 가장 적절한 것은?

3·1 운동 이후 새로운 시대의 문학을 담당한 작가들의 초기 소설은 당대 현실의 묘사라는 근대 소설의 본령과 상반된 모습을 보여준다. 이들은 민족계몽주의의 종언이라는 역사적 상황 속에서 개성과 자아를 문학적 사유의 출발점으로 삼았다. 이처럼 새로운 세대는 당시 개성을 한껏 주창했던 일본 문학의 세례를 흠뻑 받은 유학파였지만, 식민지 초기 자본제의 야만적 습속이 지배하는 조선의 현실을 마주할 수밖에 없었다. 그에 따라 문학 속의 현실이 극히 축소되면서 세계와 대립하는 자아의 무너지는 내면에 침잠하고 그러한 성향을 문학적으로 표현하는 경향이 나타났던 것이다.

이러한 상황 속에서 염상섭의 「만세전」은 당대 현실의 모순을 정면에서 묘사하여 드러낸 이례적인 작품이다. 이 작품에서는 아내가 위독하다는 전보를 받고 귀국하여 장례를 치르고 서울을 떠나는 유학생 '이인화'의 여로에 맞추어 당시의 모습이 순행적으로 제시된다. 근대 자본주의에 따라 행동하는 그는 스스로를 이지적이고 논리적인 인물이라고 생각하지만, 조선의 현실은 그의 이러한 지적 통찰에 의해서가 아니라 피동적이고 몰개성적인 방식으로 독자에게 반사된다. 다시 말해, 「만세전」은 민족적 정신이 들어올 자리가 없는 근대적 지식인이 전근대 식민지를 경유하는 과정에서 우연히 당대 현실을 포착하게 될 것이다. 이 작품이 끝내 동경으로 돌아가는 원점회귀형 서사구조를 보여 주는 것은 조선 현실의 포착이 민족주의적 야망에 근거했던 바는 아니었음을 드러내는 셈이다.

① 「만세전」은 일본문학의 세례를 받은 새로운 세대의 초기 소설과 달리 근대 소설의 본령을 실현하는 작품이다.
② 「만세전」은 '이인화'가 자신의 개성을 바탕으로 한 사유를 통해 전근대 식민지의 모습을 독자에게 반사하는 작품이다.
③ 「만세전」은 '이인화'가 서울을 떠나는 원점회귀형 서사 구조를 통해 민족주의적 야망을 드러낸다.
④ 「만세전」은 민족적 정신이 틈입할 자리가 없는 근대적 지식인이 자신의 논리적인 통찰에 의해 조선의 현실을 파악하는 작품이다.

2. 다음 글을 이해한 내용으로 가장 적절한 것은?

소설에서 사건의 극적 전개, 인물의 대립과 갈등, 집단적인 이념의 총체적 구현 등에 익숙한 독자들에게는 박태원의 소설이 파격적으로 다가올 것이다. 그의 작품들에서는 이야기를 갈등과 절정으로 치닫게 하는 인물의 문제적인 행위가 나타나지 않는다. 이는 플롯의 중심 개념뿐만 아니라 기존 소설의 주인공 개념까지도 해체시킨 것이나 다름없다.

박태원의 소설 「소설가 구보씨의 일일」에서 소설을 쓰는 작가인 주인공은 별다른 목적 없이 집을 나와 사방을 기웃거리며 하루를 보낸다. 도시의 이곳저곳을 떠도는 그는 우연히 부딪치는 세계의 풍경들을 기록하며 소설의 모티프를 구상한다. 그는 현실을 철저히 방관하는 입장에 서서 인간의 생활을 지배하는 일상적 모습을 인식하게 될 뿐이다. 문학이나 예술을 창조하는 활동이라 하면 상상력이라는 낭만적 원리하에 그 과정이 신비화되기 마련이다. 하지만 이 작품에서 주인공의 소설 쓰기 과정은 일상적 공간 속에서 낱낱이 해체되어 나타난다. 경향파 소설 이후 리얼리즘 문학이 개인과 사회의 총체적 관계를 파악하는 데에 주력했다면, 박태원은 개체화된 인간의 모습을 작품에 투영함으로써 삶에 대한 새로운 접근 방식을 보여 주었다고 할 수 있다.

① 「소설가 구보 씨의 일일」은 일상적 공간에서 기존 소설의 주인공 개념뿐만 아니라 소설 쓰기 과정까지 해체한다.
② 「소설가 구보 씨의 일일」은 개체화된 인간을 작품에 등장시키는 방식으로 개인과 사회의 총체적 관계를 파악한다.
③ 「소설가 구보 씨의 일일」은 현실을 방관하는 입장에 선 인물이 도시의 낯선 모습을 인식하게 되는 여정을 드러낸다.
④ 「소설가 구보 씨의 일일」은 소설가가 일상적 공간을 해체함으로써 문학의 창조성을 탈신비화하는 과정을 보여준다.

3. 다음 글을 이해한 내용으로 가장 적절한 것은?

　이상화의 시 세계와 관련하여 「빼앗긴 들에도 봄은 오는가」에 담긴 문제의식이 무엇인가에 대해서는 다양한 주장이 제기되어 왔다. 우선, 해당 작품을 정치학적 관점에서 분석한 이들은 계급과 민족의 문제에 주목하였다. 이는 해당 작품의 발표 지면이었던 『개벽』이 종교적 색채에서 사회주의적 색채로 옮겨갔음을 설명하기 위해 도입된 시각이기도 했다. 한편, 해당 작품을 서구의 상징주의적 관점에서 독해한 이들은 작품에 나타난 이중적·수직적 구조에 주목하였다. 이는 모든 세계를, 인간과 자연을 분리하여 이해하려는 이분법적 세계관에 기초한 시각이라고 할 수 있다. 그러나 이상화의 시는 우주가 하늘과 땅과 인간이라는 세 요소에 의해 구성된다고 사유하는 대종교의 우주관을 보여 준다는 점에서 상술한 관점들로는 해명되기 어려운 측면이 있다. 『개벽』의 변화는 대종교를 사회주의와 결합시킨 것으로 설명될 수 있으며, 인간과 자연의 분리는 세계관의 전제가 아니라 대종교의 우주관을 기반으로 할 때에는 문제 상황이었던 셈이다.
　「빼앗긴 들에도 봄은 오는가」는 인간이 하늘과 땅을 결합하는 역할을 수행한다는 우주관을 드러낸다. 이 작품을 관통하는 것은 "지금은 남의 땅―빼앗긴 들에도 봄은 오는가?"라는 1연의 질문이다. 원래 하늘을 표상하는 계절과 땅을 표상하는 들, 즉 대지는 서로 분리되어 있지 않다. 그 양자를 분리시킨 원인은 들을 빼앗은 자인 "남"이다. 2연부터 6연까지가 하늘과 땅이 인간의 매개 속에서 아름답게 조화를 이루어 가며 봄이 다가오는 과정을 그린다면, 7연부터 작품의 마지막인 11연까지는 인간의 수행 능력이 결여되면서 우주의 조화가 위기에 처한 상황이 그려진다. "그러나 지금은―들을 빼앗겨 봄조차 빼앗기겠네"라고 마무리되는 이 작품은 6연을 축으로 우주의 조화와 불화가 구조적으로 대칭을 이루는 것이다. 이는 우주를 천지인의 조화라는 관점에서 이해하고 사유했던 한국 고유의 문화적 감각을 작동시키기 위한 기획이었다.

① 정치학적 관점과 대종교의 관점은 「빼앗긴 들에도 봄은 오는가」가 『개벽』의 종교적 색채를 드러내는 작품이라고 본다.
② 정치학적 관점과 대종교의 관점은 「빼앗긴 들에도 봄은 오는가」가 민족 고유의 세계관을 작동시키는 작품이라고 본다.
③ 상징주의적 관점과 대종교의 관점은 「빼앗긴 들에도 봄은 오는가」가 세계관 혹은 우주관을 구조적으로 표현한다고 본다.
④ 상징주의적 관점과 대종교의 관점은 「빼앗긴 들에도 봄은 오는가」가 인간과 자연의 분리라는 문제 상황을 제기한다고 본다.

4. 다음 글을 이해한 내용으로 가장 적절한 것은?

현진건은 3·1 운동 직후에 지식인의 좌절이나 경제적인 빈곤상을 드러내는 작품으로 작가로서의 위상을 인정받았다. 이를테면 「운수 좋은 날」은 3인칭 시점을 도입함으로써 빈곤이라는 민족의 현실 문제에 대해 객관적으로 접근하려는 기법적 시도를 보여 주는 작품으로 주목된다.

작품의 주인공인 김 첨지는 궂은 날씨에도 돈을 벌기 위해 인력거를 끌고 나간다. 그런데 오늘따라 운수가 좋아서 가는 곳마다 손님을 만나 많은 돈을 벌 수 있게 된다. 그러나 일하러 나가지 말고 집에 있어 달라고 하던 아픈 아내의 말이 떠올라 마음이 불안해지기 시작한다. 그가 일을 마치고 집에 돌아왔을 때 아내는 이미 세상을 떠난 후였다. 이러한 작품의 결말은 김 첨지의 운수 좋은 날이 곧 그의 아내가 외롭게 죽어간 날이었다는 사실을 보여준다.

하층민의 곤궁한 생활 현장을 문제 삼는 이 작품은 가난한 인력거꾼의 하루를 배경으로 하고 있다는 점에서, 현진건의 관심이 민족의 고통스러운 현실에 밀착되어 있었음을 말해 준다. 막상 돈이 생기자 가장 먼저 아픈 아내를 생각한 김 첨지는 정작 집을 나서기 전엔 설렁탕을 사 달라는 아내에게 거친 면박을 주었는데, 이와 같은 인물의 반어적 태도는 경제적 빈궁이 개인의 심리에도 깊은 영향을 미친다는 것을 보여 준다.

① 「운수 좋은 날」은 3인칭 시점을 도입하여 3·1 운동 직후 지식인의 몰락과 좌절을 표현한다.
② 「운수 좋은 날」의 결말은 김 첨지의 경제적 빈궁이 그의 심리에도 영향을 미쳤다는 사실을 보여준다.
③ 「운수 좋은 날」은 민족의 고통스러운 현실을 객관적인 시선에서 바라보려는 현진건의 시도를 드러낸다.
④ 「운수 좋은 날」은 김 첨지가 인력거를 끌며 일하는 여러 날들을 보여줌으로써 하층민의 빈곤을 나타낸다.

5. 다음 글을 이해한 내용으로 적절하지 않은 것은?

윤동주의 시에는 두 윤동주의 자아가 존재한다. 그의 시에서 첫 번째 자아는 소극적 자아이다. 즉, 적극적으로 일본의 식민 지배에 제대로 저항하지 못하는 부끄러운 현실적 자아가 존재하는 것이다. 한편 두 번째 자아는 적극적 자아인데 이러한 자아는 세상과의 대결 의지를 갖는 저항적 자아이다. 윤동주의 시에서 이 두 자아는 서로 간의 화해가 없는 상태로 끝나기도 하고, 서로 간의 화해를 도모하기도 한다. 육체적이고 현실적인 자아는 버려야 할 것으로 비추어지는 것이며, 정신적인 자아는 오롯이 남아야 한다는 것이 전자라면, 연민을 바탕으로 주관 사이의 진정한 화해를 도모하는 것이 후자이다.

윤동주의 「쉽게 씌어진 시」는 자아 간 분열을 다루고 있다. 이 시의 화자는 살기 어려운 현실로 표상되는 밤비가 속살거려야 자신이 거주한 곳이 남의 나라임을 확인하고 있다. 밤비는 부정적 시공간이자 성찰의 시공간적 배경이 된다. 이렇게 이 시의 화자는 1연부터 6연까지 남들은 살기 어렵다는데 홀로 침전하는 듯한 상실감을 느끼며 절망한다. 그러나, 8연에서는 1연이 내용이 반복, 변주되는데 그 순서가 다르며, 그 의미도 다르다. '육첩방은 남의 나라'라는 시대 인식이 먼저인 것은 그의 정신적이고 적극적인 자아가 발현된 것이고 이는 시의 마지막까지 유지된다. 가령, 그는 등불을 밝혀 조금이라도 어둠을 밖으로 몰고 시대처럼 올 아침을 기다린다. 그런데 단순히 그것에 그치지 않고 마지막 10연에서 적극적 자아가 소극적 자아에게 눈물과 위안으로 악수를 하는데, 이 구절은 윤동주의 마지막 선택지와도 같은 결말이다.

① 「쉽게 씌어진 시」에서는 작품의 시공간적 배경이 설정되어 있으며 상징성을 지닌다.
② 「쉽게 씌어진 시」의 초반부에는 부끄러운 현실 자아가 자신의 정서를 드러내고 있다.
③ 「쉽게 씌어진 시」의 후반부에는 연민을 바탕으로 주관 사이의 진정한 화해를 도모하고 있다.
④ 「쉽게 씌어진 시」의 마지막 연에는 화자의 저항 정신이 희석되어 정신적 자아가 더욱 오롯해진다.

6. 다음 글을 이해한 내용으로 가장 적절한 것은?

김소월은 1920년대 초반 서구시에 경도된 당대 시인들과는 달리, 전통적인 문화와 삶의 체험에 바탕을 두어 독자적인 시 세계를 이루었다. 이 가운데 그의 「접동새」는 당시 평안도 지방에 전해 내려오던 '접동새 설화'를 수용하여 재창조하는 작품이다. 접동새 설화는 평안도 진두강가에 살았던 오누이의 슬픈 이야기로, 출가를 앞두고 계모에게 억울하게 죽은 큰 누나의 원혼이 접동새가 되어 남은 아홉 동생들을 못 잊고 밤마다 구슬피 운다는 내용이다. 「접동새」는 이러한 설화를 이끌어와 당시에 나라를 잃고 슬픔에 빠진 우리 민족의 심정을 절실한 가락으로 노래하고 있다.

특히 이 작품의 성취는 설화의 단순한 차용이나 반복에 그치지 않는 현대시적 변용과 재창조에서 찾을 수 있다. 접동새 울음을 묘사하는 1연에서 '아홉 오래비'를 변형시킨 "아우래비"는 접동새 울음의 생생한 청각적 이미지를 의미와의 연관 속에서 제시하는 독창적인 시어라 할 수 있다. 또한 2~3연은 설화 구연자의 담담한 어조를 빌려 설화의 내용을 압축적으로 제시하다가, 4연에 이르면 '오랩동생'과 겹쳐진 목소리로 발화하며 '누나'의 비극적인 죽음에 대한 서러운 감정을 폭발시키고 있다. 이러한 변용과 재창조는 우리 민족이 공유하던 구비 문학을 기반으로 하여 민족적 동일성의 감각을 일깨우는 동시에, 민중들의 집단적인 감수성에 기대어 시적 주체의 감정을 보편적인 정서로 일반화시키는 효과가 있다.

① 「접동새」는 출가를 앞둔 큰 누나가 계모에게 억울하게 죽임을 당한 시인의 체험에 바탕을 두고 있다.
② 「접동새」는 동생의 비극적인 죽음에 대한 남은 누이의 서러운 감정을 접동새의 울음소리로 표현한다.
③ 「접동새」는 우리 민족의 구비 문학과 관련된 표현을 접동새 울음으로 재창조한 독창적인 시어를 활용한다.
④ 「접동새」는 나라를 잃고 슬픔에 빠졌던 평안도 오누이의 심정을 노래하여 시적 주체의 감정을 민중으로 확대한다.

7. 다음 글의 ㉠~㉢에 들어갈 말을 적절하게 나열한 것은?

어느 시대든 문학이 인생을 인식하는 데 있어 크게 두 가지 태도를 확인할 수 있다. 하나는 인간의 일상적인 실존을 구성하는 체험으로서 인생을 이해하는 태도다. 이것은 자연주의 작가들이 시도했던 것처럼 세밀한 모방을 통해 인생의 단편을 하나의 사실로 그려낸다. 이때의 진실은 곧 일상적 진실이다. 반면 인생을 지속적이고 영구적인 측면에서 파악하는 보다 폭넓은 인식 태도가 있다. 이 경우 있는 그대로의 인생이 아니라 있어야 하는 인생이 모방의 대상이 된다. 따라서 이때의 진실은 곧 당위적 진실이다.

박목월의 「나그네」가 일제 말기의 비참한 극한의 상황을 조금도 반영하지 않는다는 이유로 혹평을 받는 것은 어쩌면 자연스러운 일일지도 모른다. 이 작품이 모방한 인생은 너무도 평화롭고 향토적이어서 일제 말기의 역사적 현실과는 무관한 것임에 틀림없다. 다만 이러한 이유로 작품을 혹평하는 것은 어디까지나 (㉠)의 관점에서다. 이 작품은 (㉡)을 모방했다는 관점에서 볼 때 일제 말기를 거부하는 세계 인식 태도와 그 가치가 비로소 드러난다.

모방론은 "시는 율어에 의한 모방이다"라는 아리스토텔레스의 정의 이후 고전주의, 사실주의 등의 핵심적 문학관이 되어 왔다. 그러나 사실 아리스토텔레스의 '시'는 다른 예술과 구분되는 상상의 문학을 가리킨다. 그가 모방의 대상에 대한 가치 기준으로 삼은 개연성은 지금-여기의 진실을 드러내는 리얼리즘 문학의 박진성과 구분된다. 있을 수 있는 세계의 모방에 주목한 아리스토텔레스의 모방론은 (㉢)을 가치 기준으로 설정한 것이었다.

	㉠	㉡	㉢
①	일상적 진실	일상적 진실	당위적 진실
②	일상적 진실	당위적 진실	당위적 진실
③	당위적 진실	일상적 진실	일상적 진실
④	당위적 진실	당위적 진실	일상적 진실

8. 다음 글의 ㉠~㉢에 들어갈 말을 적절하게 나열한 것은?

아우슈비츠 이후에 쓰이는 서정시에는 다음의 세 가지 계기를 내포할 필요가 있다. 동일성의 폭력 속에서 신음하는 특수자의 현실을 '발견'하고, 그 특수자의 고통을 자신의 아픔으로 '감응'하고, 고통 없는 세계를 강렬하게 '환기'하는 것이 바로 그것이다. 이러한 세 단계의 계기는 새로운 시대에 요구되는 서정의 구조를 보여준다. 그런데 앞서 정식화된 서정의 구조마저도 불완전하다는 사실을 드러낸다는 점에서 윤동주의 「병원」은 문제적인 작품이라고 할 수 있다.

「병원」에 등장하는 늙은 의사는 화자인 젊은이의 병을 이해하지 못하는 모습으로 등장한다. 합리적 인식이 타자의 고통을 총괄하여 규정할 수 있어도 체험할 수는 없다는 아도르노의 말처럼, 서정시의 (㉠)은 그것이 불가능할지도 모른다는 비관주의와 함께 수행되는 작업이어야 한다. 또한 화자는 병원 뒤뜰에서 병들고 고립된 어떤 여성 환자의 오후를 목격하는데, 이때 화자가 그녀를 무심하게 언급하는 이유는 자신과 그녀를 동일시하게 되는 시선을 긴장감 있게 견제하기 위해서일 것이다. 이러한 윤리적 거리는 서정시의 (㉡)이/가 눈앞에 놓인 특수자의 현실을 외려 동일화하는 결과로 이어져선 안 된다는 점을 시사한다. 마지막으로 화자는 그녀가 누웠던 자리에 자신도 가서 누워보며 서로의 건강이 회복되기를 소망한다. 예술은 행복에의 약속이라는 스탕달의 말처럼, 서정의 (㉢)은/는 아름다운 세계가 아직 여기에 없다는 부정적인 방식으로써 그 세계를 드러내야 하는 것이다.

	㉠	㉡	㉢
①	발견	감응	환기
②	발견	환기	감응
③	감응	발견	환기
④	감응	환기	발견

9. 다음 글의 ㉠~㉢에 들어갈 말을 적절하게 나열한 것은?

'믿을 수 없는 서술'이란 서술자의 스토리 제시와 논평에 대해 독자가 의혹을 갖게 되는 서술을 말한다. 이러한 비신빙성을 형성해 가는 여러 요인들은 다음과 같이 유형화될 수 있다. 첫째로 서술자의 지식 수준이 사회적·도덕적 상식에 미치지 못하여 대상에 대한 통찰력이 미숙한 경우가 있다. 둘째로 서술자가 다른 인물과 맺은 개인적 연루 관계가 서술자의 이성적인 판단을 흐리게 하여 편견에 사로잡힌 서술을 낳는 경우가 있다. 셋째로 서술자가 문제적인 가치규범에 윤색되어 있어 작품이 전달하려는 주제의식과 대립을 형성하는 경우가 있다. 넷째로 당대 현실의 리얼리티에 대해 독특한 관점을 제시하는 특이한 개성을 소유한 서술자가 등장하는 경우가 있다.

일제강점기의 한국소설은 다양한 방식을 통해 '믿을 수 없는 서술'을 시도하며 1인칭 시점의 미학을 확장시켰다. 김동인의 「발가락이 닮았다」는 생식 능력에 결함이 있던 총각 M이 결혼 후 아내의 임신에 고민하는 모습을 그의 친구이자 의사인 '나'의 시선에서 그려내는 작품으로, 서술자의 친분에서 비롯된 선입견이 작동하는 이 작품은 (㉠)에 의한 비신빙성의 형성을 보여준다. 염상섭의 「제야」는 현대적 윤리에 따라 살고자 하는 신여성이 구시대의 성관념에 저항하는 모습을 전달하는 작품으로, 봉건적 가치관에 사로잡힌 독자에게 새로운 시야를 제공하는 이 작품은 (㉡)에 의한 비신빙성의 형성을 보여준다. 채만식의 「치숙」은 식민지 상황을 긍정하고 기꺼이 일본에 동화하려는 서술자의 사상을 의기양양하게 드러내는 작품으로, 독자의 비판의식을 맹렬하게 이끌어내는 이 작품은 (㉢)에 의한 비신빙성의 형성을 보여준다.

	㉠	㉡	㉢
①	지식 수준	문제적인 가치규범	특이한 개성
②	지식 수준	특이한 개성	문제적인 가치규범
③	개인적 연루 관계	문제적인 가치규범	특이한 개성
④	개인적 연루 관계	특이한 개성	문제적인 가치규범

<2> 실력 확인 문제

1. 다음 글을 이해한 내용으로 가장 적절한 것은?

〈출제기조 전환 1차 예시문제〉

이육사의 시에는 시인의 길과 투사의 길을 동시에 걸었던 작가의 면모가 고스란히 담겨 있다. 가령, 「절정」은 크게 두 부분으로 나누어지는데, 투사가 처한 냉엄한 현실적 조건이 3개의 연에 걸쳐 먼저 제시된 후, 시인이 품고 있는 인간과 역사에 대한 희망이 마지막 연에 제시된다.

우선, 투사 이육사가 처한 상황은 대단히 위태로워 보인다. 그는 "매운 계절의 채찍에 갈겨 / 마침내 북방으로 휩쓸려" 왔고, "서릿발 칼날진 그 위에 서" 바라본 세상은 "하늘도 그만 지쳐 끝난 고원"이어서 가냘픈 희망을 품는 것조차 불가능해 보인다. 이러한 상황은 "한발 제겨디딜 곳조차 없다"는 데에 이르러 극한에 도달하게 된다. 여기서 그는 더 이상 피할 수 없는 존재의 위기를 깨닫게 되는데, 이때 시인 이육사가 나서면서 시는 반전의 계기를 마련한다.

마지막 4연에서 시인은 3연까지 치달아 온 극한의 위기를 담담히 대면한 채, "이러매 눈감아 생각해" 보면서 현실을 새롭게 규정한다. 여기서 눈을 감는 행위는 외면이나 도피가 아니라 피할 수 없는 현실적 조건을 새롭게 반성함으로써 현실의 진정한 면모와 마주하려는 적극적인 행위로 읽힌다. 이는 다음 행, "겨울은 강철로 된 무지갯가보다"라는 시구로 이어지면서 현실에 대한 새로운 성찰로 마무리된다. 이 마지막 구절은 인간과 역사에 대한 희망을 놓지 않으려는 시인의 안간힘으로 보인다.

① 「절정」에는 투사가 처한 극한의 상황이 뚜렷한 계절의 변화로 드러난다.
② 「절정」에서 시인은 투사가 처한 현실적 조건을 외면하지 않고 새롭게 인식한다.
③ 「절정」은 시의 구성이 두 부분으로 나누어지면서 투사와 시인이 반목과 화해를 거듭한다.
④ 「절정」에는 냉엄한 현실에 절망하는 시인의 면모와 인간과 역사에 대한 희망을 놓지 않으려는 투사의 면모가 동시에 담겨 있다.

2. 다음 글의 ㉠~㉢에 들어갈 말을 적절하게 나열한 것은?

〈출제기조 전환 1차 예시문제〉

소설과 현실의 관계를 온당하게 살피기 위해서는 세계의 현실성, 문제의 현실성, 해결의 현실성을 구별해야 한다. 우리가 살고 있는 이 입체적인 시공간에서 특히 의미 있는 한 부분을 도려내어 서사의 무대로 삼을 경우 세계의 현실성이 확보된다. 그 세계 안의 인간이 자신을 둘러싼 세계와 고투하면서 당대의 공론장에서 기꺼이 논의해볼 만한 의제를 산출해낼 때 문제의 현실성이 확보된다. 한 사회가 완강하게 구조화하고 있는 '가능한 것'과 '불가능한 것'의 좌표를 흔들면서 특정한 선택지를 제출할 때 해결의 현실성이 확보된다.

최인훈의 「광장」은 밀실과 광장 사이에서 고뇌하는 주인공의 모습을 통해 '남(南)이냐 북(北)이냐'라는 민감한 주제를 격화된 이념 대립의 공론장에 던짐으로써 ㉠ 을 확보하였다. 작품의 시공간으로 당시 남한과 북한을 소설적 세계로 선택함으로써 동서 냉전 시대의 보편성과 한반도 분단 체제의 특수성을 동시에 포괄할 수 있는 ㉡ 도 확보하였다. 「광장」에서 주인공이 남과 북 모두를 거부하고 자살을 선택하는 결말은 남북으로 상징되는 당대의 이원화된 이데올로기를 근저에서 흔들었다. 이로써 ㉢ 을 확보할 수 있었다.

	㉠	㉡	㉢
①	문제의 현실성	세계의 현실성	해결의 현실성
②	문제의 현실성	해결의 현실성	세계의 현실성
③	세계의 현실성	문제의 현실성	해결의 현실성
④	세계의 현실성	해결의 현실성	문제의 현실성

3. 다음 글을 이해한 내용으로 가장 적절한 것은?

〈2025 국가직〉

> 20세기에 접어들면서 우리는 새로운 시대의 변화를 다양한 영역에서 확인할 수 있게 되었다. 문학 영역도 마찬가지였다. 이전과 뚜렷이 구별되는 유형과 성격의 문학작품이 등장하였고, 이에 따라 다양한 독자층이 새롭게 형성되었다. 20세기 초 우리나라의 문학 독자층은 흔히 두 가지로 구분되었다. 하나는 구활자본 고전소설과 일부 신소설의 독자인 '전통적 독자층'이고, 다른 하나는 이 시기 새롭게 등장하여 유행하기 시작한 대중소설, 번안소설, 신문 연재 통속소설을 즐겨 봤던 '근대적 대중 독자층'이다. 전통적 독자층에는 노동자와 농민, 양반, 부녀자 등이 속하고, 근대적 대중 독자층에는 도시 노동자, 학생, 신여성 등이 속했다.
> 그런데 20세기 초 문학 독자층 중에는 전통과 근대의 두 범주에 귀속시키기 어려운 독자층도 존재했다. 이 시기 신문학의 순수문학 작품, 일본을 비롯한 외국의 순수문학 소설 등을 향유했던 사람들이 바로 그들이다. 문자를 익숙하게 다루고 외국어를 지속적으로 습득한 지식인층은 근대적 대중 독자층과는 다른 문학적 향유 양상을 보여 주었던 것이다. 이들은 '엘리트 독자층'이라고 부를 수 있다.

① 근대적 대중 독자층에서 엘리트 독자층이 분화되어 나왔다.
② 20세기 초의 문학 독자층을 구분하는 기준은 신분과 학력이었다.
③ 엘리트 독자층에 속한 사람들은 우리나라 문학작품 외에도 외국 소설을 읽었다.
④ 근대적 대중 독자층에 속한 사람들은 전통적 독자층에 속한 사람들보다 경제적으로 부유했다.

[4~5] 다음 글을 읽고 물음에 답하시오. 〈2025 국가직〉

조선 시대 소설은 표기 문자에 따라 한자로 ⊙표기한 한문소설과 한글로 표기한 한글소설, 두 가지로 나뉜다. 한문소설은 중국에서 들여온 한문소설, 조선에서 창작한 한문소설, 조선의 한글소설을 ⓒ번역한 한문소설로 나뉜다. 그리고 한글소설은 중국소설을 번역한 한글소설, 조선에서 창작한 한문소설을 번역한 한글소설, 조선에서 창작한 한글소설로 나뉜다. 조선 시대에 많은 한글소설이 창작되어 읽혔지만, 이를 저급한 오락물로 여겼던 당대의 지식인들은 한글소설을 외면했으므로 그에 관해 ⓒ기록한 문헌을 거의 남기지 않았다. 반면에 이들은 한문소설, 특히 중국에서 들여온 한문소설을 즐겨 읽고 이에 관한 많은 기록을 남겼다.

중국에서 들여온 한문소설은 조선에서도 인쇄된 책으로 읽혔기 때문에 필사본이 거의 없다. 이와 대조적으로 조선에서 창작한 한문소설은 필사본으로 유통되었다. 조선의 필사본 소설은 뚜렷한 특징을 보이는데, 한문소설을 ㉣필사한 경우는 이본별 내용 차이가 거의 없는 반면 한글소설을 필사한 경우는 그렇지 않다는 점이다. 한글소설은 같은 제목의 소설이라도 내용이 상당히 다른 다양한 이본이 있었다. 이는 한문소설의 독자는 문자 그대로 독자였던 것에 비하여 한글소설의 독자는 독자이면서 이야기를 개작하는 작자이기도 했기 때문이다. 한자에 비해 한글은 익히기 쉽고 그만큼 쓰기도 편해서 한글소설의 필사자는 내용을 바꾸고 싶다는 의지가 있다면 쉽게 바꿀 수 있었다. 한글소설은 인쇄본이 아니라 필사본으로 많이 유통되었기 때문에 (가)옮겨 쓰는 과정에서 다양한 이본이 생겨났다.

조선 시대 소설을 이해하는 데 있어서 소설을 표기한 문자는 무엇보다 중요하다. 표기 문자는 소설의 종류를 나누는 기준이 되었을 뿐만 아니라, 소설의 감상 및 유통, 이본 생산에 직접적인 영향을 미쳤다.

4. 윗글에서 추론한 내용으로 가장 적절한 것은?

① 조선 시대의 소설은 한글소설보다 한문소설의 종류가 훨씬 다양했다.
② 조선 시대의 지식인들은 조선에서 창작한 한문소설을 저급한 오락물로 여겼다.
③ 한자로 필사할 때보다 한글로 필사할 때 필사자의 의견이 반영되어 개작되기 쉬웠다.
④ 조선의 필사본 소설 중 한문소설을 필사한 것은 소수였고 한글소설을 필사한 것이 대부분이었다.

5. 윗글의 ⊙~㉣ 중 문맥상 (가)의 의미와 가장 가까운 것은?

① ⊙
② ⓒ
③ ⓒ
④ ㉣

[6] 다음 글을 읽고 물음에 답하시오. 〈2025 지방직〉

천상계와 지상계로 나누어진 영웅 소설의 세계 구조에서 서사적으로 중요한 것은 지상계의 일이지만 인과론적 구도로는 천상계가 우위에 있다. 천상계의 의지나 그 대리자의 개입에 의해서 지상계의 서사가 결정되기 때문이다. 천상계는 지상에서 일어나는 모든 사건의 발생과 귀결을 지배하는 초월적 세계로서, 일시적으로 고난에 빠졌던 주인공이 세상에 창궐한 악을 물리치고 승리하도록 해 주는 근거로 작용한다. 지상의 혼란이나 세계 질서의 모순은 일시적인 것일 뿐 현실의 구체적 갈등에 뿌리를 둔 것이 아니어서 초월적 세계가 이미 설계한 바에 따라 쉽사리 해소된다. 이런 모습의 세계 구조를 '이원적 세계상'이라고 부른다.

반면에 판소리계 소설의 세계상은 대체로 일원적이고 경험적이다. 판소리계 소설에는 초월적 세계가 지배적 장치로 나타나는 경우가 극히 드물며, 현실의 경험적 인과 관계에 의해 서사가 전개된다. 예컨대 변학도의 횡포로 인한 춘향의 수난, 흥부의 가난과 고난, 심청과 심봉사의 불행, 유혹에 넘어간 토끼의 위기 탈출, 배비장의 욕망과 봉변, 장끼의 죽음 등은 초월적 세계의 의지나 그 대리자의 개입 없이 현실적 삶의 인과에 따라 이루어지는 것이다.

6. 윗글을 이해한 내용으로 적절하지 않은 것은?

① 영웅 소설은 이원적 세계상을 잘 보여 주는 문학적 갈래이다.
② 판소리계 소설에서 서사의 인과 관계는 경험적 현실에 바탕을 둔 경우가 많다.
③ 천상계의 대리자가 지상계의 서사를 결정하는 작품에서는 이원적 세계상이 발견된다.
④ 영웅 소설에 비해 판소리계 소설에서는 초월적 세계가 현실의 문제를 해결하는 양상이 두드러진다.

[7~8] 다음 글을 읽고 물음에 답하시오. 〈2025 지방직〉

이광수와 김동인은 한국 근대 문학 초기의 대표적인 소설가로, 이 둘의 작품은 표준어와 사투리의 사용에서 두드러진 차이를 보인다. 이광수의 대표작 「무정」에서는 작중 배경과 등장인물의 출신지가 서울이 아닌데도 인물들이 주고받는 대화가 표준어로 되어 있다. 반면 김동인의 대표작 「배따라기」에서 인물들의 대화는 출신지와 작중 배경에 ㉠맞는 사투리로 이루어진다. 작품의 리얼리티를 얼마나 잘 구현했는가를 기준으로 본다면, 「무정」보다 「배따라기」가 더 뛰어나다고 볼 수 있다.

그러나 이광수의 「무정」을 리얼리티의 구현 정도를 기준으로 낮잡아 평가하는 것은 곤란하다. 근대 국민국가 형성 과정에서 다양한 지방의 사투리를 통일하는 것은 중요한 화두였다. 이로 인해 표준어와 사투리의 위계가 공고해졌다. 당대의 지식인들은 표준어가 교양, 문화, 지식, 과학, 공적 영역 등의 근대적 가치를 나타내는 것으로, 사투리는 야만, 비문화, 무지, 비과학, 사적 영역 등의 전근대적인 가치를 ㉡나타내는 것으로 인식하였다. 이광수가 계몽주의의 신봉자였음을 ㉢떠올리면, 그가 「무정」에서 표준어를 사용한 것은 근대적 가치를 실현하기 위한 의도적인 선택이었다.

이처럼 표준어의 사용은 작가의 의도를 드러내는 기능을 한다. 이는 현대 문학 안에서도 찾아볼 수 있다. 박경리의 「토지」에서 대부분의 인물들은 경상도나 함경도 사투리를 사용한다. 하지만 주인공 '서희'는 사투리를 구사하지 않는다. 이는 작품의 리얼리티 형성에 방해가 되지만 해당 인물의 고고함과 차가움을 드러내는 데에 더할 수 없이 적절한 기능을 한다. 「토지」에 사용된 표준어는 인물의 성격을 ㉣뚜렷하게 보여 주는 효과를 지닌다.

7. 윗글을 이해한 내용으로 가장 적절한 것은?
① 「배따라기」는 표준어를 사용하여 작품의 리얼리티를 확보하였다.
② 「무정」에는 근대적 가치의 실현과 관련된 작가의 의도가 담겨 있다.
③ 「토지」는 '서희'의 사투리 사용을 통해 작품의 리얼리티를 구현하였다.
④ 작품의 리얼리티를 기준으로 할 때, 「무정」이 「배따라기」보다 더 뛰어나다.

8. 윗글의 ㉠~㉣과 바꿔 쓸 수 있는 유사한 표현으로 적절하지 않은 것은?
① ㉠: 영합(迎合)하는
② ㉡: 표상(表象)하는
③ ㉢: 상기(想起)하면
④ ㉣: 분명(分明)하게

공무원 독해

새로운
독해 2

- 출제 기조 전환 유형편

PART 6

빈칸 추론

PART 6 빈칸 추론

PART 6: 빈칸 문제는, (0) 빈칸 앞뒤에 핵심 논지가 있는지를 살펴보도록 한다. (1) 핵심 논지를 놓치지 말고 (2) 대비적인 흐름을 생각하면서 글을 읽어 보도록 하자. 나아가 (3) 문제 해결 구성인 경우가 많으므로, 그러한 경우의 수도 눈여겨보도록 한다. (4) 당연히 동어, 지시어, 유의어, 접속어에 유의하자.

<0> 출제 기조 전환 대표 문항

0. 다음 글의 빈칸에 들어갈 결론으로 가장 적절한 것은?

〈출제기조 전환 1차 예시문제〉

신경과학자 아이젠버거는 참가자들을 모집하여 실험을 진행하였다. 이 실험에서 그의 연구팀은 실험 참가자의 뇌를 'fMRI' 기계를 이용해 촬영하였다. 뇌의 어떤 부위가 활성화되는가를 촬영하여 실험 참가자가 어떤 심리적 상태인가를 파악하려는 것이었다. 아이젠버거는 각 참가자에게 그가 세 사람으로 구성된 그룹의 일원이 될 것이고, 온라인에 각각 접속하여 서로 공을 주고받는 게임을 하게 될 것이라고 알려주었다. 그런데 이 실험에서 각 그룹의 구성원 중 실제 참가자는 한 명뿐이었고 나머지 둘은 컴퓨터 프로그램이었다. 실험이 시작되면 처음 몇 분 동안 셋이 사이좋게 순서대로 공을 주고받지만, 어느 순간부터 실험 참가자는 공을 받지 못한다. 실험 참가자를 제외한 나머지 둘은 계속 공을 주고받기 때문에, 실험 참가자는 나머지 두 사람이 아무런 설명 없이 자신을 따돌린다고 느끼게 된다. 연구팀은 실험 참가자가 따돌림을 당할 때 그의 뇌에서 전두엽의 전대상피질 부위가 활성화된다는 것을 확인했다. 이는 인간이 물리적 폭력을 당할 때 활성화되는 뇌의 부위이다. 연구팀은 이로부터 □□□는 결론을 내릴 수 있었다.

① 물리적 폭력은 뇌 전두엽의 전대상피질 부위를 활성화한다
② 물리적 폭력은 피해자의 개인적 경험을 사회적 문제로 전환한다
③ 따돌림은 피해자에게 물리적 폭력보다 더 심각한 부정적 영향을 미친다
④ 따돌림을 당할 때와 물리적 폭력을 당할 때의 심리적 상태는 서로 다르지 않다

〈문항 분석〉

0. 다음 글의 빈칸에 들어갈 결론으로 가장 적절한 것은?

신경과학자 아이젠버거는 참가자들을 모집하여 실험을 진행하였다. 이 실험에서 그의 연구팀은 실험 참가자의 뇌를 'fMRI' 기계를 이용해 촬영하였다. 뇌의 어떤 부위가 활성화되는가를 촬영하여 실험 참가자가 어떤 심리적 상태인가를 파악하려는 것이었다. (전제 : 뇌의 상태=심리적 상태) 아이젠버거는 각 참가자에게 그가 세 사람으로 구성된 그룹의 일원이 될 것이고, 온라인에 각각 접속하여 서로 공을 주고받는 게임을 하게 될 것이라고 알려주었다.(아이젠버거의 실험은 결국, 뇌의 활성화를 통해 심리 상태를 확인하기 위한 것이다.) 그런데 이 실험에서 각 그룹의 구성원 중 실제 참가자는 한 명뿐이었고 나머지 둘은 컴퓨터 프로그램이었다. 실험이 시작되면 처음 몇 분 동안 셋이 사이좋게 순서대로 공을 주고받지만, 어느 순간부터 실험 참가자는 공을 받지 못한다. 실험 참가자를 제외한 나머지 둘은 계속 공을 주고받기 때문에, 실험 참가자는 나머지 두 사람이 아무런 설명 없이 자신을 따돌린다고 느끼게 된다.(따돌림 받는다는 심리를 조성한다.) 연구팀은 실험 참가자가 따돌림을 당할 때 그의 뇌에서 전두엽의 전대상피질 부위가 활성화된다는 것을 확인했다. 이는 인간이 물리적 폭력을 당할 때 활성화되는 뇌의 부위이다.(이 심리는, 인간이 물리적 폭력을 당할 때 활성화되는 부위와 같았다.) 연구팀은 이로부터 [　　　]는 결론을 내릴 수 있었다.

① 물리적 폭력은 뇌 전두엽의 전대상피질 부위를 활성화한다
② 물리적 폭력은 피해자의 개인적 경험을 사회적 문제로 전환한다
③ 따돌림은 피해자에게 물리적 폭력보다 더 심각한 부정적 영향을 미친다
④ 따돌림을 당할 때와 물리적 폭력을 당할 때의 심리적 상태는 서로 다르지 않다
('이로부터'는 앞의 문장들로부터 내려진 결론일 것이다. 즉, 물리적 폭력을 당할 때의 활성화되는 뇌의 부위는 곧 심리적 상태이다. 즉, 물리적 폭력을 당할 때의 심리 상태와 따돌림을 당할 때의 심리 상태는 같다는 결론을 내릴 수 있다.)

정답 : ④

<1> 실전 연습 문제

1. 괄호 안에 들어갈 내용으로 가장 적절한 것은?

> 인간의 역사는 어떻게 보면 소유사(所有史)처럼 느껴진다. 보다 많은 자기네 몫을 위해 끊임없이 싸우고 있는 것 같다. 소유욕에는 한정도 없고 휴일도 없다. 그저 하나라도 더 많이 갖고자 하는 일념으로 출렁거리고 있다. 물건만으로는 성에 차질 않아 사람까지 소유하려 든다. 그 사람이 제 뜻대로 되지 않을 경우는 끔찍한 비극도 불사하면서. 제정신도 갖지 못한 처지에 남을 가지려 하는 것이다.
> ( ) 그것은 개인뿐 아니라 국가 간의 관계도 마찬가지다. 어제의 맹방들이 오늘에는 맞서게 되는가 하면, 서로 으르렁대던 나라끼리 친선 사절을 교환하는 사례를 우리는 얼마든지 보고 있다. 그것은 오로지 소유(所有)에 바탕을 둔 이해관계 때문이다. 만약 인간의 역사가 소유사에서 무소유사로 그 방향을 바꾼다면 어떻게 될까. 아마 싸우는 일은 거의 없을 것이다. 주지 못해 싸운다는 말은 듣지 못했다.

① 소유의 역사(歷史)는 이제 끝났다.
② 소유욕은 불가역적(不可逆的)이다.
③ 소유욕은 이해(利害)와 정비례한다.
④ 소유욕이 없어진 세상이 올 것이다.

2. 괄호 안에 들어갈 내용으로 가장 적절한 것은?

> 소설에 관한 연구를 진행한 학자들은 일반적으로 빅토리아 시대의 소설을, 문화적 권위의 전통적인 원천에 대한 대체물로서 ( ) 것으로 규정한다. 이는 특히 18세기 말과 19세기에 두각을 나타냈던 전기의 형식으로 규정된다. 죄르지 루카치는 소설이 주인공들의 내면화된 삶의 서사 속에서 '형태를 제공함으로써, 삶의 숨겨진 총체성을 드러내고 구성하는 것을 추구하는 것'이라고 언급하기도 했다. 즉, 소설의 전형적인 줄거리는 그 권위가 외부에서 더 이상 발견될 수 없을 때, 내부의 권위에 대한 주인공의 탐구라고 할 수 있는 것이다. 이러한 설명에 의하면 소설에는 객관적인 목표가 없고, 오직 개인에 의해 필연적으로 구성되는 법칙을 찾는 주관적인 목표만 있을 뿐이다. 따라서 범죄와 영웅적인 행위, 또는 광기와 지혜 간의 구별은 소설에서 개인의 의식의 특성이나 그 특성의 복잡성에 의해 판단되는, 전적으로 주관적인 것으로 파악할 수 있다.

① 개인적인 특성을 확립하기 위한
② 사회적 의식의 복잡한 구조를 강조하기 위한
③ 범죄와 영웅적인 행위를 객관적으로 구별하기 위한
④ 주인공의 내적 자아를 집단적 지혜로 발전시키기 위한

3. 괄호 안에 들어갈 내용으로 가장 적절한 것은?

　사람들은 좋은 그림을 보거나 음악을 들으면 쉽게 감동을 느끼지만 과학 이론을 대하면 복잡한 논리와 딱딱한 언어 때문에 매우 어렵다고 느낀다. 그래서 흔히 과학자는 논리적 분석과 실험을 통해서 객관적 진리를 규명하고자 노력하고, 예술가는 직관적 영감에 의존해서 주관적인 미적 가치를 추구한다고 생각한다. 이러한 통념이 아주 틀린 것은 아니지만, 돌이켜 보면 많은 과학상의 발견들은 직관적 영감이 없이는 이루어질 수 없었던 것들이었다.

　아인슈타인은 누구에게나 절대적 진리로 간주되었던 시간과 공간의 불변성을 뒤엎고, 상대성 이론을 통해 시간과 공간도 변할 수 있다는 것을 보여 주었다. 정형화된 사고의 틀을 깨는 이러한 발상의 전환은 직관적 영감에서 나온 것으로, 과학의 발견에서 직관적 영감이 얼마나 큰 역할을 하는지 잘 보여 준다. 그 밖에도 뉴턴은 떨어지는 사과에서 만유인력을 발견하였고 갈릴레이는 피사의 대사원에서 기도하던 중 천장에서 흔들리는 램프를 보고 진자(振子)의 원리를 발견하였다. 그리고 아르키메데스는 목욕탕 안에서 물체의 부피를 측정하는 원리를 발견하고 "유레카! 유레카!"를 외치며 집으로 달려갔던 것이다. 이렇게 볼 때 과학의 발견이 '1%의 영감과 99%의 노력'에 의해서 이루어진다는 말은 [　　　　]

① 과학자들의 천재성을 보여 주기에는 충분하지 못하다.
② 영감과 노력의 상호 작용을 나타내기에는 미흡하다.
③ 창조 과정에 있어서 과학과 예술의 유사성을 시사한다.
④ 과학의 발견에서 직관적 영감의 역할을 과소평가한 것이다.

4. 빈칸 (㉠) 안에 들어갈 내용으로 가장 적절한 것은?

　과학 이론은 우리가 세계를 보는 눈이기도 하다. 흔히 과학이란 관찰과 경험에 토대를 두고 있기 때문에 어떤 과학 이론도 관찰 결과와 일치하지 않으면 수정되거나 폐기될 수밖에 없다고들 생각한다. 경험된 사실들을 토대로 해서 형성된 과학 이론은 자연 현상에 대해 기술하고 예측하는 데 그 존재 이유가 있는 것이므로, 어떤 이론에서 예측된 내용이 실제 관찰 결과와 일치하지 않을 때 그 이론은 쓸모가 없다는 것이다. 이런 견해에 따르면 관찰 결과가 이론의 생사를 결정하는 잣대가 된다.

　그러나 관찰과 이론의 관계가 항상 그렇게 일방적인 것만은 아니다. 뉴턴의 예를 들어 보자. 뉴턴은 중력과 운동에 관한 이론을 발표하여 과학사상 거의 유례가 없는 존경과 찬사를 받았다. 그러나 그 당시 뉴턴의 이론이 모든 관찰 결과와 일치하지는 않았다. 천문학자들은 뉴턴의 이론을 근거로 예측한 달의 운동이 관찰 결과와 일치하지 않는다는 것을 지적하였다. 그럼에도 불구하고 뉴턴은 자신의 이론을 수정하거나 포기하지 않았다. 오히려 그는 천문학자들에게 달을 관찰하는 데 영향을 미치는 여러 가지 요소들을 고려해서 다시 관찰하도록 충고하였다. 천문학자들은 뉴턴의 충고를 따라서 그들의 관찰 방법을 수정하였고, 그 결과 자신들의 오류를 인정하지 않을 수 없었다. 이 천문학자들이야말로 (　㉠　) 격이라 할 수 있다.

① 길러 준 개 주인 문
② 돈 잃고 친구 잃은
③ 다 된 밥에 재 뿌린
④ 혹 떼러 갔다가 혹 붙인

5. 다음 글의 빈칸에 들어갈 진술로 가장 적절한 것은?

> 　기분관리 이론은 사람들의 기분과 선택 행동의 관계에 대해 설명하기 위한 이론이다. 이 이론의 핵심은 사람들이 현재의 기분을 최적 상태로 유지하려고 한다는 것이다. 따라서 기분관리 이론은 흥분 수준이 최적 상태보다 높을 때는 사람들이 이를 낮출 수 있는 수단을 선택한다고 예측한다. 반면에 흥분 수준이 낮을 때는 이를 회복시킬 수 있는 수단을 선택한다고 예측한다. 예를 들어, 음악 선택의 상황에서 전자의 경우에는 차분한 음악을 선택하고 후자의 경우에는 흥겨운 음악을 선택한다는 것이다. 기분조정 이론은 기분관리 이론이 현재 시점에만 초점을 맞추고 있다는 점을 지적하고 이를 보완하고자 한다. 기분조정 이론을 음악 선택의 상황에 적용하면, _____고 예측할 수 있다.
>
> 　연구자 A는 음악 선택 상황을 통해 기분조정 이론을 검증하기 위한 실험을 했다. 그는 실험 참가자들을 두 집단으로 나누고 집단1에게는 한 시간 후 재미있는 놀이를 하게 된다고 말했고, 집단2에게는 한 시간 후 심각한 과제를 하게 된다고 말했다. 집단1은 최적 상태 수준에서 즐거워했고, 집단2는 최적 상태 수준을 벗어날 정도로 기분이 가라앉았다. 이 때 연구자 A는 참가자들에게 기다리는 동안 음악을 선택하게 했다. 그랬더니 집단1은 다소 즐거운 음악을 선택한 반면, 집단2는 과도하게 흥겨운 음악을 선택했다. 그런데 30분이 지나고 각 집단이 기대하는 일을 하게 될 시간이 다가오자 두 집단 사이에는 뚜렷한 차이가 나타났다. 집단1의 선택에는 큰 변화가 없었으나, 집단2는 기분을 가라앉히는 차분한 음악을 선택하는 쪽으로 변하는 경향을 보인 것이다. 이러한 선택의 변화는 기분조정 이론을 뒷받침하는 것으로 간주되었다.

① 사람들은 현재의 기분을 지속하는 데 도움이 되는 음악을 선택한다
② 사람들은 다음에 올 상황을 고려해 흥분을 유발할 수 있는 음악을 선택한다
③ 사람들은 다음에 올 상황에 맞추어 현재의 기분을 조정하는 음악을 선택한다
④ 사람들은 현재의 기분과는 상관없이 자신이 평소 선호하는 음악을 선택한다

6. 빈칸에 들어갈 진술로 가장 적절한 것은?

하늘이 내린 생물을 해치고 없애는 것은 성인(聖人)이 하지 않는 바이다. 하물며 하늘의 도가 어찌 사람들에게 살아있는 것을 죽여서 자기의 생명을 기르게 하였겠는가? 『서경』에서는 "천지는 만물의 부모이며, 인간은 만물의 영장이다. 진실로 총명한 자는 천자가 되고, 천자는 백성의 부모가 된다"라고 하였다. 천지가 이미 만물의 부모라면 천지 사이에 태어난 것은 모두 천지의 자식이다. 천지와 사물의 관계는 부모와 자식의 관계와 같으며, 자식 가운데 어리석고 지혜로움의 차이가 있는 것은 사람과 만물 사이에 밝고 어두움의 차이가 있는 것과 같다. 부모는 자식이 어리석고 불초하면 사랑하고 가엽게 여기며 오히려 걱정하거늘, 하물며 해치겠는가? 살아있는 것을 죽여서 자기의 생명을 기르는 것은 같은 식구를 죽여서 자기를 기르는 것이다. 같은 식구를 죽여서 자기를 기르면 부모의 마음이 어떠하겠는가? 자식들끼리 서로 죽이는 것은 부모의 마음이 아니다. 사람과 만물이 서로 죽이는 것은 어찌 천지의 뜻이겠는가? 인간과 만물은 이미 천지의 기운을 함께 얻었으며, 또한 천지의 이치도 함께 얻었고 천지 사이에서 함께 살아가고 있다. 이미 하나의 같은 기운과 이치를 함께 부여받았는데, 어찌 살아있는 것들을 죽여서 자신의 생명을 양육할 수 있겠는가? 그래서 불교에서는 "천지는 나와 뿌리가 같고, 만물은 나와 한 몸이다"라고 하였고, 유교에서는 "천지만물을 자기와 하나로 여긴다"고 하면서 이것을 '인(仁)'이라고 부른다.

그렇지만 실천하여 행하는 것이 그 이상과 같아야 비로소 인의 도를 온전히 다했다고 할 수 있다. 유교 경전인 『논어』는 "공자는 그물질은 하지 않으셔도 나는 새는 맞추셨다"라고 하였고, 『맹자』도 "군자가 푸줏간을 멀리하는 것은 가축이 죽으면서 울부짖는 소리를 들으면 차마 그 고기를 먹지 못하기 때문이다"라고 말하고 있다. 이것으로 보면, _____고 예측할 수 있다.

① 유교는 『서경』 이래 천지만물을 하나의 가족처럼 여기는 인의 도를 철두철미하게 잘 실천하고 있다
② 유교에서는 공자와 맹자에서부터 살생하지 말라는 불교의 계율을 이미 잘 실천하고 있다
③ 유교의 공자와 맹자는 동물마저 측은히 여기는 대상에 포함하여 인간처럼 대하였다
④ 유교는 인의 도가 지향하는 이상을 실천하는 데 철저하지 못한 측면이 있다

7. 다음 글의 빈칸에 들어갈 내용으로 가장 적절한 것은?

텔레비전이라는 단어는 '멀리'라는 뜻의 그리스어 '텔레'와 '시야'를 뜻하는 라틴어 '비지오'에서 왔다. 원래 텔레비전은 우리가 멀리서도 볼 수 있도록 해주는 기기로 인식됐다. 하지만 조만간 텔레비전은 멀리에서 우리를 보이게 해 줄 것이다. 오웰의 「1984」에서 상상한 것처럼, 우리가 텔레비전을 보는 동안 텔레비전이 우리를 감시할 것이다. 우리는 텔레비전에서 본 내용을 대부분 잊어버리겠지만, 텔레비전에 영상을 공급하는 기업은 우리가 만들어낸 데이터를 기반으로 하여 알고리즘을 통해 우리 입맛에 맞는 영화를 골라 줄 것이다. 나아가 인생에서 중요한 것들, 이를테면 어디서 일해야 하는지, 누구와 결혼해야 하는지도 대신 결정해 줄 것이다.

그들의 답이 늘 옳지는 않을 것이다. 그것은 불가능하다. 데이터 부족, 프로그램 오류, 삶의 근본적인 무질서 때문에 알고리즘은 실수를 범할 수밖에 없다. 하지만 완벽해야 할 필요는 없다. 평균적으로 우리 인간보다 낫기만 하면 된다. 그 정도는 그리 어려운 일이 아니다. 왜냐하면 대부분의 사람은 자신을 잘 모르기 때문이다. 사람들은 인생의 중요한 결정을 내리면서도 끔찍한 실수를 저지를 때가 많다. 데이터 부족, 프로그램 오류, 삶의 근본적인 무질서로 인한 고충도 인간이 알고리즘보다 훨씬 더 크게 겪는다.

우리는 알고리즘을 둘러싼 많은 문제들을 열거하고 나서, 그렇기 때문에 사람들은 결코 알고리즘을 신뢰하지 않을 거라고 결론 내릴 수도 있다. 하지만 그것은 민주주의의 모든 결점들을 나열한 후에 '제정신인 사람이라면 그런 체제는 지지하려 들지 않을 것'이라고 결론짓는 것과 비슷하다. 처칠의 유명한 말이 있지 않은가? "민주주의는 세상에서 가장 나쁜 정치 체제다. 다른 모든 체제를 제외하면." 알고리즘에 대해서도 마찬가지로 다음과 같은 결론을 내릴 수 있다. _____

① 알고리즘의 모든 결점을 제거하면 최선의 선택이 가능할 것이다.
② 우리는 자신이 무엇을 원하는지를 알기 위해서 점점 더 알고리즘에 의존한다.
③ 데이터를 가진 기업이 다수의 사람을 은밀히 감시하는 사례는 더 늘어날 것이다.
④ 실수를 범하기는 하지만 현실적으로 알고리즘보다 더 신뢰할 만한 대안을 찾기 어렵다.
⑤ 알고리즘이 갖는 결점이 지금은 보이지 않지만, 어느 순간 이 결점 때문에 우리의 질서가 무너질 것이다.

8. 다음 글의 빈칸에 들어갈 문장으로 가장 적절한 것은?

웰즈의 소설 『타임머신』을 보면, 타임머신을 만든 발명가가 과거로 여행을 하면서 나비를 발로 밟음으로써 역사를 변화시키는 대목이 나온다. 시간 여행을 다룬 다른 소설에 등장하는 주인공들도 역사를 바꾸는 위험에 대해 항상 걱정한다. 그러나 만약 역사가 그렇게 바뀔 수 있다면 시간 여행자에 의해 모순이 생겨난다. 어떤 시간 여행자가 그의 할아버지가 소년이었던 과거로 시간 여행을 했다고 가정해 보자. 그런데 어떤 이유로 인하여 이 시간 여행자가 자신의 할아버지를 총으로 살해했다고 하자. 그러나 할아버지가 자식을 보지 못하고 사망한다면 그 손자 역시 존재할 수 없기 때문에 그 총 한 방은 바로 그 사건의 발생을 위한 필요조건을 제거해 버리는 결과를 낳고 만다. 이러한 모순으로 인하여 시간 여행은 논리 법칙과 양립할 수 없다고 결론을 내릴 수 있다. 반면 시간 여행의 가능성을 옹호하는 사람은 위의 반론에서 벗어나기 위해 다음과 같은 요지의 주장을 한다. _____.

① 비교적 가까운 과거로의 여행은 논리 법칙에 어긋나지 않는다.
② 역사는 시간 여행 중에 발생하는 사건에 의해 변화하지 않는다.
③ 과거로의 시간 여행자는 나비를 발로 밟지 않도록 조심해야 한다.
④ 시간 여행자가 과거로 시간 여행을 한다면 자신의 할아버지를 만날 수 있을 것이다.
⑤ 호킹을 과거로 데려가 아인슈타인과 공동 연구를 시킨다면 더욱 많은 업적을 남길 것이다.

<2> 실력 확인 문제

1. 다음 빈칸에 들어갈 말로 가장 적절한 것은?

〈출제기조 전환 2차 예시문제〉

로빈후드는 14세기 후반인 1377년경에 인기를 끈 작품 〈농부 피어즈〉에 최초로 등장한다. 로빈후드 이야기는 주로 숲을 배경으로 전개된다. 숲에 사는 로빈후드 무리는 사슴고기를 중요시하는데 당시 숲은 왕의 영지였고 사슴 밀렵은 범죄였다. 왕의 영지에 있는 사슴에 대한 밀렵을 금지하는 법은 11세기 후반 잉글랜드를 정복한 윌리엄 왕이 제정한 것이므로 아마도 로빈후드 이야기가 그 이전 시기로까지 거슬러 올라가지는 않을 것이다. 또한 이야기에서 셔우드 숲을 한 바퀴 돌고 로빈후드를 만났다고 하는 국왕 에드워드는 1307년에 즉위하여 20년간 재위한 2세일 가능성이 있다. 1세에서 3세까지의 에드워드 국왕 가운데 이 지역의 순행 기록이 있는 사람은 에드워드 2세뿐이다. 이러한 근거를 토대로 추론할 때, 로빈후드 이야기의 시대 배경은 아마도 ▢▢▢▢ 일 가능성이 가장 크다.

① 11세기 후반
② 14세기 이전
③ 14세기 전반
④ 14세기 후반

2. 다음 글의 (가), (나)에 들어갈 말을 적절하게 나열한 것은?

〈2025 지방직〉

자아 개념이란 자신에 대한 주관적 견해로서 개인이 가지고 있는 능력, 성격, 태도, 느낌 등을 모두 포괄한다. 자아의 형성에 영향을 미치는 요인 중 하나로 타인에게서 듣게 되는 나와 관련된 메시지를 들 수 있다. 물론 타인 중에는 자신이 느끼기에 나에게 관련이 적은 사람도 있고 중요한 사람도 있다. 예를 들어 "너의 글은 인상적이야. 앞으로 좋은 작품을 쓸 수 있을 것 같아."라는 말을 누군가에게 들었을 때, 그 사람이 나에게 중요하다면 그 평가는 자아 개념 형성에 큰 영향을 미칠 수 있다. 그런 범주에 들어갈 수 있는 사람들로는 부모, 친구, 선생님 등이 있을 것이다. 나에게 ▢(가)▢ 의 말은 기억에 오래 남기 마련이다.

한편, 타인에게 영향을 받는 자아를 설명하는 개념 중에는 ▢(나)▢ 라는 것도 있다. 이 개념에 따르면 우리는 타인과 상호작용하는 과정에서 단순히 타인을 모범으로 삼아 따라 하거나 타인의 훈육을 통해 자아를 형성한다기보다는 타인에게 비치는 나의 모습을 상상하고 그 모습에 대한 타인의 판단을 추정한다. 그러한 추정을 통해 자기에게 생겨난 감정을 알아 가는 과정에서 성숙한 자아를 형성해 나간다.

	(가)	(나)
①	관련이 적은 타인	거울에 비친 자아
②	중요한 타인	모범적인 타인을 따르는 자아
③	관련이 적은 타인	모범적인 타인을 따르는 자아
④	중요한 타인	거울에 비친 자아

공무원 독해

새로운 독해 2

- 출제 기조 전환 유형편

PART 7

순서 추론

PART 7 순서 추론

PART 7: 순서 문제는 말 그대로 지문을 순서대로 배열하는 것이다. 순서 문제는 우선 담화 표지에 유의해야 한다. '우선, 그다음으로' 등의 워딩에 신경을 쓰도록 하자. 아울러, 우리가 앞에서 학습하였던, 동어, 지시어, 접속어 등을 잊지 말고 기억하자.

<0> 출제 기조 전환 대표 문항

0. (가)~(라)를 맥락에 맞추어 가장 적절하게 나열한 것은?

〈출제기조 전환 1차 예시문제〉

> (가) 다음으로 시청자의 마음을 사로잡을 수 있는 참신한 인물을 창조해야 한다. 특히 주인공은 장애를 만나 새로운 목표를 만들고, 그것을 이루는 과정에서 최종적으로 영웅이 된다. 시청자는 주인공이 목표를 이루는 데 적합한 인물로 변화를 거듭할 때 그에게 매료된다.
>
> (나) 스토리텔링 전략에서 제일 먼저 해야 할 일이 로그라인을 만드는 것이다. 로그라인은 '장애, 목표, 변화, 영웅'이라는 네 가지 요소를 담아야 하며, 3분 이내로 압축적이어야 한다. 이를 통해 스토리의 목적과 방향이 마련된다.
>
> (다) 이 같은 인물 창조의 과정에서 스토리의 주제가 만들어진다. '사랑과 소속감, 안전과 안정, 자유와 자발성, 권력과 책임, 즐거움과 재미, 인식과 이해'는 수천 년 동안 성별, 나이, 문화를 초월하여 두루 통용된 주제이다.
>
> (라) 시청자가 드라마나 영화에 대해 시청 여부를 결정하는 데 걸리는 시간은 8초에 불과하다. 제작자는 이 짧은 시간 안에 시청자를 사로잡을 수 있는 스토리텔링 전략이 필요하다.

① (나) - (가) - (라) - (다)
② (나) - (다) - (가) - (라)
③ (라) - (나) - (가) - (다)
④ (라) - (나) - (다) - (가)

<문항 분석>

0. (가)~(라)를 맥락에 맞추어 가장 적절하게 나열한 것은?

> (라) 시청자가 드라마나 영화에 대해 시청 여부를 결정하는 데 걸리는 시간은 8초에 불과하다. 제작자는 이 짧은 시간 안에 시청자를 사로잡을 수 있는 스토리텔링 전략이 필요하다.
> (주의를 불러일으키면서 논의 시작. 논의 범주는 스토리텔링 전략)
>
> (나) 스토리텔링 전략에서 제일 먼저 해야 할 일이 로그라인을 만드는 것이다. 로그라인은 '장애, 목표, 변화, 영웅'이라는 네 가지 요소를 담아야 하며, 3분 이내로 압축적이어야 한다. 이를 통해 스토리의 목적과 방향이 마련된다.
> ('제일 먼저'에 집중)
>
> (가) 다음으로 시청자의 마음을 사로잡을 수 있는 참신한 인물을 창조해야 한다. 특히 주인공은 장애를 만나 새로운 목표를 만들고, 그것을 이루는 과정에서 최종적으로 영웅이 된다. 시청자는 주인공이 목표를 이루는 데 적합한 인물로 변화를 거듭할 때 그에게 매료된다.
> ('다음으로'에 집중)
>
> (다) 이 같은 인물 창조의 과정에서 스토리의 주제가 만들어진다. '사랑과 소속감, 안전과 안정, 자유와 자발성, 권력과 책임, 즐거움과 재미, 인식과 이해'는 수천 년 동안 성별, 나이, 문화를 초월하여 두루 통용된 주제이다.
> ('이 같은 인물 창조'라는 지시어에 집중)

① (나) – (가) – (라) – (다)
② (나) – (다) – (가) – (라)
③ (라) – (나) – (가) – (다)

(우선, (라)가 먼저 와야 한다. (나)를 맨 처음으로 두고, (나)-(가)-(다) 순서를 취하면, (라)가 들어갈 자리가 없어진다. (라)를 도입부로 하고, 스토리텔링 전략이라는 동어를 (나)에서 사용하고 있으며, '제일 먼저'라는 담화 표지를 두었다. 그리고, 그다음은 '다음으로'라는 워딩이 기술되어 있는 (가)이며, (다)는 '이 같은 인물 창조'라는 지시어가 쓰였음에 유념하여, ③번이 정답이다.)

④ (라) – (나) – (다) – (가)

정답 : ③

<1> 실전 연습 문제

1. (가)의 내용에 자연스럽게 이어지는 (나)~(라)의 순서로 가장 적절한 것은?

(가) 「매트릭스」에서 모든 것은 이미 결정되어 있다. 그 속에서 주체가 스스로 결정하는 것은 아무것도 없다. 주체는 스스로 결정한다고 믿고 있지만, 자신이 스스로 결정한다고 믿는 것 자체가 이미 짜인 각본에 불과하다.

(나) 그러나 영화를 잘 들여다보면 그런 운명을 일탈하는 사건들이 자주 드러난다. 이것은 감독의 실수가 아니라 감독의 의도적인 배치의 결과이다. 왜냐하면 「매트릭스」의 세계 역시 현실 세계의 논리로부터 완전하게 벗어날 수 없고, 결국 주인공 네오는 예언과 운명을 거부해야 하기 때문이다. 네오는 사랑을 선택한다.

(다) 그런데 과연 모든 것이 조금의 잉여도 없이 미리 짜일 수 있을까? 여기서는 "지금 벌어지고 있는 모든 것이 이미 프로그램에 의해서 짜인 것인가, 아니면 주체적 결단에 의해서 그때그때 우연적으로 벌어지는 것인가?" 하는, 운명과 자유의지에 대하여 탐구한다. 「매트릭스」에 그려진 「매트릭스」의 세계는 모든 것이 미리 결정된, 즉 운명적으로 주어진 세계이다.

(라) 하지만 예언을 거부하는 것 자체가 일종의 운명일 수도 있는 또 다른 가능성은 남아 있다. 그 가능성은 「매트릭스」가 할리우드 영화의 관습을 답습하는 한 현실적인 해결 방안이 될 것이다.

① (나) - (라) - (다)
② (다) - (라) - (나)
③ (다) - (나) - (라)
④ (라) - (다) - (나)

2. 다음 (가)~(라)를 논리적 순서에 맞게 나열한 것은?

(가) 인물 그려내기라는 말은 인물의 생김새나 차림새 같은 겉모습을 그려내는 것만 가리키는 듯 보이기 쉽다.

(나) 여기서 눈에 보이는 것의 대부분을 뜻하는 공간에 대해 살필 필요가 있다. 공간은 이른바 공간적 배경을 포함한, 보다 넓은 개념이다.

(다) 하지만 인물이 이야기의 중심적 존재이고 그가 내면을 지닌 존재임을 고려하면, 인물의 특질을 제시하는 것의 범위는 매우 넓어진다. 영화, 연극 같은 공연 예술의 경우, 인물과 직접적·간접적으로 관련된 것들, 무대 위나 화면 속에 자리해 감상자의 눈에 보이는 것 거의 모두가 인물 그려내기에 이바지한다고까지 말할 수 있다.

(라) 그것은 인물과 사건이 존재하는 곳과 그곳을 구성하는 물체 들을 모두 가리킨다. 공간이라는 말이 다소 추상적이므로, 경우에 따라 그곳을 구성하는 물체들, 곧 비나 눈 같은 기후 현상, 옷, 생김새, 장신구, 가구, 거리의 자동차 등을 '공간소'라고 부를 수 있다.

① (가) - (나) - (다) - (라)
② (가) - (다) - (나) - (라)
③ (가) - (라) - (나) - (다)
④ (라) - (나) - (가) - (다)
⑤ (라) - (다) - (가) - (나)

3. (가)의 내용에 자연스럽게 이어지는 (나)~(라)의 순서로 가장 적절한 것은?

> (가) 인간은 세계를 자기 중심적으로 인식한다.
> (나) 이러한 심리 구조는 언어 표현에도 반영된다.
> (다) '내일오늘'이 아니라 '오늘내일'이라 하고 '저기여기'가 아니라 '여기저기'라 하는 것은 '나에게 가까운 '오늘'과 '여기'를 먼저 말하기 때문이다.
> (라) 예컨대 시간이나 공간에 관한 한 쌍의 단어를 열거할 때 화자에게 더 가까운 것을 먼저 들고 더 먼 것을 나중에 든다.

① (나) – (다) – (라)
② (나) – (라) – (다)
③ (다) – (라) – (나)
④ (라) – (다) – (나)

4. 다음 (가)~(라)를 논리적 순서에 맞게 나열한 것은?

> (가) 표현은 속성을 나타낸다. 가령 "붉다"라는 표현은 붉음이라는 속성을 나타낸다. "붉다"라는 표현을 우리가 잘 이해하고 사용한다면 우리는 붉음이라는 속성을 아는 것이다.
> (나) 이러한 견해에 따르면, 도덕적 표현이나 호오 표현도 다음과 같이 설명이 가능하다. 표현 "더 좋다"가 어휘의 진화과정에서 "좋다" 다음에 등장했고 "훌륭하다"가 "더 훌륭하다"에 앞서 사용되었다.
> (다) 사람들은 통상적으로, 이러한 속성 P와 그것의 비교급에 해당하는 관계 R에 대해서, P를 아는 것이 R을 아는 것에 선행해야 한다고 여긴다. 그들은 좋음을 알 수 있어야 a가 b보다 더 좋음을 알 수 있으며, 훌륭함을 알아야 c가 d보다 더 훌륭함을 알 수 있다고 생각한다.
> (라) 예를 들어 붉음이라는 비교 가능한 속성에 대해서, 저 사과가 이 사과보다 더 붉음을 알 수 있는 이유는, 이 사과보다 저 사과가 붉음이라는 속성을 더 많이 갖고 있음을 알기 때문이다.

① (가) – (나) – (라) – (다)
② (가) – (다) – (라) – (나)
③ (다) – (가) – (나) – (라)
④ (다) – (라) – (나) – (가)

5. 다음 (가)~(라)를 논리적 순서에 맞게 나열한 것은?

> (가) 『대명률』에는 이른바 출처(出妻)라는 항목이 있어서 이런저런 이유로 부인을 내쫓을 수 있게 되어 있지만, 조선에서는 출처가 거의 명목상으로만 존재하였다. 조선은 남편이 부인을 쫓아내는 것이 사회 안정에 도움이 되지 않는다는 사실을 잘 파악하고 있었다.
> (나) 조선은 건국 초부터 가족을 중시하였다. 가족의 안정이 곧 사회의 안정이라는 인식하에, 가정의 핵심인 부부를 보호하기 위해 어떻게든 이혼을 막아야 했다. 중국 법전인 『대명률』은 부인이 남편을 때렸거나 간통을 했을 경우 남편이 원하면 이혼을 허용했다. 그런데 조선은 『대명률』을 준용하면서도 '조선에는 이혼이란 없다.'라는 태도를 견지하였다.
> (다) 양반 남자 집안 또한 이혼이나 출처에 부정적이었다. 부인을 쫓아내면 그것은 곧 적처가 없게 되는 것이다. 적처는 양반가에서 적자의 배우자로 집안을 온전하게 유지하는 가정의 관리자다. 이에 조선의 양반가에서 적처의 존재는 필수 불가결한 것이었다.
> (라) 적처를 쫓아내고 새 부인을 얻는다는 것은 현실적으로 비용과 노력이 많이 드는 골치가 아픈 일이었다. 적처를 내보내면 적처 집안과의 관계가 단절된다.

① (가) - (나) - (라) - (다)
② (가) - (다) - (나) - (라)
③ (나) - (가) - (다) - (라)
④ (나) - (라) - (다) - (가)

6. 다음 (가)~(라)를 논리적 순서에 맞게 나열한 것은?

> (가) 이러한 정신적 증후군의 발병은 신체적 외상이 아니라 심리적 외상을 계기로 발생한다는 것을 알게 되었다. 폭력적인 죽음에 지속적으로 노출되어 받는 심리적 외상은 히스테리에 이르게 하는 신경증적 증후군을 유발하기에 충분했다.
> (나) 전쟁에서 폭력적인 죽음에 지속적으로 노출되어 받는 심리적 외상을 계기로 발생하는 '전투 신경증'이 정신적 증후군의 하나로 실재한다는 사실을 부정할 수 없게 되었을 때, 의학계의 논쟁은 환자의 의지력을 중심으로 이루어졌다.
> (다) 이때, 전통주의자들은 전쟁에서 영광을 누려야 할 군인이 정서적인 증세를 드러내서는 안 된다고 보았다. 이들에 따르면, 전투 신경증을 보이는 군인은 체질적으로 열등한 존재에 해당한다. 전통주의자들은 이 환자들을 의지박약자라고 기술하면서 모욕과 위협, 처벌을 중심으로 하는 치료를 옹호하였다.
> (라) 제1차 세계대전 이후 심리적 외상의 실재가 인정되었다. 참호 안에서 공포에 시달린 남성들은 무력감에 사로잡히고, 전멸될지 모른다는 위협에 억눌렸으며 동료들이 죽고 다치는 것을 지켜보며 히스테리 증상을 보였다. 그들은 울며 비명을 질러대고 얼어붙어 말이 없어졌으며, 자극에 반응을 보이지 않고 기억을 잃으며 감정을 느끼지 못했다.

① (나) - (가) - (다) - (라)
② (나) - (다) - (라) - (가)
③ (라) - (가) - (나) - (다)
④ (라) - (다) - (나) - (가)

<2> 실력 확인 문제

1. (가)~(다)를 맥락에 맞게 순서대로 나열한 것은?

〈출제기조 전환 2차 예시문제〉

> 북방에 사는 매는 덩치가 크고 사냥도 잘한다. 그래서 아시아에서는 몽골 고원과 연해주 지역에 사는 매들이 인기가 있었다.
>
> (가) 조선과 일본의 단절된 관계는 1609년 기유조약이 체결되면서 회복되었다. 하지만 이때는 조선과 일본이 서로를 직접 상대했던 것이 아니라 두 나라 사이에 끼어있는 대마도를 매개로 했다. 대마도는 막부로부터 조선의 외교·무역권을 위임받았고, 조선은 그러한 대마도에게 시혜를 베풀어 줌으로써 일본과의 교린 체계를 유지해 나가려고 했다.
> (나) 일본에서 이 북방의 매에 접근할 수 있는 길은 한반도를 통하는 것 외에는 없었다. 그래서 한반도와 일본 간의 교류에 매가 중요한 물품으로 자리 잡았던 것이다. 하지만 임진왜란으로 인하여 교류는 단절되었다.
> (다) 이러한 외교관계에 매 교역이 자리하고 있었다. 대마도는 조선과의 공식적, 비공식적 무역을 통해서도 상당한 이익을 취했다. 따라서 조선후기에 이루어진 매 교역은 경제적인 측면과 정치·외교적인 성격이 강했다.

① (가) - (다) - (나) ② (나) - (가) - (다)
③ (나) - (다) - (가) ④ (다) - (나) - (가)

2. (가)~(라)를 맥락에 맞추어 가장 적절하게 나열한 것은?

〈2025 국가직〉

> (가) 그 원리를 알려면 LCD와 OLED의 차이를 이해해야 한다. LCD는 다른 조명 장치의 도움을 받아 시각적 효과를 낸다. 다시 말해 스스로 빛을 내지 못한다는 것이다. 따라서 LCD는 화면 뒤에 빛을 공급하는 백라이트가 필요하다는 특성을 갖는다.
> (나) 자유롭게 말았다 펼 수 있는 '롤러블 TV'가 개발되었다. 평소에는 말거나 작게 접어서 간편하게 가지고 다니다가 필요할 때 펴서 사용하는 태블릿이나 노트북이 상용화될 날도 머지않았다. 기존에 우리가 생각하는 텔레비전 화면이나 모니터는 평평하고 딱딱한 것인데, 어떻게 접거나 말 수 있을까?
> (다) OLED 기술은 모양을 자유롭게 변형할 수 있는 모니터 개발을 가능하게 하였다. 딱딱한 유리 대신에 쉽게 휘어지는 특수 유리나 플라스틱을 이용함으로써 둥글게 말았다가 펼 수 있는 화면을 생산할 수 있게 된 것이다.
> (라) 반면 OLED는 화소 단위로 빛의 삼원색을 내는 유기 반도체로 구성되어 있어 스스로 빛을 낼 수 있다. OLED 제품은 화면 뒤에 백라이트를 설치할 필요가 없기 때문에 얇게 만들 수도 있고 특수 유리나 플라스틱으로 제작할 수도 있다.

① (나)-(가)-(다)-(라)
② (나)-(가)-(라)-(다)
③ (다)-(가)-(라)-(나)
④ (다)-(나)-(라)-(가)

3. (가)~(라)를 맥락에 맞추어 가장 적절하게 나열한 것은? 〈2025 지방직〉

(가) 픽셀 단위로 수치화된 이미지 데이터는 하나의 긴 데이터 형태로 컴퓨터에 저장된다. 초기 컴퓨터의 경우 흑백만 표현할 수 있었기 때문에 이미지는 하나의 픽셀에 대해 흑과 백이 0과 1로 표현되는 1비트로 저장되었다.

(나) 높은 해상도의 구현은 데이터 저장 용량의 문제를 일으켰고, 용량을 줄이기 위한 여러 방법도 함께 고안되었다. 이를 통해 고해상도의 이미지도 웹사이트를 비롯한 다양한 분야에서 활발하게 사용할 수 있게 되었다.

(다) 컴퓨터에서 이미지를 처리하기 위해서는 아날로그 영상 신호를 디지털로 변환하는 과정을 거쳐야 한다. 이미지를 디지털로 저장하는 가장 기본적인 방법은 픽셀 단위로 수치화하여 저장하는 것이다.

(라) 하지만 현재는 컴퓨터 비전 기술이 발달하면서 하나의 픽셀에 여러 색상의 정보를 담게 되었다. 초기 색상 표현은 하나의 픽셀이 흑과 백의 1비트였으나, 최근에는 높은 해상도를 구현하기 위해 픽셀 하나에 32비트까지 사용한다.

① (나)-(가)-(라)-(다)
② (나)-(다)-(가)-(라)
③ (다)-(가)-(라)-(나)
④ (다)-(라)-(가)-(나)

공무원 독해

새로운
독해 2

- 출제 기조 전환 유형편

PART 8

작문과 화법

PART 8 작문과 화법

PART 8: 작문은 글쓰기 과정이다. 글쓰기 계획이 잘 반영이 되었는지, 특히 개요 짜기는 하위 범주가 상위 범주에 잘 들어가 있는지, 하위 범주가 병렬적으로 잘 맞아떨어지는지(특히 문제, 해결의 개수 확인) 등을 살펴보아야 한다. 고쳐쓰기는 양자 간 꼼꼼한 비교가 필수이다.

화법은 말하기 방식에 대한 것이다. 적절한 양으로 발화해야 하는 양의 격률, 타당성 있는 대화인 질의 격률, 관련성의 격률, 모호하게 하지 않는 태도의 격률 등이 중요하며, 완곡한 어투인 요령의 격률, 자신에게 부담을 지우는 관용의 격률, 남을 칭찬하는 칭찬의 격률, 칭찬을 받았을 때 겸손할 줄 아는 겸양의 격률, 대화의 합치점을 찾아가는 일치의 격률 등을 알아 두어야 하겠다.

〈0〉 출제 기조 전환 대표 문항

0-1. 〈지침〉에 따라 〈개요〉를 작성할 때 ㉠~㉣에 들어갈 내용으로 적절하지 않은 것은?

〈출제기조 전환 1차 예시문제〉

〈 지 침 〉

○ 서론은 중심 소재의 개념 정의와 문제 제기를 1개의 장으로 작성할 것.
○ 본론은 제목에서 밝힌 내용을 2개의 장으로 구성하되 각 장의 하위 항목끼리 대응되도록 작성할 것.
○ 결론은 기대 효과와 향후 과제를 1개의 장으로 작성할 것.

〈 개 요 〉

○ 제목 : 복지 사각지대의 발생 원인과 해소 방안
I. 서론
 1. 복지 사각지대의 정의
 2. ㉠
II. 복지 사각지대의 발생 원인
 1. ㉡
 2. 사회복지 담당 공무원의 인력 부족
III. 복지 사각지대의 해소 방안
 1. 사회적 변화를 반영하여 기존 복지 제도의 미비점 보완
 2. ㉢
IV. 결론
 1. ㉣
 2. 복지 사각지대의 근본적이고 지속가능한 해소 방안 마련

① ㉠ : 복지 사각지대의 발생에 따른 사회 문제의 증가
② ㉡ : 사회적 변화를 반영하지 못한 기존 복지 제도의 한계
③ ㉢ : 사회복지 업무 경감을 통한 공무원 직무 만족도 증대
④ ㉣ : 복지 혜택의 범위 확장을 통한 사회 안전망 강화

0-2. 다음 대화를 분석한 내용으로 가장 적절한 것은?

〈출제기조 전환 1차 예시문제〉

> **갑:** 전염병이 창궐했을 때 마스크를 착용하는 것은 당연한 일인데, 그것을 거부하는 사람이 있다니 도대체 이해가 안 돼.
>
> **을:** 마스크 착용을 거부하는 사람들을 무조건 비난하지 말고 먼저 왜 그러는지 정확하게 이유를 파악하는 것이 필요해.
>
> **병:** 그 사람들은 개인의 자유가 가장 존중받아야 하는 기본권이라고 생각하기 때문일 거야.
>
> **갑:** 개인의 자유로운 선택이 타인의 생명을 위협한다면 기본권이라 하더라도 제한하는 것이 보편적 상식 아닐까?
>
> **병:** 맞아. 개인이 모여 공동체를 이루는데 나의 자유만을 고집하면 결국 사회는 극단적 이기주의에 빠져 붕괴하고 말 거야.
>
> **을:** 마스크를 쓰지 않는 행위를 윤리적 차원에서만 접근하지 말고, 문화적 차원에서도 고려할 필요가 있어. 어떤 사회에서는 얼굴을 가리는 것이 범죄자의 징표로 인식되기도 해.

① 화제에 대해 남들과 다른 측면에서 탐색하는 사람이 있다.

② 자신의 의견이 반박되자 질문을 던져 화제를 전환하는 사람이 있다.

③ 대화가 진행되면서 논점에 대한 찬반 입장이 바뀌는 사람이 있다.

④ 사례의 공통점을 종합하여 자신의 주장을 강화하는 사람이 있다.

<문항 분석>

0-1. 〈지침〉에 따라 〈개요〉를 작성할 때 ㉠~㉣에 들어갈 내용으로 적절하지 않은 것은?

―〈 지 침 〉―

○ 서론은 중심 소재의 개념 정의와 문제 제기를 1개의 장으로 작성할 것.
○ 본론은 제목에서 밝힌 내용을 2개의 장으로 구성하되 각 장의 하위 항목끼리 대응되도록 작성할 것.
○ 결론은 기대 효과와 향후 과제를 1개의 장으로 작성할 것.

―〈 개 요 〉―

○ 제목 : 복지 사각지대의 발생 원인과 해소 방안
Ⅰ. 서론
  1. 복지 사각지대의 정의
  2. ㉠
Ⅱ. 복지 사각지대의 발생 원인
  1. ㉡
  2. 사회복지 담당 공무원의 인력 부족
Ⅲ. 복지 사각지대의 해소 방안
  1. 사회적 변화를 반영하여 기존 복지 제도의 미비점 보완
  2. ㉢
Ⅳ. 결론
  1. ㉣
  2. 복지 사각지대의 근본적이고 지속가능한 해소 방안 마련

① ㉠ : 복지 사각지대의 발생에 따른 사회 문제의 증가
(〈지침〉에 따라 서론에는 중심 소재의 개념 정의와 문제 제기가 들어가야 한다. 중심 소재인 '복지 사각지대'의 정의가 서론에 이미 제시되었으므로, '복지 사각지대의 발생에 따른 사회 문제의 증가'는 타당하다.)

② ㉡ : 사회적 변화를 반영하지 못한 기존 복지 제도의 한계
(사회적 변화를 반영하지 못한 것이 문제 원인이 되어야 뒤의 해소 방안과 잘 부합할 수 있다.)

③ ㉢ : 사회복지 업무 경감을 통한 공무원 직무 만족도 증대
(업무 경감을 통한 공무원의 직무 만족도는 인력 부족의 해결책이 될 수 없다. 제도적 차원에서 담당 공무원을 더 뽑아야 한다.)

④ ㉣ : 복지 혜택의 범위 확장을 통한 사회 안전망 강화
(〈지침〉에 따라 결론에는 기대 효과와 향후 과제가 각각 들어가야 한다. 향후 과제는 결론의 2. 항목에 제시되었으니, 1. 항목에는 기대 효과가 들어가야 한다. 복지 사각지대를 해소하기 위해 혜택의 범위를 확장하면 사회적 안전망이 강화될 테니, 기대 효과로 타당하다. 따라서 결론에 부합한다.)

정답 : ③

0-2. 다음 대화를 분석한 내용으로 가장 적절한 것은?

> **갑:** 전염병이 창궐했을 때 마스크를 착용하는 것은 당연한 일인데, 그것을 거부하는 사람이 있다니 도대체 이해가 안 돼.
>
> **을:** 마스크 착용을 거부하는 사람들을 무조건 비난하지 말고 먼저 왜 그러는지 정확하게 이유를 파악하는 것이 필요해.
>
> **병:** 그 사람들은 개인의 자유가 가장 존중받아야 하는 기본권이라고 생각하기 때문일 거야.
>
> **갑:** 개인의 자유로운 선택이 타인의 생명을 위협한다면 기본권이라 하더라도 제한하는 것이 보편적 상식 아닐까?
>
> **병:** 맞아. 개인이 모여 공동체를 이루는데 나의 자유만을 고집하면 결국 사회는 극단적 이기주의에 빠져 붕괴하고 말 거야.
>
> **을:** 마스크를 쓰지 않는 행위를 윤리적 차원에서만 접근하지 말고, 문화적 차원에서도 고려할 필요가 있어. 어떤 사회에서는 얼굴을 가리는 것이 범죄자의 징표로 인식되기도 해.

① 화제에 대해 남들과 다른 측면에서 탐색하는 사람이 있다.
('을'은 마스크를 쓰지 않는 행위를 문화적 차원에서 고려한다. 즉, 다른 범주에서 접근하고 있다.)

② 자신의 의견이 반박되자 질문을 던져 화제를 전환하는 사람이 있다.
(화제는 지속적으로 마스크를 쓰는 행위이다.)

③ 대화가 진행되면서 논점에 대한 찬반 입장이 바뀌는 사람이 있다.
(찬반 입장을 바꾼 사람은 없다.)

④ 사례의 공통점을 종합하여 자신의 주장을 강화하는 사람이 있다.
('을'은 사례를 제시했을 뿐 이를 종합하여 자신의 주장을 강화하지는 않았다.)

정답 : ①

<1> 실전 연습 문제

1. ⟨보기⟩는 '우리 학교 직업 체험 활동의 내실화'라는 주제로 글을 쓰기 위해 작성한 개요이다. 검토 내용과 수정 방안이 모두 적절한 것은?

⟨ 보 기 ⟩

I. 직업 체험 활동의 의의
  1. 직업 체험 활동에 대한 학생들의 요구 증대 ···· ㉠
  2. 직업 탐색을 통한 진로 선택 기준 제공 ···· ㉡
  3. 직업과 관련한 능력 향상에 대한 동기 유발 ···· ㉢
II. 우리 학교 직업 체험 활동의 문제점 ·········· ㉣
  1. 간접 체험 위주의 활동
  2. 학생들의 적성 미반영
  3. 학년 간 체험 활동 내용의 중복
III. 우리 학교 직업 체험 활동의 개선 방향 ········ ㉤
  1. 직접 체험의 비중 강화
  2. 학생들의 적성 검사 결과 반영
IV. 실질적인 직업 체험 활동으로의 전환 촉구

	검토 내용	수정 방안
①	㉠은 상위 항목과의 관련성이 떨어짐.	'직업 체험 활동 개선에 대한 사회적 요구 증대'로 수정한다.
②	㉡과 ㉢은 내용이 서로 중복됨.	㉡은 남기고 ㉢은 삭제한다.
③	㉣은 하위 항목들을 포괄하지 못함.	'우리 학교 직업 체험 활동의 과정'으로 바꾼다.
④	㉤은 II의 하위 항목과의 관계를 고려할 때 내용의 보충이 필요함.	'학년 간 체험 활동 내용의 차별화'를 하위 항목으로 넣는다.

2. ⟨보기⟩의 개요를 수정·보완할 방안으로 적절하지 않은 것은?

⟨ 보 기 ⟩

주제문: 학교에 옥외 쉼터를 조성하자.
I. 서론: 학교 휴식 공간의 실태와 문제점
II. 본론
  1. 조성의 필요성
    가. 학생들의 여가 활용 시간 부족 ·········· ㉠
    나. 자연 친화적 성격의 공간 요구
  2. 조성의 장애 요인
    가. 학교 휴식 공간에 대한 사회적 무관심
    나. 자연 친화적 공간 활용 계획 수립 ······· ㉡
    다. 재원 확보의 어려움
  3. 해결 방안 ························· ㉢
    가. 사회적 관심 제고를 위한 캠페인 실시 ···· ㉣
    나. 학교 옥외 공간의 활용 방안 부재
III. 결론: 학교 공간에 대한 발상 전환의 촉구

① ㉠은 주제에서 벗어난 내용이므로, '휴식 및 친교 기능의 공간 요구'로 바꾼다.
② ㉡은 상위 항목과의 관계를 고려하여, 'II-3-나'와 위치를 바꾼다.
③ ㉢에는 글의 완결성을 고려하여, '지역 공동체와의 협력을 통한 재원 확보'라는 하위 항목을 추가한다.
④ ㉣은 글의 일관성을 고려하여, '낙후된 교실 환경에 대한 사회적 관심 촉구'로 고친다.

3. 〈보기〉는 '거짓말'에 관한 기사를 학교 신문에 연재하기 위한 계획의 일부이다. 개요의 수정·보완 방안으로 적절하지 않은 것은?

─────〈 보 기 〉─────

◇ **기획 의도**: 거짓말이 넘치는 우리 사회의 문제점을 살펴 바람직한 삶의 방향과 공동체상을 모색함.

◇ **연재 계획**
  [1회] 거짓말의 심리적 동기
  ✓ [2회] 거짓말하는 사회와 그 폐해
  [3회] 신뢰를 바탕으로 소통하는 사회를 위한 제언

◆ **[2회] 작성 계획**
  · '사례 → 원인(구조 및 제도적 차원) → 폐해'의 순서로 전개
  · 전체 연재 기사와의 연계성 고려

◆ **[2회] 개요**
  1. 우리 사회의 거짓말 양상
    가. 자기 방어와 자기 보호 심리
    나. 루머와 흑색선전
    다. 논문 표절, 실험 결과 조작
    라. 근절되지 않는 주변국의 한국사 왜곡

  2. 거짓말이 성행하는 원인
    가. 과도한 업적주의와 성공 지상주의
    나. 사회적 발언에 대한 검증 제도의 미비

  3. 거짓말이 사회에 미치는 악영향
    가. 실효성 있는 제재 수단 부족
    나. 불신 풍조의 확산으로 사회적 소통 단절
    다. 사회 구성원 간 연대감 파괴

① '1-가'는 [1회]의 내용에 해당하므로 '사실 은폐와 위증'으로 교체한다.
② '1-라'는 [2회]의 내용 범위를 벗어나므로 삭제한다.
③ [2회]의 작성 계획과 '1'의 내용을 고려하여, '2'에 '신뢰성 없는 정보가 쉽게 확대 재생산되는 구조'를 추가한다.
④ '3-가'는 상위 항목과의 관계와 [2회]의 작성 계획을 고려하여, '2'의 하위 항목으로 옮긴다.
⑤ '3-나'는 [3회]에서 다루는 것이 효과적이므로, '사회적 투명성을 확보하기 위한 제도 마련'으로 수정한다.

[4] '세계 평화를 위한 노력'이라는 주제로 글을 쓰기 위해 개요 (가)를 작성하였다가 (나)로 고쳤다. 두 개요를 비교해 읽고, 물음에 답하시오.

─────〈 가 〉─────

서론: 평화에 대한 일반적인 인식

본론
1. 평화에 대한 두 가지 관점
  가. 소극적 관점
    - 외적(外敵)으로부터 지켜야 할 평화
  나. 적극적 관점
    - 함께 이룩해 가야 할 평화
2. 평화를 위한 적극적인 노력
  가. 이해 관계의 합리적 조정
  나. 다양성 존중과 상호 이해

결론: 평화에 대한 인식 전환의 중요성

─────〈 나 〉─────

서론: 위기에 빠진 세계 평화
    - 최근의 국제적 분쟁 상황

본론
1. 국제 분쟁의 원인
  가. 정치·경제적 갈등
  나. 배타적 민족주의
  다. 힘에 의한 문제 해결 방식
2. 평화 정착을 위한 노력
  가. 기본 관점
    - 다양성 존중과 개방적 태도
  나. 평화 정착의 방안
    - 대화를 통한 상호 이해

결론: 현 상황에서의 핵심 과제

4. 개요를 (가)에서 (나)로 고친 까닭으로 가장 적절한 것은?

① 문제의 현실성과 시급성을 강조하기 위해
② 주제에 대한 다양한 관점을 제시하기 위해
③ 중심 개념을 좀 더 체계적으로 설명하기 위해
④ 내용 전개에서의 논리적인 비약을 해소하기 위해
⑤ 문제를 일반화하여 원론부터 다시 검토하기 위해

[5~6] 다음은 강연의 일부이다. 물음에 답하시오.

> 학생 여러분 안녕하세요. 저는 타이포그래피 디자이너 ○○○ 입니다. 이렇게 진로 축제에 초청받아 타이포그래피에 대해 소개하게 되어 무척 기쁩니다.
> 타이포그래피는 원래 인쇄술을 뜻했지만 지금은 그 영역이 확대되어 문자로 구성하는 디자인 전반을 가리킵니다. 타이포그래피에는 언어적 기능과 조형적 기능이 있는데요, 그 각각을 나누어 말씀드리겠습니다.
> 먼저 타이포그래피의 언어적 기능은 글자 자체가 가지고 있는 의미 전달에 중점을 두는 기능을 말합니다. 의미를 정확하게 전달하기 위해서는 가독성을 높이는 일이 무엇보다 중요하지요. (화면의 '작품 1'을 가리키며) 이것은 여러분들도 흔히 보셨을 텐데요, 학교 앞 도로의 바닥에 적혀 있는 '어린이 보호 구역'이라는 글자입니다. 운전자에게 주의하며 운전하라는 의미를 전달해야 하므로 이런 글자는 무엇보다도 가독성이 중요하겠지요? 그래서 이 글자들은 전체적으로 크면서도 세로로 길게 디자인하여 운전 중인 운전자에게 글자가 쉽게 인식될 수 있도록 제작한 것입니다.
> 이어서 타이포그래피의 조형적 기능을 살펴보겠습니다. 타이포그래피의 조형적 기능이란 글자를 재료로 삼아 구체적인 형태의 외형적 아름다움을 전달하는 기능을 말합니다. (화면의 '작품 2'를 가리키며) 이 작품은 '등'이라는 글씨의 받침 글자 'ㅇ'을 전구 모양으로 만들었어요. 그리고 받침 글자를 중심으로 양쪽에 사선을 그려 넣고 사선의 위쪽을 검은색으로 처리했어요. 이렇게 하니까 마치 갓이 씌워져 있는 전등에서 나온 빛이 아래쪽을 환하게 밝히고 있는 그림처럼 보이지요. 이렇게 회화적 이미지를 첨가하면 외형적 아름다움뿐만 아니라 글자가 나타내는 의미까지 시각화하여 전달할 수 있습니다.
> (화면의 '작품 3'을 가리키며) 이 작품은 '으'라는 글자 위아래를 뒤집어 나란히 두 개를 나열했어요. 그러니까 꼭 사람의 눈과 눈썹을 연상시키네요. 그리고 'ㅇ' 안에 작은 동그라미를 세 개씩 그려 넣어서 눈이 반짝반짝 빛나고 있는 듯한 모습을 표현했습니다. 이것은 글자의 의미와는 무관하게 글자의 형태만을 활용하여 제작자의 신선한 발상을 전달하기 위한 작품이라고 할 수 있습니다.
> 지금까지 작품들을 하나씩 보여 드리며 타이포그래피를 소개해 드렸는데요, 한번 정리해 봅시다. (화면에 '작품 1', '작품 2', '작품 3'을 한꺼번에 띄워 놓고) ㉠좀 전에 본 작품들은 타이포그래피의 어떤 기능에 중점을 둔 것일까요?

5. 위 강연자의 말하기 방식으로 가장 적절한 것은?

① 청중과 공유했던 경험을 직접 제시하여 강연의 목적을 밝히고 있다.
② 청중이 강연 내용을 신뢰할 수 있도록 객관적인 통계 자료를 활용하고 있다.
③ 청중에게 구체적인 사례를 제시하고 이를 분석하면서 강연의 중심 내용을 설명하고 있다.
④ 청중이 희망하는 직업들의 특징을 서로 대비함으로써 강연 내용의 활용 가치를 강조하고 있다.
⑤ 청중이 던진 질문에 답변을 함으로써 강연 내용에 대한 청중의 궁금증을 해소해 주고 있다.

6. 위 강연을 고려할 때, ㉠에 대한 대답으로 가장 적절한 것은?

① '작품 1'은 운전자가 쉽게 읽을 수 있도록 글자를 제작하였으므로 타이포그래피의 언어적 기능에 중점을 둔 것이라 할 수 있어요.
② '작품 2'는 글자가 나타내는 의미와 상관없이 글자를 작품의 재료로만 활용하고 있으므로 타이포그래피의 조형적 기능에 중점을 둔 것이라 할 수 있어요.
③ '작품 3'은 회화적 이미지를 활용하여 글자의 외형적 아름다움을 표현했으므로 타이포그래피의 언어적 기능에 중점을 둔 것이라 할 수 있어요.
④ '작품 1'과 '작품 2'는 모두 글자의 색을 화려하게 사용하여 의미를 정확하게 전달하고 있으므로 타이포그래피의 언어적 기능에 중점을 둔 것이라 할 수 있어요.
⑤ '작품 2'와 '작품 3'은 모두 글자의 외형적 아름다움을 통해 글자의 의미 전달을 돕고 있으므로 타이포그래피의 조형적 기능에 중점을 둔 것이라 할 수 있어요.

[7~9] 다음은 토론의 일부이다. 물음에 답하시오.

> **사회자:** 이번 시간에는, 수필 「강희자전과 감투」를 변형하여 재구성한 상황을 바탕으로 책방 주인의 이윤 추구 행위가 정당한지 부당한지에 대해 토론해 보겠습니다. 제시문을 통해 논제와 관련된 상황을 확인하고 입론을 진행해 주시기 바랍니다.
>
>> '나'는 쌀을 사기 위해 책을 팔러 간다. 책방 주인은 책값으로 오십 원을 매기며 되팔 때 가격이 칠십 원이어서 오십 원도 높은 가격이라고 강조한다. 몹시 아끼던 책을 판 '나'는 간신히 칠십 원을 마련해 되사러 가지만 주인은 오백 원에 팔아 더 많은 이윤을 남기기 위해 '나'의 판매 요구를 거부한다.
>
> **학생 1:** 책방 주인의 이윤 추구 행위는 부당하다고 생각합니다. 자신이 투자한 것에 비해 지나치게 많은 이윤을 남기려고 했기 때문입니다. 또한 책값을 결정할 수 있는 우월한 지위를 이용하여 과도한 이익을 얻고자 했다는 점에서도 정당하다고 보기 어렵습니다.
> **학생 2:** 저는 책방 주인의 이윤 추구 행위가 정당하다고 생각합니다. 물건 값은 판매 당시의 여건이나 이윤 등을 고려하여 결정되는 것이지 구입 시의 가격을 기준으로 결정되는 것이 아닙니다. 또한 가격 결정권이 책방 주인에게 있는 대신 '나'는 거래를 할 것인지를 선택할 수 있었으므로 대등한 관계에서 이루어진 거래라 할 수 있습니다.
> **사회자:** 이제 양측의 반론을 들어 보겠습니다.
> **학생 1:** '나'와 책방 주인이 대등한 관계에 있었다는 것에 동의할 수 없습니다. 왜냐하면 '나'는 책을 팔 때 절박한 상황에 있었으므로 선택권이 있을 수 없었기 때문입니다. 또한 책방 주인에게 가격 결정 권한이 있다는 건 인정합니다만, 구입 가격의 열 배에 해당하는 금액으로 결정한 것은 상식적으로 적정한 이윤 추구로 볼 수 없습니다. 이윤 추구 자체가 부당한 것이 아니라, 과도한 것이 문제입니다.
> **학생 2:** 책방 주인이 책을 사고파는 과정에서 '나'의 상황까지 고려하라고 말씀하신 것은 구매자 각각의 형편에 따라 책값을 달리 정해야 한다는 뜻입니까? 그건 합리적이지 않을 뿐만 아니라 현실적으로도 가능하지 않습니다.
> **학생 1:** [　　　　[가]　　　　]

7. 위 토론의 논제의 성격을 이해한 것으로 가장 적절한 것은?

① 어떤 행위의 정당성을 판단하고 자신의 판단이 더 타당함을 밝혀야 하는 논제이다.
② 어떤 문제 해결 방법이 더 유용한지를 판단하고 다른 방법과의 절충 방안을 밝혀야 하는 논제이다.
③ 어떤 현안에 대하여 그것이 지닌 문제를 제기하고 문제를 해결할 정책이 필요함을 밝혀야 하는 논제이다.
④ 어떤 상황에 대한 사실 관계를 확인하고 그 사실 관계가 성립하는 데 필요한 조건을 밝혀야 하는 논제이다.
⑤ 어떤 정책이 실현 가능성이 있는지 판단하고 자신의 주장이 더 유용한 가치가 있음을 밝혀야 하는 논제이다.

8. 토론의 흐름에 따라 상대측을 반박하려고 할 때, [가]에 들어갈 발언으로 가장 적절한 것은?

① 책방 주인은 '나'의 상황을 알지도 못했을 것이며, 알았다 하더라도 책을 사고팔면서 그것을 모두 고려하여 책값을 책정하는 것은 부당합니다.

② 상대측에서 '나'가 책을 팔았을 때의 상황에 대해 언급하신 것은 논리적인 근거 없이 동정심을 유발하여 설득하려는 것이니 타당하지 않습니다.

③ 제가 제시한 방법에 대해, 합리적이지만 현실적으로 불가능하다고 하신 것은 책방 주인의 이윤 추구 행위가 정당하지 않다고 인정하는 것입니다.

④ 합리성을 고려한다면 책방 주인에게 판매 가격을 결정할 수 있는 권한이 있다는 것을 인정해야 하며, 책값을 수용하지 못할 경우에는 책을 사지 않겠다는 의사를 밝혔어야 합니다.

⑤ 저는 '나'가 책을 팔고 살 때 책방 주인이 우월한 지위를 이용했다고 말한 것인데, 이에 대해 구매자들마다 책값을 달리하는 것이 불합리하다고 한 것은 저의 발언을 왜곡한 것입니다.

9. 다음은 위 토론에 청중으로 참여했던 학생이 쓴 글이다. ㉠~㉤에 대한 평가로 적절하지 않은 것은?

> ㉠사업자가 이윤을 추구하는 것은 당연한 일이다. ㉡물건 가격을 결정하는 것은 사업자다. 따라서 사업자라면 되도록 가격을 높게 책정해 이윤을 높이고자 할 것이다. 그러나 이러한 방법이 지속적인 이윤 창출로 이어지기는 어렵다. 1989년 개인 서비스 요금 자율화 이후 설렁탕 가격이 일시적으로 급등한 일이 있었다. 그러나 ㉢시간이 지나면서 소비자의 외면을 받아 결국 가격이 내려가게 되었다. 이는 ㉣물건의 가격에 대해 사회적으로 용인되는 수준이 있다는 것을 보여 준다. 그러면 사업자는 어떻게 하는 것이 현명한가? ㉤물건의 가격만 높여서 이윤을 많이 남기려고 하기보다는 누구나 공감할 수 있을 정도의 합리적 가격을 책정하여야 한다.

① ㉠: '학생 1'과 '학생 2'가 모두 동의하는 내용으로 글을 시작하였군.

② ㉡: '학생 2'의 입론과 '학생 1'의 반론에서 공통으로 인정한 내용을 반영하였군.

③ ㉢: '학생 2'의 입론에 사용된 둘째 논거가 현실과 어긋남을 보여 주는 사례를 들고 있군.

④ ㉣: '학생 1'의 반론에 사용된 둘째 논거를 수용하여 논지를 전개하였군.

⑤ ㉤: '학생 1'의 관점에 부합하는 주장을 결론으로 제시하였군.

[10~12] 다음은 토론의 일부이다. 물음에 답하시오.

사회자: 지금부터 '청소년의 팬덤 활동은 청소년에게 긍정적 영향을 준다.'라는 논제로 토론을 시작하겠습니다. 먼저 찬성 측에서 입론을 하신 후 반대 측에서 반대 신문을 해 주십시오.

찬성 1: 저희는 팬덤 활동이 청소년에게 긍정적 영향을 준다고 생각합니다. '팬덤'은 특정 인물이나 분야를 열정적으로 좋아하는 집단을 말합니다. 팬덤 활동을 통해 청소년들은 친구와 관심사를 공유하고 인간관계를 확장할 수 있습니다. 그리고 일상의 답답함에서 벗어나 공연장이나 경기장에서 스타를 응원하며 삶의 만족감을 얻을 수 있습니다. 최근의 한 조사에 따르면 팬덤 활동을 하는 청소년들과 하지 않는 청소년들의 삶의 만족도를 비교한 결과 팬덤 활동을 하는 청소년들의 만족도가 두 배 이상 높게 나타났습니다. 또 요즘 팬덤은 대중문화의 문제점을 지적하고 다양한 문화 운동을 하고 있어 청소년들은 팬덤 활동을 하며 문화 실천의 주체로 발전할 수도 있습니다. ㉠자신이 좋아하는 것을 좋다고 솔직하게 표현하며 건강하게 성장하는 청소년의 모습, 바람직하지 않습니까? 이상으로 입론을 마치겠습니다.

반대 2: 방금 조사 결과를 말씀하셨는데, 그 자료의 출처가 어딘가요?

찬성 1: 국내 유명 팬덤인 햇살 팬클럽에서 조사한 자료입니다.

반대 2: [A]

찬성 1: 저희는 자료에 문제가 없다고 생각합니다.

사회자: 이번에는 반대 측에서 입론을 하신 후 찬성 측에서 반대 신문을 해 주십시오.

반대 1: 저희는 팬덤 활동이 청소년에게 부정적 영향을 준다고 생각합니다. 그 근거로는 첫째, 팬덤은 다른 팬덤에 대해 배타적인 경향이 있습니다. 그래서 청소년들이 팬덤 활동을 하면 인간관계가 확장되는 것이 아니라 오히려 편협한 이기주의에 빠질 수밖에 없습니다. 둘째, 찬성 측에서는 팬덤 활동이 청소년에게 만족감을 준다고 하셨지만 그것은 스타에 대한 과도한 몰입이자 일종의 중독 현상으로 볼 수 있습니다. 셋째, 팬덤 참여자는 스타를 맹목적으로 숭배하기 때문에 문화 실천의 주체가 아니라 단순히 스타와 관련된 문화 상품을 소비하는 수동적 존재가 될 수 있습니다. 넷째, 최근 연하의 스타에게 열광하는 이모 팬덤, 삼촌 팬덤이 사회에 물의를 일으킨 것도 저희가 팬덤 활동을 반대하는 이유입니다. 이상으로 입론을 마치겠습니다.

찬성 1: 중독을 이야기하셨는데 어떤 의미로 사용하신 거죠?

반대 1: 중독은 어떤 대상에 너무 깊이 빠져서 정상적인 생활을 할 수 없는 상태를 말하는 겁니다.

찬성 1: 그러면 정상적으로 생활하면서도 팬덤 활동을 열심히 하는 대부분의 청소년들은 해당이 안 되는 거죠?

반대 1: 중독된 청소년도 많을 겁니다.

10. 토론의 맥락을 고려할 때, ㉠에 대한 이해로 가장 적절한 것은?

① 물음의 형식을 통해 자신의 주장이 옳음을 강조하는 발화이다.
② 실제 사례를 근거로 들어 자신의 주장이 정당함을 입증하는 발화이다.
③ 자신이 사용한 용어의 적절성에 대해 상대방의 의견을 묻는 발화이다.
④ 상대방의 견해를 일부 인정하면서도 자신의 입장을 재확인하는 발화이다.
⑤ 논의의 범위를 한정하기 위해 상대방에게 질문을 하고 답을 요구하는 발화이다.

11. 〈보기〉는 토론 전에 실시한 반대 측의 협의 내용의 일부이다. '찬성 1'의 발언과 〈보기〉를 고려할 때, [A]에 들어갈 말로 가장 적절한 것은?

〈 보 기 〉

반대 1: 반대 신문은 어떻게 하려고 해?
반대 2: 음, 만일 찬성 측이 자료를 제시한다면 먼저 그것부터 점검해 봐야 하지 않을까?
반대 1: 어떤 식으로?
반대 2: 자료의 출처가 불확실하다면 자료의 신뢰성을 문제 삼아야겠지. 또 자료가 편파적일 수 있다면 그 점을 부각하려고 해.

① 출처도 명확하지 않은 자료를 신뢰할 수 있나요?
② 그 자료는 저희에게 유리하게 해석될 수도 있지 않을까요?
③ 그것은 최근에 조사한 자료가 아니기 때문에 지금 현실과는 안 맞지 않나요?
④ 그 자료는 팬덤 활동을 하고 있는 청소년만을 대상으로 조사한 것이 아닌가요?
⑤ 팬덤 활동을 하는 단체에서 조사한 것이라면 그 자료가 공정하다고 할 수 있을까요?

12. 다음은 배심원이 작성한 평가표의 일부이다. 평가 내용으로 적절하지 않은 것은?

단계	평가 기준	토론자	평가 내용
입론	주장에 대한 근거가 타당한가?	찬성 1	• 친구와의 관심사 공유, 인간관계의 확장은 팬덤 활동의 긍정적 측면을 제시한 것이므로 타당함. ············① • 문화 실천의 주체로 발전할 수 있다는 점은 팬덤 활동의 긍정적 측면을 제시한 것이므로 타당함. ············②
입론	주장에 대한 근거가 타당한가?	반대 1	• 팬덤 활동의 배타성, 스타에 대한 맹목적 숭배는 팬덤 활동의 부정적 측면을 제시한 것이므로 타당함. ············③ • 이모 팬덤과 삼촌 팬덤이 사회적 물의를 일으켰다는 것은 논제에 부합하는 부정적 사례이므로 타당함. ············④
반대 신문	상대의 논리적 문제점을 적절하게 지적했는가?	찬성 1	• 상대방이 사용한 '중독'의 의미를 팬덤 참여자에게 보편적으로 적용하는 데 무리가 있음을 지적한 것은 적절함. ············⑤

<2> 실력 확인 문제

1. 〈개요〉의 빈칸에 들어갈 내용으로 적절하지 않은 것은?

〈2025 국가직〉

```
─────────〈 개 요 〉─────────

○ 제목 : 청소년 아르바이트의 실태와 노동 문제 개선 방안

Ⅰ. 청소년 아르바이트의 실태
  1. 열악한 노동 환경 및 복지 혜택 부족
  2. 임금 체불 및 최저 임금제 위반
  3. 사업장 내의 빈번한 폭언 및 폭행 발생

Ⅱ. 청소년 아르바이트의 노동 문제 발생 원인
  1. 청소년의 노동 환경에 대한 실효성 있는 제도 부족
  2. 노동 관계법에 관한 청소년 고용 업주의 인식 부족
  3. 청소년 노동자의 인권을 존중하지 않는 사회의 통념

Ⅲ. 청소년 아르바이트의 노동 문제 개선 방안
  [                                          ]
```

① 청소년의 노동 환경 개선을 위한 제도 정비
② 청소년 고용 업주에 대한 노동 관계법 교육과 지도 확대
③ 청소년 노동자의 인권 보호를 위한 사회적 교육 기관 설립
④ 청소년 고용 업체 규모 축소를 위한 정부의 지속적인 감독과 단속

2. 다음 대화를 분석한 내용으로 적절하지 않은 것은?

〈2025 국가직〉

> 보은 : 기차가 달리고 있는 선로에 다섯 명의 인부가 일하고 있고, 그들에게 그 기차를 피할 시간적 여유는 없어. 그런데 스위치를 눌러서 선로를 변경하면 다섯 명의 인부 대신 다른 선로에 있는 한 사람이 죽게 돼. 이 선택의 딜레마 상황에서 너희들은 어떻게 할 거야?
> 소현 : 이런 경우엔 행위에 따른 결과가 선택의 기준이 된다고 생각해. 그래서 나는 스위치를 눌러서 한 명이 죽더라도 다섯 명을 살리는 선택을 할 거야. 그건 결과적으로 봤을 때 불가피한 조치 아니겠어?
> 은주 : 글쎄, 행위에 따른 결과보다 행위 자체의 도덕성을 기준에 두어야 하는 거 아니야? 행위 자체의 도덕성을 따진다면, 스위치를 눌러서 사람을 '죽이는 것'과 아무것도 하지 않고 '죽게 내버려 두는 것' 중에 당연히 살인에 해당하는 전자가 더 나쁘지.
> 보은 : 나도 그렇게 생각해. 스위치를 누르면 살인이고, 누르지 않으면 방관일 텐데, 법적인 측면에서 보더라도 전자는 후자보다 무겁게 처벌되잖아. 게다가 생명의 가치는 수량화할 수 없으니 한 사람보다 다섯 사람이 가지는 생명의 가치가 더 크다고 말할 수 없어.
> 영민 : 생명의 가치를 수량화할 수 없다는 데 원론적으로는 나도 동의해. 하지만 지금처럼 불가피한 선택의 상황에서 무엇보다 우선해야 할 것은 명확한 기준을 세우는 일이야. 나는 이 상황에서 어떻게 하면 죽는 사람의 수를 최소화하는가가 그 기준이 되어야 한다고 생각해.

① 스위치를 누르는 일을 살인으로 본다는 점에 대해 은주는 보은과 견해를 같이한다.
② 생명의 가치를 수량화할 수 없다는 점에 대해 영민은 원론적으로는 보은과 견해를 같이한다.
③ 선택의 딜레마 상황에서 소현은 행위에 따른 결과를, 은주는 행위 자체의 도덕성을 선택의 기준으로 삼는다.
④ 인명피해가 불가피한 선택의 상황에 놓인다면, 영민은 죽는 사람의 수를 최소화하는 선택을 하고, 소현은 그렇게 하지 않는다.

3. 〈지침〉에 따라 〈개요〉를 작성할 때 (가)~(라)에 들어갈 내용으로 적절하지 않은 것은? 〈2025 지방직〉

―〈 지 침 〉―
○ 서론은 보고서 작성의 배경과 필요성을 포함할 것.
○ 본론은 제목에서 밝힌 내용을 2개의 장으로 구성하되, 2장의 하위 항목이 3장의 하위 항목과 서로 대응하도록 할 것.
○ 결론은 기대 효과와 향후 과제를 순서대로 제시할 것.

―〈 개 요 〉―
○ 제목: 국내 방송 산업의 친환경 제작 현황과 그 확산을 위한 정책 지원 방안

1장 서론
  1. 환경 위기에 대응하기 위한 해외 방송 산업의 정책 변화
  2. _____(가)_____

2장 국내 방송 산업의 친환경 제작 현황
  1. _____(나)_____
  2. 국내 친환경 방송 제작 관련 전문 인력 부재

3장 국내 방송 산업의 친환경 제작 확산을 위한 정책 지원 방안
  1. 국내 방송 산업의 특성을 반영한 친환경 제작 지침의 마련
  2. _____(다)_____

4장 결론
  1. _____(라)_____
  2. 현장 적용을 위한 정책 실행의 단계적 평가 및 개선

① (가): 국내 방송 산업의 친환경 제작 전략의 필요성
② (나): 국내 방송 산업 내 친환경 제작을 위한 지침 부재
③ (다): 국내 친환경 방송 제작 관련 전문 인력 채용의 제도화
④ (라): 친환경 방송 제작을 위한 세부 지침과 인력 채용 방안 제시

공무원 독해

새로운
독해 2

- 출제 기조 전환 유형편

PART 9

강화, 약화 추론

PART 9 강화, 약화 추론

PART 9: 본래의 입장이 있는데, 반대로 주장한 쪽의 입장이 맞다면, 본래의 입장은 약화된다.
전건도 맞고 후건도 맞으면 입증 사례이다.(강화)
전건은 맞지만 후건이 틀리면 반증 사례이다.(약화)
가령, '까마귀는 검다.'라는 문장이 있다.
만약, 까마귀인데, 역시 검다면 강화 사례이다.
까마귀인데, 검지 않다면(즉, 전건은 긍정한 상태에서 후건이 부정되면) 이것은 약화 사례이다.

<발문의 유형 확인>

Q. 다음 글의 밑줄 친 주장을 강화하는 사례로 가장 적절한 것은?

선지 : '강화한다, 약화한다'로 구성

<0> 출제 기조 전환 대표 문항

0. ㉠을 평가한 내용으로 적절한 것만을 <보기>에서 모두 고르면?　　〈출제기조 전환 1차 예시문제〉

> 흔히 '일곱 빛깔 무지개'라는 말을 한다. 서로 다른 빛깔의 띠 일곱 개가 무지개를 이루고 있다는 뜻이다. 영어나 프랑스어를 비롯해 다른 자연언어들에도 이와 똑같은 표현이 있는데, 이는 해당 자연언어가 무지개의 색상에 대응하는 색채 어휘를 일곱 개씩 지녔기 때문이라고 할 수 있다.
>
> 언어학자 사피어와 그의 제자 워프는 여기서 어떤 영감을 얻었다. 그들은 서로 다른 언어를 쓰는 아메리카 원주민들에게 무지개의 띠가 몇 개냐고 물었다. 대답은 제각각 달랐다. 사피어와 워프는 이 설문 결과에 기대어, 사람들은 자신의 언어에 얽매인 채 세계를 경험한다고 판단했다. 이 판단으로부터, "우리는 모국어가 그어놓은 선에 따라 자연세계를 분단한다."라는 유명한 발언이 나왔다. 이에 따르면 특정 현상과 관련한 단어가 많을수록 해당 언어권의 화자들은 그 현상에 대해 심도 있게 경험하는 것이다. 언어가 의식을, 사고와 세계관을 결정한다는 이 견해는 ㉠사피어-워프 가설이라 불리며 언어학과 인지과학의 논란거리가 되어왔다.

〈 보 기 〉

ㄱ. 눈[雪]을 가리키는 단어를 4개 지니고 있는 이누이트족이 1개 지니고 있는 영어 화자들보다 눈을 넓고 섬세하게 경험한다는 것은 ㉠을 강화한다.

ㄴ. 수를 세는 단어가 '하나', '둘', '많다' 3개뿐인 피라하족의 사람들이 세 개 이상의 대상을 모두 '많다'고 인식하는 것은 ㉠을 강화한다.

ㄷ. 색채 어휘가 적은 자연언어 화자들이 색채 어휘가 많은 자연언어 화자들에 비해 색채를 구별하는 능력이 뛰어나다는 것은 ㉠을 약화한다.

① ㄱ
② ㄱ, ㄴ
③ ㄴ, ㄷ
④ ㄱ, ㄴ, ㄷ

<문항 분석>

0. ㉠을 평가한 내용으로 적절한 것만을 〈보기〉에서 모두 고르면?

> 흔히 '일곱 빛깔 무지개'라는 말을 한다. 서로 다른 빛깔의 띠 일곱 개가 무지개를 이루고 있다는 뜻이다. 영어나 프랑스어를 비롯해 다른 자연언어들에도 이와 똑같은 표현이 있는데, 이는 해당 자연언어가 무지개의 색상에 대응하는 색채 어휘를 일곱 개씩 지녔기 때문이라고 할 수 있다.
>
> 언어학자 사피어와 그의 제자 워프는 여기서 어떤 영감을 얻었다. 그들은 서로 다른 언어를 쓰는 아메리카 원주민들에게 무지개의 띠가 몇 개냐고 물었다. 대답은 제각각 달랐다. 사피어와 워프는 이 설문 결과에 기대어, 사람들은 자신의 언어에 얽매인 채 세계를 경험한다고 판단했다. 이 판단으로부터, "우리는 모국어가 그어놓은 선에 따라 자연세계를 분단한다."라는 유명한 발언이 나왔다. 이에 따르면 특정 현상과 관련한 단어가 많을수록 해당 언어권의 화자들은 그 현상에 대해 심도 있게 경험하는 것이다. 언어가 의식을, 사고와 세계관을 결정한다는 이 견해는 ㉠<u>사피어–워프 가설</u>이라 불리며 언어학과 인지과학의 논란거리가 되어왔다.

─〈 보 기 〉─

ㄱ. 눈[雪]을 가리키는 단어를 4개 지니고 있는 이누이트족이 1개 지니고 있는 영어 화자들보다 눈을 넓고 섬세하게 경험한다는 것은 ㉠을 강화한다.
(해당 사례는 '언어가 사고와 세계관을 결정한다'라는 주장에 대한 입증 사례가 된다. 단어를 더 가지고 있으면, 더 섬세한 경험(사고와 세계관)이 가능하기 때문이다.)

ㄴ. 수를 세는 단어가 '하나', '둘', '많다' 3개뿐인 피라하족의 사람들이 세 개 이상의 대상을 모두 '많다'고 인식하는 것은 ㉠을 강화한다.
(해당 사례는 '언어가 사고를 결정한다.'라는 주장에 대한 입증 사례가 된다. 언어가 하나, 둘 이외에는 많다로만 수를 표현하므로 세 개의 대상부터는 많다라고 '인식'하고 있다. 즉, 해당 사례는 언어가 사고를 결정하는 사례이다.)

ㄷ. 색채 어휘가 적은 자연언어 화자들이 색채 어휘가 많은 자연언어 화자들에 비해 색채를 구별하는 능력이 뛰어나다는 것은 ㉠을 약화한다.
(색채 어휘가 적은 자연언어 화자들이 색채 어휘가 많은 자연언어 화자들에 비해 색채를 구별하는 능력이 뛰어나다는 것은 사피어–워프 가설에 정면으로 반박되는 사례이다. 사피어–워프 가설에 따르면 언어가 사고에 영향을 준다. 따라서 언어에 색채 어휘가 많아야 색채 구별이 잘 되어야 한다. 그런데 색채 어휘가 적어도 구별을 잘하는 것은 사피어–워프 가설의 반박 사례가 되므로, ㉠을 약화한다.)

① ㄱ
② ㄱ, ㄴ
③ ㄴ, ㄷ
④ ㄱ, ㄴ, ㄷ

정답 : ④

<1> 실전 연습 문제

1. 다음 글의 밑줄 친 주장을 강화하는 사례로 가장 적절한 것은?

어떤 집단의 특성을 드러내고, 집단들 사이의 특성을 비교하기 위해 흔히 사용되고 있는 것이 평균값이다. 이는 우리가 일상적으로 '평균 연령', '평균 신장', '평균 점수' 등의 용어를 자주 사용하고 있는 데에서 잘 드러난다. 예를 들어 우리는 어떤 지역 사람들의 평균 수명이 다른 지역 사람들의 평균 수명보다 월등하게 높다는 것을 이유로 '장수마을'이라는 명칭을 붙이기도 하고, 이 지역 사람들은 대체로 오래 살 것이라 생각한다. 이렇게 평균값을 사용하여 어떤 집단의 특성을 드러내는 것은 편리하고 유용한 방식이라고 할 수 있다. 그러나 <u>어떤 속성에 대한 평균값만으로 그 속성에 관한 집단의 실상을 드러내는 데에는 한계가 있다.</u>

① A지역 사람들은 대학진학률이 높지만, B지역 사람들은 취업률이 높다.
② C지역의 평균 소득은 매우 높지만, 그 지역 사람들 대부분은 빈곤하다.
③ D지역 사람들의 평균 신장은 크지만, 그 지역 사람들 대부분은 뚱뚱하지 않다.
④ E지역 사람들의 평균 수명은 짧지만, F지역 사람들의 평균 수명은 그렇지 않다.
⑤ G지역의 평균 기온은 25도 내외지만, 그 지역 사람들 대부분은 수영을 하지 못한다.

2. (가)와 (나)에 대한 평가로 적절한 것만을 〈보기〉에서 모두 고르면?

(가) 어린 시절 과학 선생님께 가을에 단풍이 드는 까닭을 물어본 적이 있다면, 단풍은 "나무가 겨울을 나려고 잎을 떨어뜨리다 보니 생기는 부수적인 현상"이라는 답을 들었을 것이다. 보통 때는 초록빛을 내는 색소인 엽록소가 카로틴, 크산토필 같은 색소를 가리므로 우리는 잎에서 다른 빛깔을 보지 못한다. 가을이 오면, 잎을 떨어뜨리고자 잎자루 끝에 떨켜가 생기면서 가지와 잎 사이의 물질 이동이 중단된다. 이에 따라 엽록소가 파괴되면서 감춰졌던 다른 색소들이 자연스럽게 드러나서 잎이 노랗거나 주홍빛을 띠게 된다. 요컨대 단풍은 나무가 월동 준비 과정에서 우연히 생기는 부산물이다.

(나) 생물의 내부를 들여다보면 화려한 색은 거의 눈에 띄지 않는다. 물론 척추동물의 몸 속에 흐르는 피는 예외이다. 상처가 난 당사자에게 피의 강렬한 색이 사태의 시급성을 알려 준다면, 피의 붉은 색깔은 특정한 목적을 가지고 진화적으로 출현했다고 볼 수 있다. 마찬가지로 타는 듯한 가을 단풍은 나무가 해충에 보내는 경계 신호라고 볼 수 있다. 진딧물처럼 겨울을 나기 위해 가을에 적당한 나무를 골라서 알을 낳는 곤충들을 향해 나무가 자신의 경계 태세가 얼마나 철저한지 알려 주는 신호가 가을 단풍이라는 것이다. 단풍의 색소를 만드는 데는 적지 않은 비용이 따르므로, 오직 건강한 나무만이 진하고 뚜렷한 가을 빛깔을 낼 수 있다. 진딧물은 이러한 신호들에 반응해서 가장 형편없이 단풍이 든 나무에 내려앉는다. 휘황찬란한 단풍은 나무와 곤충이 진화하면서 만들어 낸 적응의 결과물이다.

〈보기〉

ㄱ. 단풍이 드는 나무 중에서 떨켜를 만들지 않는 종이 있다는 연구 결과는 (가)의 주장을 강화한다.

ㄴ. 식물의 잎에서 주홍빛을 내는 색소가 가을에 새롭게 만들어진다는 연구 결과는 (가)의 주장을 강화한다.

ㄷ. 가을에 인위적으로 어떤 나무의 단풍색을 더 진하게 만들었더니 그 나무에 알을 낳는 진딧물의 수가 줄었다는 연구 결과는 (나)의 주장을 강화한다.

① ㄱ
② ㄷ
③ ㄱ, ㄴ
④ ㄴ, ㄷ
⑤ ㄱ, ㄴ, ㄷ

[3] 다음 글을 읽고 물음에 답하시오.

눈이나 귀에는 각각 고유의 기능이 있다. 그 기능을 잘 수행하는 상태가 훌륭한 상태이고, 그 기능을 잘 수행하지 못하는 상태가 나쁜 상태이다. 혼이나 정신은 다스리는 기능을 한다. 혼이나 정신도 눈이나 귀와 마찬가지로 훌륭한 상태에서 고유의 기능을 가장 잘 수행한다. 따라서 훌륭한 상태의 혼은 잘 다스리지만 나쁜 상태에 있는 혼은 잘못 다스린다.

올바름 혹은 도덕적임은 혼이나 정신의 훌륭한 상태이지만, 올바르지 못함은 혼이나 정신의 나쁜 상태이다. 올바른 혼과 정신을 가진 사람은 훌륭하게 살지만, 그렇지 못한 사람은 잘못 산다. 또한 훌륭하게 사는 사람, 즉 도덕적인 사람은 행복할 것이며, 행복한 것은 그에게 이익을 준다. 따라서 도덕적인 것은 이익이 되는 것이다.

3. 윗글에 제시된 논증에 대한 평가로 적절한 것만을 〈보기〉에서 모두 고른 것으로 적절한 것은?

〈 보 기 〉

ㄱ. 도덕적으로 살고 있음에도 불행한 사람이 존재한다는 것은 이 논증을 약화한다.
ㄴ. 도덕적으로 살지 않는 것은 이익이 되지 않는다는 주장이 이 논증으로부터 타당하게 추론된다.
ㄷ. 눈이나 귀가 고유의 기능을 잘 수행하더라도 눈이나 귀를 도덕적이라고 하지 않는 것은 이 논증을 강화한다.

① ㄱ
② ㄷ
③ ㄱ, ㄴ
④ ㄴ, ㄷ
⑤ ㄱ, ㄴ, ㄷ

[4] 다음 글을 읽고 물음에 답하시오.

지금까지 알려진 적이 없는 어느 부족의 언어를 최초로 번역해야 하는 번역자 S를 가정하자. S가 사용할 수 있는 자료는 부족민들의 언어 행동에 관한 관찰 증거뿐이다. S는 부족민들의 말을 듣던 중에 여러 번 '가바가이'라는 말소리를 알아들었는데, 그때마다 항상 눈앞에 토끼가 있다는 사실을 관찰했다. 이에 S는 '가바가이'를 하나의 단어로 추정하면서 그에 대한 몇 가지 가능한 번역어를 생각했다. 그것은 '한 마리의 토끼'라거나 '살아있는 토끼' 등 여러 상이한 의미로 번역될 수 있었다. 관찰 가능한 증거들은 이런 번역 모두와 어울렸기 때문에 S는 어느 번역이 옳은지 결정할 수 없었다.

이 문제를 해결하는 방안으로 제시된 ⊙이론 A는 전체의 의미로부터 그 구성요소의 의미를 결정하고자 한다. 즉, 문제의 단어를 포함하는 문장들을 충분히 모아 각 문장의 의미를 확정한 후에 이것을 기반으로 각 문장의 구성요소에 해당하는 단어의 의미를 결정하려는 것이다. 이런 점은 과학에서 단어의 의미를 확정하는 사례를 통해서 분명하게 드러난다. 예를 들어, '분자'의 의미는 "기체의 온도는 기체를 구성하는 분자들의 충돌에 의한 것이다."와 같은 문장들의 의미를 확정함으로써 결정할 수 있다. 그리고 이 문장들의 의미는 수많은 문장들로 구성된 과학 이론 속에서 결정될 것이다. 결국 과학의 단어가 지니는 의미는 과학 이론에 의존하게 되는 것이다.

4. 윗글의 ⊙에 대한 평가로 적절한 것을 〈보기〉에서 모두 고른 것은?

〈 보 기 〉

ㄱ. "고래는 포유류이다."의 의미를 확정하기 위해서는 먼저 '포유류'의 의미를 결정해야 한다는 점은 ⊙을 강화한다.
ㄴ. 뉴턴역학에서 사용되는 '힘'이라는 단어의 의미가 뉴턴역학에 의거하여 결정될 수 있다는 점은 ⊙을 강화한다.
ㄷ. 토끼와 같은 일상적인 단어는 언어 행위에 대한 직접적인 관찰 증거만으로 그 의미를 결정할 수 있다는 점은 ⊙을 약화한다.

① ㄱ   ② ㄴ   ③ ㄱ, ㄴ
④ ㄴ, ㄷ   ⑤ ㄱ, ㄴ, ㄷ

5. 다음 갑~병의 주장에 대한 평가로 적절한 것만을 〈보기〉에서 모두 고르면?

갑: 어떤 나라의 법이 불공정하거나 악법이라고 해도 그 나라의 시민은 그것을 준수해야 한다. 그 나라의 시민으로 살아간다는 것이 법을 준수하겠다는 암묵적인 합의를 한 것이나 마찬가지이기 때문이다. 우리에게는 약속을 지켜야 할 의무가 있다. 만일 우리의 법이 마음에 들지 않았다면 처음부터 이 나라를 떠나 이웃 나라로 이주할 수 있는 자유가 언제나 있었던 것이다. 이 나라에서 시민으로 일정 기간 이상 살았다면 법을 그것의 공정 여부와 무관하게 마땅히 지켜야만 하는 것이 우리 시민의 의무이다.

을: 법을 지키겠다는 암묵적 합의는 그 법이 공정한 것인 한에서만 유효한 것이다. 만일 어떤 법이 공정하지 않다면 그런 법을 지키는 것은 오히려 타인의 인권을 침해할 소지가 있고, 따라서 그런 법의 준수를 암묵적 합의의 일부로 간주해서는 안 될 것이다. 그러므로 공정한 법에 대해서만 선별적으로 준수의 의무를 부과하는 것이 타당하다.

병: 법은 정합적인 체계로 구성되어 있어서 어떤 개별 법 조항도 다른 법과 무관하게 독자적으로 주어질 수 없다. 모든 법은 상호 의존적이어서 어느 한 법의 준수를 거부하면 반드시 다른 법의 준수 여부에도 영향을 미칠 수밖에 없다. 예를 들어, 조세법이 부자에게 유리하고 빈자에게 불리한 불공정한 법이라고 해서 그것 하나만 따로 떼어내어 선별적으로 거부한다는 것은 불가능하다. 그렇게 했다가는 결국 아무 문제가 없는 공정한 법의 준수 여부에까지 영향을 미치게 될 것이다. 따라서 법의 선별적 준수는 전체 법체계의 유지에 큰 혼란을 불러올 우려가 있으므로 받아들여서는 안 된다.

〈 보 기 〉

ㄱ. 예외적인 경우에 약속을 지키지 않아도 된다면 갑의 주장은 강화된다.
ㄴ. 법의 공정성을 판단하는 별도의 기준이 없다면 을의 주장은 약화된다.
ㄷ. 이민자를 차별하는 법이 존재한다면 병의 주장은 약화된다.

① ㄱ ② ㄴ ③ ㄱ, ㄷ
④ ㄴ, ㄷ ⑤ ㄱ, ㄴ, ㄷ

6. 다음 A~C의 주장에 대한 평가로 적절한 것만을 〈보기〉에서 모두 고르면?

> **A**: 정당에 대한 충성도와 공헌도를 공직자 임용 기준으로 삼아야 한다. 이는 전쟁에서 전리품은 승자에게 속한다는 국제법의 규정에 비유할 수 있다. 즉 주기적으로 실시되는 대통령 선거에서 승리한 정당이 공직자 임용의 권한을 가져야 한다. 이러한 임용 방식은 공무원에 대한 정치 지도자의 지배력을 강화시켜 지도자가 구상한 정책 실현을 용이하게 할 수 있다.
>
> **B**: 공직자 임용 기준은 개인의 능력·자격·적성에 두어야 하며 공개경쟁 시험을 통해 공무원을 선발하는 것이 좋다. 그러면 신규 채용 과정에서 공개와 경쟁의 원칙이 준수되기 때문에 정실 개입의 여지가 줄어든다. 공개경쟁 시험은 무엇보다 공직자 임용에서 기회균등을 보장하여 우수한 인재를 임용함으로써 행정의 능률을 높일 수 있고 공무원의 정치적 중립을 통하여 행정의 공정성이 확보될 수 있다는 장점을 가지고 있다. 또한 공무원의 신분보장으로 행정의 연속성과 직업적 안정성도 강화될 수 있다.
>
> **C**: 사회를 구성하는 모든 지역 및 계층으로부터 인구 비례에 따라 공무원을 선발하고, 그들을 정부 조직 내의 각 직급에 비례적으로 배치함으로써 정부 조직이 사회의 모든 지역과 계층에 가능한 한 공평하게 대응하도록 구성되어야 한다. 공무원들은 가치 중립적인 존재가 아니다. 그들은 자신의 출신 집단의 영향을 받은 가치관과 신념을 가지고 정책 결정과 정책 집행에 깊숙이 개입하고 있으며, 이 과정에서 자신의 견해나 가치를 반영하고자 노력한다.

〈 보 기 〉

ㄱ. 공직자 임용의 정치적 중립성을 보장할 필요성이 대두된다면, A의 주장은 설득력을 얻는다.
ㄴ. 공직자 임용과정의 공정성을 높일 필요성이 부각된다면, B의 주장은 설득력을 얻는다.
ㄷ. 인구의 절반을 차지하는 비수도권 출신 공무원의 비율이 1/4에 그쳐 지역 편향성을 완화할 필요성이 제기된다면, C의 주장은 설득력을 얻는다.

① ㄱ ② ㄴ ③ ㄷ
④ ㄱ, ㄷ ⑤ ㄴ, ㄷ

7. 다음 글의 밑줄 친 주장을 강화하는 사례만을 〈보기〉에서 모두 고르면?

최근에 트랜스 지방은 그 건강상의 위해 효과 때문에 주목받고 있다. 우리가 즐겨 먹는 많은 식품에는 트랜스 지방이 숨어 있다. 그렇다면 트랜스 지방이란 무엇일까?

지방에는 불포화 지방과 포화 지방이 있다. 식물성 기름의 주성분인 불포화 지방은 포화 지방에 비하여 수소의 함유 비율이 낮고 녹는점도 낮아 상온에서 액체인 경우가 많다.

불포화 지방은 그 안에 존재하는 이중 결합에서 수소 원자들의 결합 형태에 따라 시스(cis)형과 트랜스(trans)형으로 나뉘는데 자연계에 존재하는 대부분의 불포화 지방은 시스형이다. 그런데 조리와 보존의 편의를 위해 액체 상태인 식물성 기름에 수소를 첨가하여 고체 혹은 반고체 상태로 만드는 과정에서 트랜스 지방이 만들어진다. 그래서 대두, 땅콩, 면실유를 경화시켜 얻은 마가린이나 쇼트닝은 트랜스 지방의 함량이 높다. 또한 트랜스 지방은 식물성 기름을 고온으로 가열하여 음식을 튀길 때도 발생한다. 따라서 튀긴 음식이나 패스트푸드에는 트랜스 지방이 많이 들어 있다.

<u>트랜스 지방은 포화 지방인 동물성 지방처럼 심혈관계에 해롭다.</u> 트랜스 지방은 혈관에 나쁜 저밀도지방단백질(LDL)의 혈중 농도를 증가시키는 한편 혈관에 좋은 고밀도지방단백질(HDL)의 혈중 농도는 감소시켜 혈관벽을 딱딱하게 만들어 심장병이나 동맥경화를 유발하고 악화시킨다.

〈 보 기 〉

ㄱ. 쥐의 먹이에 함유된 트랜스 지방 함량을 2% 증가시키자 쥐의 심장병 발병률이 25% 증가하였다.
ㄴ. 사람들이 마가린을 많이 먹는 지역에서 마가린의 트랜스 지방 함량을 낮추자 동맥경화의 발병률이 1년 사이에 10% 감소하였다.
ㄷ. 성인 1,000명에게 패스트푸드를 일정 기간 지속적으로 섭취하게 한 후 검사해 보니, HDL의 혈중 농도가 섭취 전에 비해 20% 감소하였다.

① ㄱ ② ㄴ ③ ㄱ, ㄷ
④ ㄴ, ㄷ ⑤ ㄱ, ㄴ, ㄷ

<2> 실력 확인 문제

[1] 다음 글을 읽고 물음에 답하시오.

〈출제기조 전환 1차 예시문제〉

> 영국의 유명한 원형 석조물인 스톤헨지는 기원전 3,000년경 신석기시대에 세워졌다. 1960년대에 천문학자 호일이 스톤헨지가 일종의 연산장치라는 주장을 하였고, 이후 엔지니어인 톰은 태양과 달을 관찰하기 위한 정교한 기구라고 확신했다. 천문학자 호킨스는 스톤헨지의 모양이 태양과 달의 배열을 나타낸 것이라는 의견을 제시해 관심을 모았다.
>
> 그러나 고고학자 앳킨슨은 그들의 생각을 비난했다. 앳킨슨은 스톤헨지를 세운 사람들을 '야만인'으로 묘사하면서, 이들은 호킨스의 주장과 달리 과학적 사고를 할 줄 모른다고 주장했다. 이에 호킨스를 옹호하는 학자들이 진화적 관점에서 앳킨슨을 비판하였다. 이들은 신석기시대보다 훨씬 이전인 4만 년 전의 사람들도 신체적으로 우리와 동일했으며 지능 또한 우리보다 열등했다고 볼 근거가 없다고 주장했다.
>
> 하지만 스톤헨지의 건설자들이 포괄적인 의미에서 현대인과 같은 지능을 가졌다고 해도 과학적 사고와 기술적 지식을 가지지는 못했다. 그들에게는 우리처럼 2,500년에 걸쳐 수학과 천문학의 지식이 보존되고 세대를 거쳐 전승되어 쌓인 방대하고 정교한 문자 기록이 없었다. 선사시대의 생각과 행동이 우리와 똑같은 식으로 전개되지 않았으리라는 점은 매우 중요하다. 지적 능력을 갖췄다고 해서 누구나 우리와 같은 동기와 관심, 개념적 틀을 가졌으리라고 생각하는 것은 잘못이다.

1. 윗글에 대해 평가한 내용으로 가장 적절한 것은?

① 스톤헨지가 제사를 지내는 장소였다는 후대 기록이 발견되면 호킨스의 주장은 강화될 것이다.

② 스톤헨지 건설 당시의 사람들이 숫자를 사용하였다는 증거가 발견되면 호일의 주장은 약화될 것이다.

③ 스톤헨지의 유적지에서 수학과 과학에 관련된 신석기시대 기록물이 발견되면 글쓴이의 주장은 강화될 것이다.

④ 기원전 3,000년경 인류에게 천문학 지식이 있었다는 증거가 발견되면 앳킨슨의 주장은 약화될 것이다.

2. 다음 글의 ㉠을 강화하는 것만을 〈보기〉에서 모두 고르면?

〈출제기조 전환 2차 예시문제〉

> 신석기시대에 들어 인류는 제대로 된 주거 공간을 만들게 되었다. 인류의 초기 주거 유형은 특히 바닥을 어떻게 만드느냐에 따라 구분된다. 이는 지면을 다지거나 조금 파고 내려가 바닥을 만드는 '움집형'과 지면에서 떨어뜨려 바닥을 설치하는 '고상(高床)식'으로 나뉜다.
>
> 중국의 고대 문헌에 등장하는 '혈거'와 '소거'가 각각 움집형과 고상식 건축이다. 움집이 지붕으로 상부를 막고 아랫부분은 지면을 그대로 활용하는 지붕 중심 건축이라면, 고상식 건축은 지면에서 오는 각종 침해에 대비해 바닥을 높이 들어 올린 바닥 중심 건축이라 할 수 있다. 인류의 주거 양식은 혈거에서 소거로 진전되었다는 가설이 오랫동안 지배했다. 바닥을 지면보다 높게 만드는 것이 번거롭고 어렵다고 여겼기 때문이다. 그런데 1970년대에 중국의 허무두에서 고상식 건축의 유적이 발굴되면서 새로운 ㉠주장이 제기되었다. 그것은 혈거와 소거가 기후에 따라 다른 자연환경에 적응해 발생했다는 것이다.

〈 보 기 〉

ㄱ. 우기에 비가 넘치는 산간 지역에서는 고상식 주거 건축물 유적만 발견되었다.

ㄴ. 움집형 집과 고상식 집이 공존해 있는 주거 양식을 보여주는 집단의 유적지가 발견되었다.

ㄷ. 여름에는 고상식 건축물에서, 겨울에는 움집형 건축물에서 생활한 집단의 유적이 발견되었다.

① ㄱ, ㄴ
② ㄱ, ㄷ
③ ㄴ, ㄷ
④ ㄱ, ㄴ, ㄷ

[3] 다음 글을 읽고 물음에 답하시오.

〈출제기조 전환 2차 예시문제〉

일반적으로 한 나라의 문학, 즉 '국문학'은 "그 나라의 말과 글로 된 문학"을 지칭한다. 그래서 우리나라에서 국문학에 대한 근대적 논의가 처음 시작될 무렵에는 (가)국문학에서 한문으로 쓰인 문학을 배제하자는 주장이 있었다. 국문학 연구가 점차 전문화되면서, 한문문학 배제론자와 달리 한문문학을 배제하는 데 있어 신축성을 두는 절충론자의 입장이 힘을 얻었다. 절충론자들은 국문학의 범위를 획정하는 데 있어 (나)종래의 국문학의 정의를 기본 전제로 하되, 일부 한문문학을 국문학으로 인정하자고 주장했다. 즉 한문으로 쓰여진 문학을 국문학에서 완전히 배제하지 않고, 전자 중 일부를 후자의 주변부에 위치시키는 것으로 국문학의 영역을 구성한 것이다. 이에 따라 국문학을 지칭할 때에는 '순(純)국문학'과 '준(準)국문학'으로 구별하게 되었다. 작품에 사용된 문자의 범주에 따라서 전자는 '좁은 의미의 국문학', 후자는 '넓은 의미의 국문학'이라고도 칭할 수 있다.

하지만 이런 절충안을 취하더라도 순국문학과 준국문학을 구분하는 데에는 논자마다 차이가 있다. 어떤 이는 국문으로 된 것은 전자에, 한문으로 된 것은 후자에 귀속시켰다. 다른 이는 훈민정음 창제 이전과 이후로 나누어 국문학의 영역을 구분하였다. 훈민정음 창제 이전의 문학은 차자표기건 한문표기건 모두 국문학으로 인정하고, 창제 이후의 문학은 국문문학만을 순국문학으로 규정하고 한문문학 중 '국문학적 가치'가 있는 것을 준국문학에 귀속시켰다.

3. 윗글의 (가)와 (나)의 주장에 대해 평가한 내용으로 가장 적절한 것은?

① 국문으로 쓴 작품보다 한문으로 쓴 작품이 해외에서 문학적 가치를 더 인정받는다면 (가)의 주장은 강화된다.

② 국문학의 정의를 '그 나라 사람들의 사상과 정서를 그 나라 말과 글로 표현한 문학'으로 수정하면 (가)의 주장은 약화된다.

③ 표기문자와 상관없이 그 나라의 문화를 잘 표현한 문학을 자국문학으로 인정하는 것이 보편적인 관례라면 (나)의 주장은 강화된다.

④ 훈민정음 창제 이후에도 차자표기로 된 문학작품이 다수 발견된다면 (나)의 주장은 약화된다.

4. 다음 글의 논지를 강화하는 것으로 가장 적절한 것은?

〈2025 국가직〉

A국은 도시 이외 지역의 초중고 교사가 부족하다. 이 상황을 심각하게 받아들인 A국 정부는 도시 이외 지역의 교사 충원율을 높이기 위해, 도시 이외 지역의 교사 연봉을 10% 인상하고 교사 양성 프로그램을 확대하는 정책을 제시했다. 하지만 이 정책은 근본적인 해결책이 되기 어렵다. 문제를 해결하기 위해서는, 단기간에 교사의 수를 늘리거나 교사의 연봉을 인상하기보다는 도시 이외의 지역에서 근무할 수 있는 충분한 교육 환경과 사회 기반 시설을 확보하는 것이 급선무이다. 현직 교사들뿐 아니라 교사를 지망하는 대학 졸업 예정자들 다수는 교육 환경과 사회 기반 시설이 열악한 도시 이외의 지역에서 일하기를 꺼리기 때문이다.

① A국은 정부의 교육 예산이 풍부해서 도시 이외 지역의 교육 환경과 도시의 교육 환경에 별 차이가 없다는 것이 밝혀졌다.

② A국에서 도시 이외의 지역에 근무하던 사회 초년생들이 연봉을 낮추어서라도 도시로 이직한 주된 이유는 교통 시설의 부족으로 밝혀졌다.

③ A국과 유사한 상황이었던 B국에서는 교사 연봉을 5% 인상한 후, 도시 이외 지역의 학생 1인당 교사 비율이 크게 증가했다.

④ A국과 유사한 상황이었던 C국에서는 교사 양성 프로그램을 확대한 이후에 도시뿐 아니라 도시 이외의 지역에서 교사의 수가 크게 증가했다.

5. 다음 글의 (가)를 강화하는 것으로 가장 적절한 것은?

〈2025 국가직〉

쿤은 자연과학과 사회과학 모두를 포함하는 과학의 발전 단계를 세 시기로 구분한다. 패러다임을 한 번도 정립하지 못한 전정상과학 시기, 하나의 패러다임이 지배하는 정상과학 시기, 기존 패러다임이 새 패러다임으로 교체되는 과학혁명 시기가 그것이다. 패러다임은 모든 과학자에게 동일한 연구 방향 및 평가 기준을 따르게 하여, 연구의 효율성을 높이고 과학의 발전 단계를 성숙한 수준으로 올려놓는다. 한 번도 패러다임을 정립하지 못해 전정상과학 시기에 머물러 있는 과학 분야는 과학자 모두가 제각기 연구 활동을 한다. 과학의 발전 단계상 성숙한 수준에 도달하지 못한 것이다. 어떤 과학 분야라도 패러다임을 정립하면 정상과학 시기에 들어서게 되는데, 그 뒤에 다시 전정상과학 시기로 되돌아갈 수는 없다. 정상과학 시기는 언제나 과학혁명 시기로 이어지고, 과학혁명 시기는 언제나 정상과학 시기로 이어지기 때문이다. 정상과학 시기의 과학자는 동일한 패러다임에 따라, 과학혁명 시기의 과학자는 기존 패러다임 혹은 새 패러다임에 따라 과학 활동을 하기에 그 두 시기에 있는 과학 분야는 모두 성숙한 수준에 도달해 있는 것이다. 이 구분에 따를 때, (가)일부 사회과학 분야는 과학의 발전 단계상 아직도 성숙한 수준에 도달하지 못했다는 것이 쿤의 진단이다.

① 패러다임이 교체된 적이 있지만 과학자들의 연구 방향 및 평가 기준이 동일한 사회과학 분야가 있다.
② 패러다임이 교체되는 중이고 과학자들의 연구 방향 및 평가 기준이 서로 다른 사회과학 분야가 있다.
③ 패러다임이 정립된 적이 있지만 과학자들의 연구 방향 및 평가 기준이 서로 다른 사회과학 분야가 있다.
④ 패러다임이 정립된 적이 없고 과학자들의 연구 방향 및 평가 기준이 서로 다른 사회과학 분야가 있다.

6. 다음 글의 논지를 약화하는 것으로 가장 적절한 것은?

〈2025 지방직〉

인간이 지닌 대부분의 지적 능력을 상회하는 기능을 발휘하는 인공지능 컴퓨터 프로그램이나 이 프로그램을 사용해 작동하는 기계 장치를 '인공일반지능'이라고 부른다. 이론적으로 인공일반지능은 현재까지 개발된 모든 인공지능 프로그램의 기능을 전부 갖게 될 것이다. 인공일반지능의 등장이 인간의 본질적 가치를 훼손할 것이라고 우려하는 사람들이 있다. 그렇다면 인공일반지능의 개발은 허용되어야 하는가?

인공일반지능의 개발이 허용된다면 머지않아 인공일반지능은 개발된다. 이로 인해, 인공일반지능은 대부분의 직업 영역에서 인간을 대신해 업무를 수행할 것이고 많은 사람들이 직업을 잃고 소외감을 느낌으로써 인간의 본질적 가치가 훼손된다. 또한 인공일반지능이 개발된다면 인간은 더 이상 지구상에서 특별하고 우월한 존재가 아니게 된다. 이는 인간이 지닌 특별하고 우월한 존재론적 지위, 즉 인간의 본질적 가치가 훼손된다는 것이다. 인간의 본질적 가치는 어떠한 경우에도 훼손되어서는 안 되므로 인공일반지능의 개발은 허용될 수 없다.

① 인공일반지능의 수준에 미치지 못하는 특정 분야에 특화된 인공지능 프로그램만으로도 많은 사람이 일자리를 잃고 소외감을 느끼고 있다.
② 인공지능 연구로 노벨 물리학상을 받은 H는 인공지능 기술이 인간의 존재론적 지위에 위협이 될 것이라며 인공지능 개발 연구를 멈춰야 한다고 주장한다.
③ 현재 상용화되어 있는 대화형 인공지능은 마음의 상처를 입은 사람들에게 위안을 주어 사람들이 본질적 가치를 회복하는 데 도움을 주고 있음이 입증되었다.
④ 유관 학회 전문가들을 대상으로 한 설문에서, 인공일반지능의 개발이 인간의 본질적 가치를 훼손할 가능성이 높아 개발을 허용해서는 안 된다고 응답한 사람들이 그렇지 않은 사람들보다 압도적으로 많았다.

공무원 독해

새로운
독해 2

- 출제 기조 전환 유형편

2026 공무원 독해

정답과 해설

PART 1 내용 이해, 추론

<1> 실전 연습 문제

1.

정답 ④

정답 풀이 2문단에서 알 수 있듯이, 글 내용과 관련하여 어떤 목적으로 쓰이는가에 따라, 시각 자료의 용도가 달리 나타난다. 따라서 머릿속에서 처리되는 정보의 종류에 따라 구분된다는 것은 적절하지 않다.

오답 풀이
① 2문단에 제시된 '독자의 흥미를 유발하거나 글 내용과 관련 없이 여백을 메우는 목적으로' 쓰이는 '장식적 시각 자료'의 특징에서 확인할 수 있다.
② 마지막 문단의 '독자는 ~ 시각 자료로 강조된 중요한 정보를 파악해야 한다'라는 부분을 통해 적절하다고 파악할 수 있으며 글의 전반적인 내용 및 예시적 시각 자료와 설명적 시각 자료의 목적을 통해서도 충분히 적절하다고 판단할 수 있는 선지이다.
③ 마지막 문단에서 '독자는 매력적인 시각 자료에 사로잡혀 읽기의 목적을 잃지' 않아야 한다는 내용을 확인할 수 있다. 이를 통해 적절하다고 판단할 수 있다.

2.

정답 ④

정답 풀이 문자 정보 처리와 이미지 정보 처리를 통해 연결된 정보를 독자가 떠올려야만 글의 내용을 기억할 수 있다는 내용은 윗글에서 확인할 수 없는 내용이다. 오히려 독자가 문자 정보를 떠올리지 못하더라도 이미지 정보가 단서가 되어 글 내용을 기억할 수 있게 된다. 따라서 두 정보 처리를 통해 연결된 정보를 독자가 떠올려야 글의 내용을 기억할 수 있다는 것은 적절하지 않다.

오답 풀이
① 1문단의 '이 두 정보들은 서로 참조되면서 연결되어 독자가 글 내용을 이해하는 데 상호 보완적으로 기여한다.'라는 부분을 통해 확인할 수 있다. 여기서 '이 두 정보들'은 '문자 정보'와 '이미지 정보'를 말한다.
② 1문단에서 '시각 자료가 글 내용을 이해하는 데 도움을 준다는 견해에 따르면, 시각 자료는 문자 외에 또 다른 학습 단서가 된다.'라는 내용을 확인할 수 있다. 이를 고려했을 때, 문자로만 구성된 글보다 내용을 이해하기 쉬웠다면 충분히 이미지 정보가 단서가 되었을 수 있다는 점을 생각할 수 있다.
③ 마지막 문단의 '글 내용과 관련된 시각 자료를 포함한 글을 읽을 때, 독자는 글의 내용과 시각 자료의 관계를 살피고 시각 자료로 강조된 중요한 정보를 파악해야 한다. 또한 시각 자료가 설명 대상이나 개념을 적절하게 표현하는지 판단해야 한다.'를 봤을 때, 글에서 설명하는 개념과 시각 자료의 관련성을 따지고 그 시각 자료의 적절성을 판단할 필요가 있다는 것은 적절하다.

3.

정답 ③

정답 풀이 이용후기 작성은 소비자가 하여야 하고, 이를 광고하는 것이 사업자이므로 해당 선지는 타당하다.

오답 풀이
① 경험적 사실 관련은 해당 분야의 전문성과 관련이 없다.
② 광고는 표현의 자유 및 영업의 자유를 보호받는다.
④ 부당 광고는 형사 처벌 대상이 될 수 있다.

4.

정답 ③

정답 풀이 공정거래위원회 고시 대상인 출판 저작물은 재판매 가격 유지 행위에 대한 금지 대상이 아니다.

오답 풀이
① 거래 가격 강제는 유통 조직의 효율성 저하를 야기한다.
② 입증 책임은 사업자에게 있다.
④ 사업자의 가격 결정의 자유를 제한하기 위해서가 아니라, 가격 결정의 자유를 보호하기 위한 것이다.

5.

정답 ①

정답 풀이 ⓐ의 '붙다'는 '조건, 이유, 구실 따위가 따르다.'의 의미로 사용되었으므로 해당 선지의 '붙다'와 문맥상 의미가 가장 가깝다고 볼 수 있다.

오답 풀이
② ⓐ의 '붙다'는 '조건, 이유, 구실 따위가 따르다.'의 의미로 사용되었으나 해당 선지의 '붙다'는 '어떤 감정이나 감각이 생겨나다.'의 의미로 사용되었으므로 문맥상 의미가 가깝다고 보기 어렵다.
③ ⓐ의 '붙다'는 '조건, 이유, 구실 따위가 따르다.'의 의미로 사용되었으나 해당 선지의 '붙다'는 '물체와 물체 또는 사람이 서로 바짝 가까이하다.'의 의미로 사용되었으므로 문맥상 의미가 가깝다고 보기 어렵다.
④ ⓐ의 '붙다'는 '조건, 이유, 구실 따위가 따르다.'의 의미로 사용되었으나 해당 선지의 '붙다'는 '맞닿아 떨어지지 아니하다.'의 의미로 사용되었으므로 문맥상 의미가 가깝다고 보기 어렵다.

6.

정답 ①

정답 풀이 이 글은 '전통적인 철학적 미학'과 '체계 이론 미학'을 대비하면서 설명하고 있다. '전통적인 철학적 미학'은 세계관, 인간관, 정치적 이념과 같은 심오한 정신적 내용의 미적 형상화를 예술의 소명으로 파악하고, '체계 이론 미학'은 자율성을 참된 예술의 조건으로 파악한다고 서술하고 있다. 다시 말해 '전통적인 철학적 미학'은 내용과 형식이 유기적으로 조화되어야 참된 예술로 파악하고, '체계 이론 미학'은 내용적 구속성에서 벗어난 예술을 진정한 예술로 받아들인다.

오답 풀이

② ㉡이 자율성을 중요하게 생각하는 것은 맞으나, 자율적 예술의 탄생을 이끈 것은 아니다.
③ ㉠과 ㉡ 두 이론을 모두 뮤지컬이라는 예술 장르에 적용하여 설명하고 있다.
④ ㉠이 여전히 지지를 받는 예술관의 하나이기 때문에, ㉡이 ㉠을 대체할 수 있다고 본 것은 잘못된 이해이다.

7.

정답 ①

정답 풀이 뮤지컬을 버라이어티 쇼로 바라보는 것이 '최근의 관점'이다. '레뷰로서의 뮤지컬'은 내용의 충실한 전달보다는 기발한 무대, 다채롭고 완성도 있는 춤과 노래와 같은 형식적인 요소가 중시된다. 따라서 이같은 관점에서 〈캐츠〉를 감상하고 있는 것은, 원작에 상관없이 춤과 노래가 충분한 볼거리를 제공한다고 본 ①이다.

오답 풀이

② 작품의 주제 구현을 중시하고 있다.
③ 노래의 가사를 핵심으로 보았기 때문에 내용적인 관점에서 감상한 것이다.
④ 조명과 의상과 같은 형식적인 요소를 원작의 주제와 연관 지어 감상하고 있다.

8.

정답 ③

정답 풀이 문맥상 ⓐ와 바꾸어 쓸 수 있는 어휘를 찾는 문제이다. ⓐ는 소홀하게 보아 넘김의 의미를 지닌 '등한시(等閑視)'와 바꾸어 쓸 수 있다.

오답 풀이

① '멸시'는 업신여기거나 하찮게 여겨 깔봄의 의미이다.
② '천시'는 업신여겨 낮게 보거나 천하게 여김의 의미이다.
④ '문제시'는 논의하거나 해결해야 할 문제의 대상으로 삼는다는 의미를 지닌다.

9.

정답 ②

정답 풀이 외부성은 제3자에게 이익이나 손해를 주는 것인데, 두 경우 모두 사회 전체적으로 볼 때 비효율성을 초래할 여지가 있다. 이익을 준다고 해서 비효율성이 나타나지 않는 것은 아니다.

오답 풀이

① 거래 당사자는 제3자가 아니므로 외부성이 아니다.
③ 4문단 첫 문장에서 전통적 경제학에서의 해결 방안이 갖는 문제점을 지적하고 있다.
④ 2문단 처음을 보면, 사회 전체로 보아 이익이 극대화되는 경우가 효율성이 충족된 경우임을 알 수 있다. 이를 통해 볼 때, 이익을 더 늘릴 여지가 있다는 것은 이익의 극대화에 아직 미치지 못한 것이며, 비효율성이 존재함을 알 수 있다.

10.

정답 ①

정답 풀이 ㉠의 사례는 외부성으로 인해 다른 경제 주체에게 손해를 입히는 경우이다. 즉, 공장의 생산량이 늘어나면 늘어날수록 주민들의 피해는 심각해진다. 이 경우, 생산량을 이윤 극대화하는 양보다 줄이게 되면 공장의 이윤은 줄어든다. 하지만 이로 인한 공장의 이윤 감소보다 주민들의 피해 감소가 크다면, 사회 전체적으로 볼 때 공장의 생산량을 줄이는 것이 사회 전체의 효율성을 극대화하는 방법이 될 것이다.

11.

정답 ②

정답 풀이 이 글은 인간이 결정론적 세계관을 벗어나도록 함으로써 행복에 이를 수 있도록 하는 것을 목적으로 하는 에피쿠로스의 사상을 소개하고 있다. 특히 이 글은 에피쿠로스 사상 중 이신론적 관점을 바탕으로 한 신과 인간의 관계, 인간의 영혼과 육체의 관계, 우주와 인간의 세계에 대한 관계를 구체적으로 설명하고 있다. 그리고 그의 사상이 영혼이 안정된 상태에서 인간이 행복 실현을 추구할 수 있는 방안을 제시하였다는 점에서 의의가 있다고 밝히며 글을 마무리하고 있다.

오답 풀이

① 에피쿠로스 사상의 성립 배경은 1문단에만 간단히 제시되어 있어 글 전체를 아우르는 표제로는 적절하지 않다. 또 이 글은 인간과 자연의 관계보다는 우주와 인간의 세계에 대한 신의 관여를 중심으로 에피쿠로스의 사상을 설명하고 있다.
③ 이 글에 에피쿠로스 사상을 비판하는 내용은 언급되지 않았으며, 에피쿠로스 사상이 지닌 한계나 사상의 발전적 계승에 관한 내용도 언급되지 않았다.
④ 이 글에 에피쿠로스 사상을 둘러싼 논쟁이나 그에 대한 이견은 언급되지 않았다.

12.

정답 ④

정답 풀이 1문단을 통해 신에 의해 우주가 운행된다는 믿음을 에피쿠로스는 잘못된 믿음이라 보았다는 것을 알 수 있다. ㉠은 신들이 인간사에서 개입하지 않는다고 보았다는 2문단의 내용을, ㉡은 우주와 인간의 세계에 신의 관여가 없다고 보았다는 4문단의 내용을 통해 ㉠과 ㉡이 인간이 신에 의해 우주가 운행된다는 잘못된 믿음에서 벗어날 수 있는 근거를 제공한다는 것을 알 수 있다. 또한 5문단을 통해 에피쿠로스는 ㉢을 바탕으로 인간이 행복 실현을 추구할 수 있는 방안을 제시하였음을 알 수 있다.

오답 풀이

① 1문단을 통해 인간이 두려움을 갖는 배경이 신에 의해 우주가 운행된다고 믿는 결정론적 세계관임을 알 수 있다. ㉠은 신이 인간사에 개입하지 않는다는 관점이므로, 인간이 두려움을 갖는 이유를 제시한다고 볼 수 없다.

② 2문단을 통해 ㉠은 신에 의해 우주가 운행된다고 믿는 결정론적 세계관을 부정했음을 알 수 있으며, 5문단을 통해 ㉢은 사후에 대해 탐구하는 방법이 아닌, 삶을 주체적으로 살 수 있는 방법을 제시하였음을 알 수 있다.

③ ㉠이 영혼과 육체의 관계를 어떻게 생각했는지는 이 글을 통해 직접 확인하기 어려우며, 3문단에 ㉡이 영혼과 육체의 관계를 어떻게 생각했는지 언급은 되어 있으나, 인간이 이를 탐구하는 이유를 제시해 준다고 보기는 어렵다.

13.

정답 ④

정답 풀이 ㄴ. 4문단에서 원자는 우연적인 운동을 하며, 원자로 이루어진 우주 역시 우연의 산물이라고 언급하고 있다. 이는 ㄴ에서 언급한 것처럼 우주가 인과 관계 없이 뜻하지 않게 움직인다는 뜻으로 이어질 수 있기 때문에, 에피쿠로스가 인간의 삶 역시 의도하지 않더라도 뜻하지 않게 우연적으로 움직일 수 있다고 여겼음을 알 수 있다. 따라서 인간이 자유 의지가 있더라도 뜻한 바대로 주체적으로 살아가지 못할 수도 있다고 에피쿠로스를 비판할 수 있다. ㄷ. 3문단을 통해 에피쿠로스가 육체가 소멸하면 영혼도 함께 소멸하여 인간은 살아 있는 동안 사후의 심판을 두려워할 필요가 없다고 여겼음을 알 수 있다. 따라서 ㄷ에서 언급한 것처럼 인간이 죽음에 대해 두려움을 느끼는 이유가 사후 세계 이외의 요소에 있다면, 죽음에 대한 인간의 모든 두려움이 해소되지는 않을 수도 있다고 에피쿠로스를 비판할 수 있다. ㄹ. 1문단을 통해 당대 사람들은 신이 야기한다고 생각되는 자연재해나 천체 현상 등에 대한 두려움을 지녔음을 알 수 있다. 에피쿠로스의 생각처럼 신이 자연재해를 야기한 것이 아니라고 당대 사람들이 인식한다고 해도 ㄹ에서 언급한 것처럼 사람들이 자연재해 자체를 두려워한다면 이에 대한 두려움에서 벗어나지 못할 것이라고 에피쿠로스를 비판할 수 있다.

오답 풀이

ㄱ. 4문단에서 에피쿠로스가 우주와 인간의 세계에 신의 관여는 없으며, 인간의 삶에서 신의 섭리는 찾을 수 없다고 보았다는 것을 알 수 있다. 따라서 에피쿠로스가 신의 섭리에 따라 인간의 삶을 이해하려 했다는 판단은 적절하지 않다.

14.

정답 ②

정답 풀이 2, 3문단에서는 디지털세 도입과 관련된 내용을, 1문단에서는 영업 비밀은 생산 방법, 판매 방법, 그 밖에 영업 활동에 유용한 기술상 또는 경영상의 정보 등으로, 일정 조건을 갖추면 법으로 보호받을 수 있다고 하여 영업 비밀의 범위와 영업 비밀이 법적 보호 대상으로 인정받기 위해 일정 조건을 갖추어야 함은 언급하고 있으나 이 글에서 영업 비밀이 법적 보호 대상으로 인정받기 위한 절차에 대해서는 구체적으로 언급하고 있지 않다.

오답 풀이
① 1문단에서 법으로 보호되는 특허권과 영업 비밀은 모두 지식 재산이라고 언급하고 있다.
③ 2문단에서 디지털세는 이를 도입한 국가에서 ICT 다국적 기업이 거둔 수입에 대해 부과하는 세금이며, 디지털세의 배경에는 국가가 기업으로부터 걷는 세금 중 가장 중요한 법인세의 감소에 대한 각국의 우려가 있다고 언급하고 있다.
④ 3문단에서는 많은 ICT 다국적 기업이 법인세율이 현저하게 낮은 국가에 자회사를 설립하고 그 자회사에 특허의 사용 권한을 부여하여 법인세율이 높은 국가에 설립된 자회사에서 특허 사용으로 수입이 발생하면 법인세율이 현저하게 낮은 국가의 자회사에 로열티를 지출하게 한다고 하였다. 이를 통해 로열티를 이용하여 법인세가 부과될 이윤을 최소화함으로써 법인세를 줄일 수 있다고 언급하고 있다.

15.

정답 ①

정답 풀이 2문단에서 디지털세는 이를 도입한 국가에서 ICT 다국적 기업이 거둔 수입에 대해 부과되는 세금이라고 언급하고 있다.

오답 풀이
② 2문단에 따르면 디지털세는 이를 도입한 국가에서 ICT 다국적 기업이 거둔 수입에 대해 부과하는 세금이고, 법인세는 재화나 서비스의 판매 등을 통해 거둔 수입에서 제반 비용을 제외하고 남은 이윤에 대해 부과하는 세금임을 알 수 있다.
③ 3문단에서 ICT 다국적 기업의 본사를 많이 보유한 국가 중 어떤 국가들은 ICT 다국적 기업의 활동이 해당 산업에서 자국이 주도권을 유지하는 데 중요하기 때문에라도 디지털세 도입에는 방어적이라고 언급하고 있다.
④ 3문단에서 예를 들어 설명하고 있는 ICT 다국적 기업이 여러 국가에 자회사를 설립하는 방식은 법인세를 회피하기 위한 것이다.

16.

정답 ③

정답 풀이 ICT 다국적 기업인 Z사는 법인세율이 A국보다 높은 B국의 자회사로 하여금 수입 중 일부를 법인세율이 매우 낮은 A국의 자회사에 로열티로 지출하도록 하여 A국의 자회사의 수입을 늘린다. 2문단에 따르면 법인세는 재화나 서비스의 판매 등을 통해 거둔 수입에서 제반 비용을 제외한 남은 이윤에 대해 부과하는 세금이라고 언급하고 있다. A국은 법인세율이 매우 낮은 국가라고 하였으므로 Z사가 A국에 세운 자회사는 이윤이 늘어나도 법인세를 적게 낼 것이다. 따라서 Z사는 B국의 자회사는 이윤을 최소화하여 내야 할 법인세를 줄이는 반면 A국의 자회사의 이윤을 극대화할 것이므로 ⓐ를 'A국의 자회사가 얻게 될 이윤을 줄인다'로 바꿔 쓸 수 없다.

오답 풀이
① ICT 다국적 기업인 Z사는 법인세율이 상대적으로 높은 B국의 자회사가 법인세율이 매우 낮은 A국의 자회사에 로열티를 지출하게 하여 법인세율이 높은 국가에서의 이윤은 줄이고 법인세율이 낮은 국가에서의 이윤은 늘리는 방식으로 법인세를 회피할 수 있다. 따라서 ⓐ를 'Z사의 전체적인 법인세 부담을 줄인다'로 바꿔 쓸 수 있다.
② ICT 다국적 기업인 Z사는 ⓐ의 과정에서 B국의 자회사로 하여금 A국의 자회사에 특허 사용에 대한 수수료인 로열티를 지출하도록 한다고 하였으므로 ⓐ를 'A국의 자회사가 거두는 수입을 늘린다'로 바꿔 쓸 수 있다.
④ 2문단에 따르면 법인세는 재화나 서비스의 판매 등을 통해 거둔 수입에서 제반 비용을 제외하고 남은 이윤에 대해 부과하는 세금이다. 따라서 ⓐ는 'B국의 자회사가 낼 법인세를 최소화한다'라는 것을 의미한다.

17.

정답 ②

정답 풀이 동중서에 의해 체계화된 재이론과는 달리, 재이를 인간사의 징조로, 인간사를 재이의 결과로 대응시키는 풍조를 낳기도 하였다고 제시되고 있으므로 해당 선지는 적절하다고 판단할 수 있다.

오답 풀이
① 동중서 이후 개별적 대응 방식이 예언화 경향으로 이어지면서 요망한 말로 백성을 미혹시켰다는 이유로 군주가 직언을 하는 신하를 탄압하는 빌미가 되기도 하였다고 제시되고 있으므로 적절하지 않다고 판단할 수 있다.
③ 주희는 재이를 이치에 의해 설명되기 어려운 자연 현상으로 간주하면서도 재이론이 폐기되는 것은 신하의 입장에서 유용한 정치적 기제를 잃는 것이므로 ⓒ을 제시하였음이 제시되고 있으므로 적절하다고 판단하기 어렵다.
④ ⓒ은 신하 입장에서 유용한 정치적 기제인 재이론을 유지하기 위해 제시된 것으로 재이에 대한 개별적 대응 대신 군주에게 허물과 잘못이 쌓이면 하늘이 감응하여 변칙적인 자연 현상이 일어날 것이라고 보고 있으므로 군주의 권력을 강화하기보다는 그 군주의 권력을 견제하는 데에 사용되었을 것이다.

18.

정답 ②

정답 풀이 동중서의 재이론은 물리적 성질의 주고받음이 아니라 인간과 하늘에 공통된 음양의 기를 매개로 한 감응이 군주의 실정과 재이의 인과로 이어진다고 보고 있으므로 적절하지 않다고 판단할 수 있다.

오답 풀이
① 인과 관계 그 자체는 직접 관찰할 수 없다는 문제와 인과를 과학적 세계관에 입각해 이해하려는 시도인 새먼의 과정 이론이 인과적 과정의 잣대로 물리적 속성 변화의 전달을 제시하고 있는 맥락을 고려할 때 적절하다고 판단할 수 있다.
③ 동중서는 자신이 체계화한 재이론에서 재이는 군주의 실정에 대한 경고라고 보고 있고, 주희는 군주를 경계하는 적절한 방법을 찾고자 재이론을 고수하면서 군주의 허물과 잘못이 쌓이면 변칙적인 자연 현상이 일어날 것이라는 전반적 대응설을 통해 재이를 군주의 심성 수양 문제로 귀결시키고 있으므로 적절하다고 판단할 수 있다.
④ 새먼의 과정 이론의 한계로 물리적 세계 바깥의 측면을 해명하기 어렵다는 점이 제시되고 있으므로 적절하다고 판단할 수 있다.

19.

정답 ①

정답 풀이 '형식론'은 정의는 불가능한 어떤 성질을 일컫는 '의미 있는 형식'을 통해 비평가들에게 미적 정서를 유발하는 작품을 예술 작품이라고 보았다고 언급하고 있다. 따라서 형식론은 미적 정서를 유발할 수 있는 어떤 성질, 즉 '의미 있는 형식'을 근거로 예술 작품의 여부를 판단한다고 할 수 있다.

오답 풀이
② 벨의 '형식론'은 예술 감각이 있는 비평가들만이 직관적으로 '의미 있는 형식'을 식별할 수 있다고 언급하고 있다.
③ 콜링우드는 진정한 예술 작품은 물리적 소재를 통해 구성될 필요가 없는 정신적 대상이라고 언급하고 있다. 따라서 감정을 표현하는 작품은 그 작품이 정신적 대상이라도 예술 작품이라고 주장하는 것은 형식론이 아니라 표현론의 관점이다.
④ 콜링우드는 진지한 관념이나 감정과 같은 예술가의 마음을 예술의 조건으로 규정하는 표현론을 제시하였다고 언급하고 있다. 따라서 작가 내면의 관념으로 표현하는 것을 중시하는 것은 형식론이 아니라 표현론이다.

20.

정답 ①

정답 풀이 모방론은 예술이 자연에 대한 모방이라는 아리스토텔레스의 말에서 비롯하였으며, 대상과 그 대상의 재현이 닮은꼴이어야 한다는 재현의 투명성 이론을 전제하고 있다고 언급하고 있다. 따라서 뒤샹의 작품 「샘」이 변기의 재현이 아닌, 변기 그 자체이기 때문에 모방론자의 입장에서는 「샘」이 예술 작품이 되기 위한 필요충분조건을 갖추고 있다고 평가하는 것은 부적절하다.

오답 풀이
② 낭만주의 사조는 독창적인 감정 표현을 중시하는 한편 외부 세계에 대한 왜곡된 표현을 허용한다고 언급하고 있다. 그런데 모방론은 예술이 자연에 대한 모방이라고 하면서 대상과 그 대상의 재현이 닮은꼴이어야 한다는 재현의 투명성 이론을 전제하고 있다고 언급하고 있다. 따라서 낭만주의 예술가의 입장에서 모방론자를 대상의 재현만 강조하고 예술가의 감정을 중시하지 않는다고 평가하는 말을 할 수 있다.
③ 표현론은 진지한 관념이나 감정과 같은 예술가의 마음을 예술의 조건으로 규정하고 있다고 언급하고 있다. 따라서 표현론자는 낭만주의 예술가에게 예술가의 마음을 표현했으니 대상을 있는 그대로 표현하지 않았더라도 당신의 작품은 예술 작품이라고 평가하는 말을 할 수 있다.
④ 디키의 견해는 일정한 절차와 관례를 거치기만 하면 모두 예술 작품으로 볼 수 있다는 분류적 이론이라고 언급하고 있다. 이에 따르면 뒤샹은 자신의 작품인 「샘」 이외의 다른 변기들도 일정한 절차와 관례를 거치기만 하면 예술 작품이 될 수 있다고 평가하는 말을 할 수 있다.

<2> 실력 확인 문제

1.

정답 ②

정답 풀이 신이 인간을 위해 지상에 내려와 왕이 되는 경우는 한국 신화의 흥미로운 양상 중, 무속신화가 아닌 '건국 신화'에 해당하는 경우이다.

오답 풀이
① 3문단에서 한국 신화와 달리 위계적이고 종속적인 '신과 인간의 관계'를 보여 주는 것으로 히브리 신화가 제기되고 있다. 이를 고려했을 때 해당 선지는 적절하다.
③ '한국 신화에서 신은 인간과의 결합을 통해 결핍을 해소함으로써 완전한 존재가 되고'를 보여 주는 것은 한국 건국 신화 내용이다. 해당 선지는 적절하다.
④ 한국 신화에 보이는 신과 인간의 관계는 상호 의존적이고 호혜적이다. 그러나, 신체 화생 신화는 다른 나라의 신화에 해당하는 것이고 위계적이고 종속적이기 때문에 해당 선지는 적절하다.

2.

정답 ③

정답 풀이 '0' 개념이 없을 때의 셈법이므로 14일을 15일로 파악한 것이다.

오답 풀이
① '0' 개념이 유럽으로 들어왔다는 것은 이전에 유럽이 아닌 곳에서 시작되었다는 것이므로, 최소 유럽에서 발명되었다는 얘기를 할 수는 없다.
② 신성성을 부각하기 위해서가 아니라, 기존에 수를 세는 방식의 차이이다.
④ 실제 시기가 짧아진 것이 아니라, 셈법의 차이로 인한 것이다.

3.

정답 ①

정답 풀이 인간과 개의 속성까지 대비해 보자. 개의 인두는 두 번째 목뼈를 넘지 않는다. 반면 인간의 인두는 여섯 번째 목뼈에까지 이르므로 해당 선지는 적절하다.

오답 풀이
② 98% 비슷한 것의 주체는 게놈일 뿐이다.
③ 녹색원숭이의 의사소통, 침팬지의 의사소통은 언급하였으나, 이 둘의 의사소통은 이야기된 바가 없다.
④ 초당 십여 개의 소리를 만드는 것은 인간이다. 주체 변환형 선지이다.

4.

정답 ①

정답 풀이 나머지 부분은 모두 인간의 소리이지만, ㉠의 소리는 침팬지의 소리일 뿐이다.

오답 풀이
② 단어에 대해 '소리'를 낸다의 의미는, 앞에 예시로 나타난 동물들의 표현의 소리가 아닌 사람의 단어 구현에 해당한다. 왜냐면 ㉡의 바로 다음 문장에서 침팬지가 사람처럼 말하도록 하는 것은 불가능하다고 정의하고 있기 때문이다.
③ 2문단에서 발성 기관의 차이를 언급한 후, 3문단에서 발성 기관의 작용으로 나타나는 소리가 언급되고 있다. ㉢은 이에 해당한다.
④ (가)의 주위 문맥을 살펴야 한다. 이는 발성 기관에 의한 인간의 소리로, 성대, 후두, 혀, 입술, 입천장을 아주 정확하게 통제할 수 있기 때문에 나는 소리이다. 다른 동물의 인두에 비해 과도하게 긴 인간의 인두가 내는, 통제되는 소리를 말하는 ㉣은 인간의 소리를 의미한다.

5.

정답 ④

정답 풀이 방각본 출판업자는 대규모의 작품들은 생산 비용이 올라가 선호하지 않았으며, 세책업자들은 여러 책으로 나누어 있으면 그만큼 세책료를 더 받을 수 있으므로 해당 선지는 타당하다.

오답 풀이
① 세책업은 한 작품의 규모가 큰 것을 환영하고 있으므로 해당 선지는 적절하지 않다.
② 분량이 적은 작품을 선호한 것은 방각본 출판업자이다. 세책업자는 여러 종류의 작품 혹은 한 작품의 규모가 큰 것들을 선호할 수 있다.
③ 부연하여 개작한 주체는 세책업자들이다. 주체 변환형 선지이다.

6.

정답 ①

정답 풀이 형식적 요소는 세 개, 내용적 요소는 하나이므로 해당 선지는 적절하다.

오답 풀이
② 언어의 형태 탐구는 문법론에 해당하는데 의미론 즉 의미 탐구와 관련된다.
③ 의사소통의 첫 단계는 언어의 내용을 중심으로 한 의미론이 먼저이다.
④ 통사론은 문법론의 범주 안에 들어가므로, 발수신 과정에 문법론이 작용한다.

7.

정답 ②

정답 풀이 체온조절을 위한 열 획득 방식과 체온의 안정성을 기준으로 동물을 분류하는 방식을 설명한 뒤, 내온동물과 외온동물을 구분하는 방식과 항온동물과 변온동물을 구분하는 방식 사이에는 어떠한 상관관계도 없다고 제시하고 있으므로 윗글의 중심 내용으로 적절하다.

오답 풀이

① 내온동물과 외온동물을 구분하는 방식과 항온동물과 변온동물을 구분하는 방식 사이에는 어떠한 상관관계도 없으므로 적절하지 않다.
③ 내온동물과 외온동물을 구분하는 방식과 항온동물과 변온동물을 구분하는 방식 중 어느 것이 더 모호한지 지문에 제시된 바 없다.
④ 내온동물과 외온동물을 구분하는 방식과 항온동물과 변온동물을 구분하는 방식 중 어느 것이 동물을 분류하는 더 적합한 기준이 되는지 지문에 제시된 바 없다.

8.

정답 ②

정답 풀이 지문의 '조절한다'는 '균형이 맞게 바로잡다. 또는 적당하게 맞추어 나가다.'라는 의미로 사용되었으므로, '값이나 수치, 온도, 성적 따위를 이전보다 많아지게 하거나 높이다.'의 의미인 '올린다'로 바꿔 쓰기에 적절하지 않다.

오답 풀이

① 지문의 '획득한다'는 '얻어 내거나 얻어 가지다.'라는 의미로 사용되었으므로, '얻는다'로 바꿔 쓰기에 적절하다.
③ 지문의 '구분하기도'는 '일정한 기준에 따라 전체를 몇 개로 갈라 나누다.'라는 의미로 사용되었으므로, '나누기도'로 바꿔 쓰기에 적절하다.
④ 지문의 '서식하기'는 '생물 따위가 일정한 곳에 자리를 잡고 살다.'라는 의미로 사용되었으므로, '살기'로 바꿔 쓰기에 적절하다.

9.

정답 ②

정답 풀이 이집트 종교는 수직적이고 이원적인 정신성에 그 토대를 두고 있는데, 이런 이원론적인 정신성은 양식화된 이상주의적 미술로 표현되는 경향이 있다고 제시되고 있으므로 적절하다.

오답 풀이

① 이집트의 벽화에서는 '존재하는 자'인 '신, 파라오, 귀족'은 이상적인 부분끼리의 조합을 통해 완전하고 완벽하며 장중한 형상을 보여 줄 수 있도록 그려졌고, '행위하는 자'인 '평범한 일반인'은 실제로 행위하는 모습 그대로 사실적으로 그려졌다. 이는 수직적이고 이원적인 정신성에 그 토대를 둔 이집트 종교의 영향을 받은 것이므로 적절하지 않다.
③ 이집트의 이상주의적 미술에서는 위계에 따라 표현 방식을 달리했을 뿐이며, 이집트의 벽화에서 죽을 운명을 가진 평범한 사람들은 실제로 행위하는 모습 그대로 그려졌으므로 적절하지 않다.
④ 이집트 벽화에서는 특정한 이데올로기를 토대로 신, 파라오, 귀족과 같은 고귀한 존재는 신체의 주요 부위를 이상적으로 보여 줄 수 있도록 그려졌고, 평범한 일반인은 곧잘 이런 방식과 관계없이 사실적으로 그려졌다. 따라서 신체를 바라보는 독특한 시점을 토대로 예술에 관한 이데올로기가 형성된 것이 아니다.

10.

정답 ①

정답 풀이 지문의 ㉠은 여러 시점에서 바라본 모습이 하나의 형상에 집약되어 그려진 '신, 파라오, 귀족'을 지시한다. ㉡은 서로 다른 방식으로 표현된 '신 파라오, 귀족'과 '평범한 일반인' 모두를 지시하고 있다. ㉢은 썩어 없어질 찰나의 인생을 살고 있는 '평범한 사람들'을 지시한다. ㉣은 삼라만상의 변화와 관계없이 영원한 세계의 이상을 반영하는 '고귀한 존재' 즉, '신, 파라오, 귀족'을 지시한다. 따라서 문맥상 지시 대상이 같은 것만으로 묶인 것은 ㉠과 ㉣이다.

11.

정답 ④

정답 풀이 김병연은 대역죄로 사형당한 인물의 후손이라는 오명을 쓰고 살아갈 수밖에 없었는데, 이 때문에 그가 당대의 주류 세력과 관계를 맺지 못했다고 제시되고 있으므로 적절하다.

오답 풀이
① 김병연의 할아버지인 김익순은 김병연의 5대조 할아버지인 김시태의 후손으로, 김시태의 후광을 입어 여러 관직에 나아갔다고 제시된 바 있으므로 적절하지 않다.
② 김익순의 모든 재산이 몰수되고 사형을 당한 것은 반란군에게 항복했을 뿐만 아니라, 반란이 수습될 무렵에 반란군 장수의 목을 베어 왔다는 거짓 보고까지 한 김익순의 행적이 드러났기 때문이다.
③ 신임사화에 연루된 것은 김병연의 5대조 할아버지인 김시태로, 이후 조작된 것임이 밝혀져 명예가 회복되었다. 반면, 김병연이 당대의 주류 세력과 관계를 맺지 못하고 세상을 떠돌게 된 것은 그가 대역죄로 사형당한 그의 할아버지 김익순의 후손이기 때문이다.

12.

정답 ②

정답 풀이 2문단에 따르면 시장이 형성되어 있지 않다면 상품은 존재할 수 없다. 해당 문장에서 상품이 존재한다는 것은 시장이 형성되어 있다는 것임을 추론할 수 있다.

오답 풀이
① 윗글에서 사회주의에서 유통이 생산보다 중요하다고 추론할 만한 근거는 존재하지 않으므로 적절하지 않다.
③ 3문단에 따르면 자본주의가 성숙할수록 제조업의 이윤은 적어지고 유통업의 이윤은 많아진다. 해당 문장을 통해 자본주의가 성숙할수록 제조업과 유통업의 이윤 차이는 줄어드는 것이 아니라 늘어남을 추론할 수 있다.
④ 2문단에 따르면 중세의 상인들이 물건을 시장에 팔아 이윤을 얻기 위해 수공업자들을 조직하여 그들에게 자본과 도구를 빌려주고 물건을 대신 생산하게 한 데에서 자본주의가 출발하였다. 따라서, 중세의 상인들이 물건의 생산 단가를 낮추기 위해 시장에 팔 물건을 손수 생산하였다는 것은 적절한 추론에 해당하지 않는다고 판단할 수 있다.

13.

정답 ③

정답 풀이 ㉠은 자본주의하에서 상인에 의하여 거래되는 대상이므로 자본주의 시장에서 거래되는 상품을 의미한다고 볼 수 있다. ㉡ 역시 자본주의에서의 상품이라고 볼 수 있다. 마지막으로, ㉣은 자본주의에서 생산되는 물품이며 거래되는 것이므로 자본주의에서의 상품을 의미한다고 볼 수 있다. 따라서, ㉠, ㉡, ㉣은 문맥상 의미가 동일하다고 볼 수 있다.
이와 달리, ㉢은 자본주의 시장에서 거래되는 상품에 해당한다고 보기 어려우므로 문맥상 의미가 나머지와 다른 하나에 해당한다고 볼 수 있다.

14.

정답 ②

정답 풀이 자연적 기호는 의사소통적 기호로 볼 수 없다. 그런데 일기 예보는 앞으로의 날씨를 전달하기 위한 것이고, 거기에 쓰이는 구름 모양의 아이콘은 '흐린 날씨'라는 뜻을 갖는 것이므로 정보를 제공하며, 의사소통의 의도를 가진 관습적 기호에 해당한다.

오답 풀이
① 군대에서 사용하는 암호는 의사소통을 위한 것으로, 일정한 정보를 가지고 있을 것이므로 '정보성뿐만 아니라 의사소통의 의도'가 있는 관습적 기호라고 판단할 수 있다.
③ 얼굴색이 특정 질병에서만 나타난다면 이를 통해 질병의 유무를 추리할 수 있을 것이므로, '상대의 손톱, 코트의 소매, 표정'과 같이 추리의 근거가 될 수 있다는 점에서 '정보성'이 있다고 볼 수 있다. 그러나 환자가 어떤 의사를 전달하기 위해 얼굴색을 바꾸는 것은 아니므로, '의사소통의 의도'가 없을 것이다.
④ '이웃 마을과 구별'한다는 목적을 가지고, '이곳은 ○○ 마을'이라는 정보를 전달하는 것이라고 볼 수 있으므로, 의사소통적 기호라고 볼 수 있다.

PART 2 제목, 중심 내용 찾기

<1> 실전 연습 문제

1.

정답 ④

정답 풀이 이 글의 핵심은 인간의 호흡기가 왜 질식사의 위험이 있는 불합리한 구조를 띠고 있는 것일까에 대한 해명이다. 글쓴이는 이러한 구조의 원인을 진화의 과정을 통해 설명하고 있다. 즉, 결과적으로 보면 이상적인 구조는 아니지만, 그때그때 변하는 새로운 환경에서 적응하기 위한 최선의 구조로 선택된 것이 현재 인간의 호흡기라는 것이다.

오답 풀이

③ 글의 시작은 이러한 내용을 토대로 접근하고 있지만, 이 글에서 핵심 화제 중의 하나는 진화론적 해명이기에 이러한 내용을 포함하고 있어야 한다.

2.

정답 ②

정답 풀이 이 글의 출발점은 인간의 호흡계가 질식사의 위험이 있는 불합리한 구조를 띠고 있다는 점이다. 그리고 그 원인을 해명하는 과정이다. 그러므로 인간의 호흡계 구조가 이상적이라고 판단하는 것은 글의 핵심을 잘못 이해한 것이다.

오답 풀이

① 1문단에서 인간과 달리 곤충이나 연체동물 같은 무척추동물은 음식물로 인한 질식의 위험이 없다고 했다.
③ 4문단의 첫 문장에서 진화는 반드시 이상적이고 완벽한 구조를 창출해 내는 방향으로만 이루어지는 것은 아니라고 했다.
④ 인간의 호흡계가 이러한 경우에 해당하는 것이며, 이는 불가피한 타협의 산물이라고 했다.

3.

정답 ①

정답 풀이 신문이 특정 후보를 지지하는 것이 논란거리가 되고 있다고 했다. 이러한 논란거리에 대한 구체적인 내용은 1문단 ⑤ 뒤에 이어지는 문장에서 '후보 지지 선언의 영향력'을 제기하고 있으며, 4문단에서 '언론의 권력 강화', '후보에 대한 독자의 판단 선점', '정치 선전에 이용하는 문제점' 등을 지적하고 있다. 그렇기에 글쓴이는 이러한 행동은 신중하게 따져 보아야 한다고 했고, 독자들 역시 지지 선언에 숨어 있는 뜻을 분별할 수 있는 안목을 길러야 한다고 강조했다. 정치 세력이 후보 지지 선언을 이용한다는 내용은 제시되었지만, 신문을 지배한다는 내용은 제시되지 않았다.

4.

정답 ②

정답 풀이 '담보(擔保)'는 '맡아서 보증함, 또는 빚진 사람이 빚을 갚지 않을 경우를 대비하여 빚 준 사람이 그 빚을 대신할 수 있는 신용으로 제공하는 보장.'의 의미를 지닌다.

5.

정답 ②

정답 풀이 3문단에 따르면 프랑스 혁명 이후 프랑스 사회는 사익을 추구하는 파편화된 개인들의 각축장이 되어 있었다. 따라서 개인들의 사익 추구가 불가능한 상황이라고 보기 어렵다.

오답 풀이

① 2문단에서 19세기 초 프러시아에는 절대주의의 잔재가 남아 있었고, 산업 자본주의가 미성숙한 상태였다고 하였다.
③ 2문단에서 헤겔은 빈곤과 계급 갈등은 시민 사회 내에서 근원적으로 해결될 수 없는 것이며, 이를 해결할 최종 주체는 국가라고 하였다.
④ 헤겔, 뒤르켐 모두 직업 단체를 사익 조정, 공익 추구가 가능한 곳이라고 보았다.

6.

정답 ①

정답 풀이 1문단과 4문단에 따르면 사회 이론은 당시 시대적 배경과 긴밀히 연관된다. 따라서 사회 이론을 이해하는 데에는 그 이론이 만들어진 시대적 배경에 대한 이해가 요청된다고 할 수 있다.

오답 풀이

② 4문단에서 사회 이론은 이론가의 주관적인 문제의식으로부터 근본적으로 자유로울 수 없다고 하였다.
③ 1문단과 4문단에서 글쓴이는 사회 이론이 시대적·역사적 조건, 현실의 문제 상황, 이론가의 주관적인 문제의식의 영향 하에서 만들어진다고 보고 있으므로, 시·공간을 넘어 보편타당하게 적용할 수 있는 객관성이 가능하다는 입장으로 보기 어렵다.
④ 1문단과 4문단에서 사회 이론은 사회현실의 문제 상황과 긴밀히 관련된다고 하였다.

7.

정답 ③

정답 풀이 이 글에서 글쓴이가 주로 설명하고 있는 대상은 옛 문헌에 어떤 부호들이 쓰였고, 그것들이 어떤 기능을 담당하였던가 하는 점이다. 오늘날의 경우와 관련지어 설명하기도 했지만, 설명의 초점은 '옛 문헌에 쓰인 부호의 종류와 기능'에 맞추어져 있다.

오답 풀이

④ 옛 문헌에 쓰인 부호가 현대적으로 수용된 것에 관한 내용은 다섯째 문단에 부분적으로 언급되었으며 이 글의 중심 내용으로 보기는 어렵다.

8.

정답 ④

정답 풀이 5문단에서는 베토벤 신화에 영향을 미친 베토벤의 천재성에 대해 소개하고 있는데, '베토벤은 이전의 교향곡의 전통을 수용하면서도 자신만의 독창적인 색채를 더하여 교향곡의 새로운 지평을 열었다고 여겨졌다.'라는 내용을 언급하고 있다. 이는 베토벤이 교향곡이라는 새로운 장르를 창시한 것이 아니라 교향곡의 새로운 장을 열었음을 의미한다. 그러므로 베토벤이 기존의 음악적 관습을 부정하고 교향곡이라는 새로운 장르를 창시했다는 내용은 적절하지 않다.

오답 풀이

① 4문단에서 글쓴이는 베토벤 신화 형성을 이해하기 위해서는 독일 민족의 암묵적 염원을 들여다볼 필요가 있다고 말한다. 즉, 베토벤 신화 형성 과정에는 독일 민족의 음악적 이상이 반영되어 있다는 것을 말한다.
② 1문단 마지막 부분에 보면, 베토벤이 만들어 낸 새로운 창작 방식은 후대 작곡가들에게 긍정적인 영향으로 작용했지만, 유례없이 늘어난 교향곡의 길이는 후대 작곡가들에게 과제로 인식되었다는 것을 드러내고 있다.
③ 1문단에 제시된 교향곡 3번 '영웅'의 예로 볼 때, 베토벤의 음악이 단순한 모티프를 사용했음에도 불구하고 다채롭게 들리는 것은 단순한 모티프를 다양하게 가공함으로써 '복잡성'을 성취해 냈기 때문이다.

9.

정답 ④

정답 풀이 ㉠은 순수 기악에 열광했던 1800년 전후의 빈의 청중들이다. 이들은 언어가 순수 기악이 주는 의미를 담아내기에 부족하다고 생각했기 때문에 제목이나 가사 등의 음악 외적 단서를 원치 않았던 사람들이다. 그들이 원한 것은 말로 형용할 수 없는 것이었고, 그것은 곧 무한을 향해 열려 있는 음악 그 자체였던 것이다. 즉, 당시 빈의 청중들에게 있어 음악은 언어가 표현하는 것 이상의 것을 보여 주는 예술이었다. 이는 음악을 언어를 초월하는 예술이기를 바랐던 당대 빈 청중의 특성을 잘 반영하고 있다고 볼 수 있다.

오답 풀이

① 베토벤이 단순한 모티프를 사용하면서도 그것을 변주·변형함으로써 청중의 귀에 다채롭게 들리도록 하는 음악을 만들어냈다는 내용이 언급되어 있다.
② 음악은 말로 형용할 수 없는, 무한을 향해 열려 있는 것이다. 그러므로 음악을 구체적인 감정을 전달하는 수단이라고 단정하는 것은 이 글에 대한 바른 이해라고 볼 수 없다.
③ 가사는 가락을 통해 전달되는 메시지라고 할 수 있으나, ㉠은 '음악 그 자체'를 바랄 뿐 가사 등의 음악 외적 요소를 원하지 않았다.

10.

정답 ①

정답 풀이 공룡 발자국 화석은 공룡의 특성을 추정할 수 있는 근거 자료라는 의미를 갖고 있다. 발자국의 형태로부터 종류를, 발자국의 길이로부터 크기를, 보폭 거리로부터 보행 상태를 추정할 수 있다. 그리고 공룡 발자국 화석을 토대로 공룡의 특성이나 당대의 기후, 환경 등이 어떻게 변화되는지도 추정할 수 있다. 따라서 이 글은 공룡 발자국에 관해 어떤 연구가 이루어지고 있고 그 연구를 통해서 무엇을 알아낼 수 있는가를 보여 주는 글이라고 할 수 있다.

오답 풀이

② 중생대 백악기의 기후 환경, 공룡의 분포, 서식지 특성 등에 대해 구체적으로 설명하고 있지 않다.
③ 공룡 골격 화석이 아니라 발자국 화석에 관한 내용으로 구성되어 있다.
④ 공룡 발자국 형태를 통해 발자국 주인이 용각류, 조각류, 수각류 중에 어떤 것에 속하는지 알 수 있다는 내용이 둘째 문단에 나와 있을 뿐이다.

11.

정답 ④

정답 풀이 이 글의 중심 화제는 기업 결합이다. 기업이 결합하면 순기능도 있지만 그에 따른 역기능도 있기에 정부는 이를 가려내기 위해 여러 단계의 심사 과정을 거친다고 했고, 그 심사 과정을 구체적으로 보여 주고 있다. 그러므로 이 글의 취지는 기업 결합의 순기능을 살리되 부정적 기능은 제한해야 한다는 것이다.

오답 풀이
① 1문단에서 기업 결합에 따른 역기능을 차단하기 위해 법적 조치들을 강구하고 있다고 했다.
② 이 글은 기업 결합의 순기능을 살리고 역기능을 차단하기 위한 방법을 설명하고 있을 뿐이다. 기업 결합에 따른 이익의 사회 환원 내용은 언급되지 않았다.
③ 1문단에서 기업 결합은 효율성 증대나 비용 절감, 국제 경쟁력 강화와 같은 긍정적 효과를 기대할 수 있다고 했다.

12.

정답 ①

정답 풀이 3문단의 내용을 살펴보면, 토인비는 자신의 가설을 보완하면서 도전의 강도가 극단적으로 크거나 작은 경우에는 성공적인 응전이 이루어질 수 없으며 오직 최적의 도전에서만 성공적인 응전이 나타난다고 하였다. 그러므로 문명의 발생과 생존은 최적의 도전에 대한 성공적인 응전에서 비롯된 것임을 알 수 있다.

오답 풀이
② 5문단에서 모방은 모든 사회의 일반적인 특성으로 문명을 발생시키지 못한 원시 사회에서도 나타날 수 있다고 하였다. 그러므로 모방의 존재 여부가 문명의 발생과 성장의 기준이 되는 것은 아니다.
③ 3문단에서 도전의 강도가 지나치게 크면 응전이 성공적일 수 없게 된다고 하였으므로, 환경의 도전이 강력할수록 그에 대한 응전이 더 효과적으로 나타나는 것은 아니다.
④ 5문단을 살펴보면, 기성세대의 권위가 강화되는 사회는 과거의 인습이 사회를 지배하여 발전적 변화가 나타나지 않는다는 것을 알 수 있다.

<2> 실력 확인 문제

1.

정답 ④

정답 풀이 '결국' 이후 문장을 보자. 판타지는 이미 알고 있는 것보다 새로운 것이 더 중요하다고 하였다. 이와 달리, SF는 낯섦의 인정과 더불어 재조정이 요구됨을 마지막 문장에서 드러내고 있으므로 해당 선지가 핵심적인 논지로 볼 수 있다.

오답 풀이
① 판타지는 새로운 것을 새로운 것으로 받아들이는 것이다. 낯섦을 그대로 받아들이기 때문에, 새로운 것에 의해 알고 있는 것이 바뀌는 것이 아니다.
② 재조정이 필요한 것은 SF일 뿐이다.
③ 판타지는 새로운 것이, SF는 알고 있는 것이 중요하다.

2.

정답 ②

정답 풀이 갑: 계급 사회의 멸망을 이야기했다.
을: 계급 사회는 여전히 잔존한다고 본다.(없어질 수 없다.)
병: 계급 사회는 없어질 수 없다고 본다.

그러므로, 을, 병의 주장은 대립하지 않는다.
반면, 갑과 을의 주장은 대립하며, 갑과 병의 주장도 대립하므로, 답은 'ㄴ', 즉 ②번이다.

PART 3 세부 정보 추론

<1> 실전 연습 문제

1.

정답 ④

정답 풀이 이 글에서는 과학적 진실은 객관적일 것이라고 생각하게 되는데, 권위나 기타 사회의 영향을 받아 과학적 오류를 진실로 착각하며 받아들이게 되는 경우가 있음을 소개하고 있다. 이는 과학에서 반드시 극복해야 할 부정적인 경향을 강조한 것으로, 과학적 진실 추구에 객관적 증거와 연구 태도가 필요함을 더욱 부각시키고 있는 것이다. 화성에는 존재하지도 않는 '운하'가 그렇게 오랜 세월 동안 천문학자들 사이에서 진실로 받아들여졌다는 것은 과학적 진실이 곡해된 경우를 의미하고 있으므로, 이 글의 제목은 '과학사의 그늘 : 화성의 운하'가 가장 적절하다고 할 수 있다.

2.

정답 ②

정답 풀이 화성의 운하를 연구하여 화성 지도를 처음 그려 낸 사람은 '그린'이다. 그 이후에 '스키아파렐리'의 화성 지도가 등장했다. 글쓴이는 연구와 관련된 여러 상황에서 볼 때 그린의 지도가 스키아파렐리의 지도보다 유리할 수밖에 없는 몇 가지 이유를 제시하고 있는데, 이 문제는 이에 해당하지 않는 것을 고르는 것이다. ㉠의 뒤로 그 근거들이 제시되고 있기 때문에 이를 꼼꼼히 살피도록 한다. 지리학의 방식대로 채색한 것은 오히려 스키아파렐리의 화성 지도가 사람들에게 더 강한 호소력을 발휘하게 되는 이유이므로 ㉠에는 해당하지 않는다.

오답 풀이
① 관찰한 것을 그대로 그리는 것은 보고 난 후에 기억에 의존하여 다듬는 것보다는 더 정확할 것이라 판단할 수 있다.
③ 망원경은 배율이 높을수록 더 정확할 것이다.
④ 자신이 관측한 것뿐만 아니라 다른 관측자의 관측 결과까지 반영하게 되면 그 정보의 정확성이 더욱 높아질 것이라 추리할 수 있다.

3.

정답 ①

정답 풀이 직무 능력을 위해 연수 기회를 제공하는 것은 기업의 이익을 위한 성격이 강하고 사회적 이익 자체만으로 보기는 어려우므로 정답에 해당한다.

오답 풀이
② 기업의 장기 이익이 보장되기 위해서는, 즉 다원 사회의 구성원이 되어 장기적으로 기업이 생존하기 위해서는, 주주의 이익을 극대화하는 것은 물론, 다양한 이해 집단들의 요구도 모두 만족시켜야 한다. 고객에게 동일한 품질의 제품을 저렴하게 제공한다면 이는 소비자 단체의 만족을 높이는 행동으로, 사회적 이익에 해당한다.
③ 환경 오염을 막기 위한 기업의 시설 투자 역시, 환경 단체와 같은 다양한 이해 집단들의 만족을 가져다주는, 소위 사회적 이익에 해당하므로 적절하다.
④ 안락한 공원을 지역 사회에 조성해 주는 것은 지역 사회와 같은 곳에 사회적 이익을 가져다주는 것이므로 적절하다.

4.

정답 ①

정답 풀이 '피의 순환 이론'은 하비의 주장에 모세 혈관의 발견까지 겹쳐지면서 완전히 정립된 이론이다. 이는 오랫동안 아성을 지켜 오던 의학적 정설을 뒤집으며 새로운 생리학 구축의 토대를 마련한 것이었다. 즉 '피의 순환 이론'이 성립되고 이와 관련된 내용들이 현실에 수용되면서 생리학은 새로운 국면을 맞기 시작한 셈이다. 그래서 본문의 마지막 문장을 통해 '새로운 생리학의 구축'이 시작되었다고 말하고 있는 것이다. 이런 순서를 고려해 볼 때, ①은 '피의 순환 이론'의 성립에 이어 일어날 수 있는 일일 뿐, '피의 순환 이론'의 성립이나 수용에 기여했다고 말할 수는 없다.

오답 풀이
② 폐정맥이 공기의 통로가 아니라 피의 통로라는 베살리우스 발견과 부합하며 '피의 순환 이론'이 성립되었다.
③ 하비는 먹은 음식물보다 더 많은 양의 피가 만들어질 수는 없다는 생각을 바탕으로 가설을 세우며 문제를 해결하고자 하였다.
④ 새로운 현미경이 모세 혈관을 발견하면서 '피의 순환 이론'은 널리 받아들여졌다.

5.

정답 ②

정답 풀이 이 글은 세상에 알려진 유명한 사람은 아니지만 각자 나름대로 능력을 발휘하며 살고 있는 사람들의 모습에 주목하고 있는 글이다. 그러다 보니 세상에 드러나지 않은 존재를 지칭하는 어구들이 많이 등장하는데 ⓐ ~ ⓓ 중에서 ⓑ를 제외한 모든 항목은 모두 이런 존재를 가리키고 있다고 할 수 있다. ⓑ는 그들이 세상에 드러나지 않게 가리고 있는 존재를 의미한다고 볼 수 있다.

6.

정답 ④

정답 풀이 문맥상 따뜻하고 화려한 옷은 깨어 있는 의식에 해당하고, 이것이 상처를 가리는 기능을 하므로, 깨어 있는 의식이 내면의 관찰을 방해하는 것이지, 무의식이 방해하는 것이 아니다.

오답 풀이
① 문맥상 태아와 같은 자세를 취해야 한다.
② 문맥상 정신의 작용 방향이 자기 자신으로 가야 하는 것이 맞다.
③ 문맥상 깨어 있는 상태에서 감지 못한 것을 꿈에서 감지하는 것이 맞다.

7.

정답 ②

정답 풀이 이 글은 현대 공연 예술의 특징을 설명하고 있다. 다양한 사례를 통해 밝히듯이 장르 간의 경계를 넘나들고 기존의 관념에서 벗어나는 현대의 공연 예술은 이전과는 달리 전혀 새로운 느낌으로 다가오고 있다. 1문단의 마지막 부분에서 볼 수 있듯이 대본보다는 즉흥적인 연출을 시도하고 있고, 2문단의 마지막 부분에서 알 수 있듯이 작품을 고정된 것이 아니라 새롭게 생성되는 것으로 파악하고 있다고 했다. 그러므로 고정된 대본의 중요성이 커진다는 것은 잘못 파악한 것이다.

오답 풀이
① 1문단의 후반부를 통해 확인할 수 있듯이, 최근의 새로운 경향의 특징으로 제시된 것이 대본에 의존하기보다는 배우들의 경험을 바탕으로 한 즉흥적인 연출 시도이다. 글의 내용을 전반적으로 고려했을 때, 정해진 혹은 일정한 스토리, 고정적인 특징에서 벗어나 연출의 즉흥성을 강조하는 것이 현대 공연 예술의 특징이므로 단순 크로스 체크가 아닌 대비적 특성을 토대로 이해해야 한다.
③ 춤과 연극의 경계, 극장과 극장이 아닌 곳의 경계가 허물어지는 등, 1문단의 내용을 통해서도 충분히 처리할 수 있는 선지이다.
④ '지금까지 오브제를 무대 장치에 필요한 소품 정도로 여겨 온 것과 크게 다르다. 상대적으로 공연에서 중요한 역할을 담당했던 인물들은 이제 마네킹처럼 오브제로 변형되어 존재한다'라는 내용을 통해서도 확인할 수 있듯이, 인물과 오브제 간의 위계가 사라지는 특징을 확인할 수 있다.

8.

정답 ①

정답 풀이 ㉠은 기존의 공연 예술에서 중시하는 내용이 아니라, 현대의 공연 예술에서 보여 주고 있는 새로운 경향의 특징이다. 즉, 현대의 공연 예술에서는 정해진 구조를 통해 의미를 전달하는 공연이 아니라 이미지 그 자체가 하나의 이야기가 되기에 해석이 다양하게 된다는 것이다. 그러므로 이것은 바로 논리와 이성이 투영되지 않은 '신체의 언어'에 가장 가깝다 할 수 있다. 나머지는 이전의 공연 예술에서 중시하는 것들이다.

<2> 실력 확인 문제

1.

정답 ③

정답 풀이 바로 앞 문장에서 높은 주파수의 영역에서도 귀에 들리지 않는 진동이 있다고 서술되어 있으므로 해당 부분에 소리가 들리지 않는다는 내용이 들어가야 함을 알 수 있다. 따라서, 어색한 부분에 해당하므로 맥락에 맞게 수정되어야 한다.

오답 풀이

① 바로 뒤 문장에서 '이 들리지 않는 진동~'이라고 서술되어 있으므로 해당 부분에 소리가 들리지 않는다는 내용이 들어가야 함을 알 수 있다. 따라서, 어색하지 않은 부분에 해당한다.
② 바로 앞 문장에서 '이 들리지 않는 진동~'이라고 서술되어 있으며, 이와 같은 맥락의 문장이므로 해당 부분에 소리가 들리지 않는다는 내용이 들어가야 함을 알 수 있다. 따라서, 어색하지 않은 부분에 해당한다.
④ 바로 앞 문장에서 개가 더 높은 진동수의 소리를 들을 수 있으면서 하한은 사람과 비슷하다고 서술되어 있다. 따라서, 개의 가청 주파수 영역이 사람보다 넓다는 내용이 들어가야 하므로 어색하지 않은 부분에 해당한다.

2.

정답 ③

정답 풀이 둘째 문단의 첫 문장을 통해 획득면역은 특정 항원에만 반응하는 유일의 항체를 생성하는 면역반응임을 알 수 있다. 따라서 '특정 항체가 특정 항원에 대해서만 반응한다'는 ⓒ의 수정 내역은 적절하다.

오답 풀이

① 첫째 문단의 네 번째 문장을 통해 자연면역에서는 외부에서 들어온 특정 항원에만 반응하는 유일의 항체가 별도로 존재하지 않음을 알 수 있다. 따라서 ㉠은 수정하지 말아야 한다.
② 첫째 문단의 네 번째 문장과 다섯 번째 문장을 통해 자연면역에서는 외부에서 들어온 특정 항원에만 반응하는 유일의 항체가 별도로 존재하지 않으며, 세균과 같은 미생물 등을 외부 이물질로 인식하여 제거하는 것을 알 수 있다. 이를 통해 자연면역에서는 외부 미생물이 어떤 종류인지에 관계없이 대상을 제거함을 파악할 수 있으므로 ㉡의 내용은 수정하지 말아야 한다.
④ 둘째 문단을 통해 항원 수용체는 B림프구의 세포 표면에 있는, 특정 항원을 인식하고 그 특정 항원에 결합하는 부위이며, 이러한 항원 수용체가 림프구 세포로부터 떨어져나와 혈액 안으로 들어간 단백질 단위를 항체라 하는 것을 알 수 있다. 따라서 ㉣은 수정하지 말아야 한다.

PART 4 어휘 개이득

<1> 실전 연습 문제

1.

정답 ④

정답 풀이 매수되는 것은 금품 등의 수단과 관련 있는 것이므로, 욕심에 사로잡혀 있다는 단어와 바꿔 쓸 수 없다.

2.

정답 ④

정답 풀이 소지하는 것은 물건을 지니고 있는 것이므로, 비물리적인 요소인 성격의 '지님'과 바꾸어 쓸 수가 없다.

3.

정답 ②

정답 풀이 지문에 등장하는 효율은 수치로 환산 가능한 특정 정도의 높음을 의미한다. 그러므로 ②번 선지가 정답이다.

오답 풀이
① 하늘이 높은 것은 아래위의 격차에 해당한다.

4.

정답 ④

정답 풀이 어떤 이론이 인내할 수는 없다. 인내는 사람이 할 수 있는 것이다.

5.

정답 ①

정답 풀이 '도모'는 특정 일에 대한 대책과 방법을 세우는 의도성이 있는 어휘이므로, ①번 선지와 맞지 않다. 해당 선지는 시기가 오는 것으로 의도성이 없다고 보아야 한다.

6.

정답 ④

정답 풀이 타성(안 좋은 습관이나 버릇)에 빠지거나, 타성이 붙거나 생기는 것은 의도성이 없으나 타성에 스며드는 것은 의도성이 있으므로 정답은 ④번이다.

7.

정답 ③

정답 풀이 '투입'은 의도성, '유입'은 비의도성을 의미한다. '도입'은 제도의 의도적인 끌어들임을 의도하므로, 해당 문맥상 정답은 ③번이다.

8.

정답 ①

정답 풀이 지문은 실수로 까먹은 것이라고 보아야 한다. 해당 지문과 동일한 맥락에서 ①번 선지를 답으로 쓸 수 있어야 한다.

9.

정답 ②

정답 풀이 치중하는 것은 가치의 개입이 들어간 것이므로, 단순히 물리적으로 치우쳐 있는 것과 다르다.

10.

정답 ①

정답 풀이 특별한 개인적 선호는 객관적이지 않은, 즉 가치의 개입이 들어간 것이다. 그러므로 '각별한'과 바꿔 쓸 수 있겠다.

11.

정답 ②

정답 풀이 창출은 무에서 유를 낳는 것인데, '늘리는' 것은 이미 있는 것에서 많게 하거나 커지게 하는 것을 의미할 뿐이다. 따라서 바꿔 쓸 수가 없다.

12.

정답 ④

정답 풀이 '전인미답'이라는 것은 아직 그 누구도 오르지 못한 경지를 의미하는 것이다.

오답 풀이
② '유일무이'는 이미 하나가 있는 것이므로 답이 되기 어렵다.

13.

정답 ①

정답 풀이 '침해'는 침범하여 해를 끼치는 것이지 있는 것을 사라져 없어지게 하는 것은 아니다.

14.

정답 ④

정답 풀이 '설정'은 없는 것을 새로이 만들어 두는 것이므로 정답은 ④번이다.

오답 풀이
① '개정'은 이미 있는 것을 고치는 것을 의미하므로 바꾸어 쓸 수 없다.

15.

정답 ④

정답 풀이 축적되는 것은 이미 있는 것에서 시작되는 것이므로 보이지 않던 것이 보이는 '나타나고'와는 결이 맞지 않다.

16.

정답 ②

정답 풀이 '구비'는 있어야 할 것을 갖추는 것이며, '겸비'는 이미 있는 것에서 또 다른 것을 두루 추가하는 것이므로 ②번 선지가 적절하다.

17.

정답 ②

정답 풀이 ⓒ은 영이와 별이(영이의 강아지)를 가리키며, ⑩은 민수, 영이, 별이(영이의 강아지)를 가리킨다. 따라서 ⑩이 가리키는 대상이 ⓒ이 가리키는 대상을 포함한다는 진술은 적절하다.

오답 풀이
① ㉠은 민수와 영이를 가리키며, ⓒ은 영이와 별이(영이의 강아지)를 가리킨다.
③ ⓒ은 봄이(민수의 강아지)와 솜이(민수의 강아지)를 가리키며, ⑪은 민수, 영이, 봄이(민수의 강아지)를 가리킨다.
④ ⓔ은 민수, 봄이(민수의 강아지), 솜이(민수의 강아지)를 가리키며, ⑩은 민수, 영이, 별이(영이의 강아지)를 가리킨다.
⑤ ⓔ은 민수, 봄이(민수의 강아지), 솜이(민수의 강아지)를 가리키며, ⑪은 민수, 영이, 봄이(민수의 강아지)를 가리킨다.

18.

정답 ④

정답 풀이 ㉠은 창수 주위로 몰려든 서울 아이들로, 이 아이들은 창수를 시골 아이라고 놀리며 모욕감을 주고 있다. ⓒ은 '서울 아이'들을 포함하면서 이발소 창 앞에 앉아 있는 아이도 포함하고 있다. 즉 창수를 비웃는 듯한 태도로 대하는 아이들 모두를 가리키는 말이다. ⓒ은 이발소 창 앞에 앉아 있는 아이를 뜻한다. 그리고 ⓔ은 이 소설의 내용을 이끌어 가고 있는 '창수'이다. '저를 비웃은 아이는, 옆에 모여 선 그 애들뿐이 아니다'라는 문장을 통해, 서울 아이들 외에 '이발소 창 앞에 앉아 있던 아이'도 '창수를 비웃은 아이'에 속한다는 것을 알 수 있다. 하지만 '너, 약국에, 오늘 들왔구나?'라고 말을 거는 것으로 볼 때, 그 아이는 창수에 대해 관심을 갖고 있는 인물이라고 할 수 있다.

<2> 실력 확인 문제

1.

정답 ③

정답 풀이 거듭나는 것은 완전히 새로워지는 것을 의미하므로, 복귀를 의미하는 것이 아니다.

2.

정답 ①

정답 풀이 지문에 등장하는 '올라가다'는 어떤 수치의 상승을 드러내는 것이므로, ①번 선지가 타당하다.

오답 풀이
② 반려견이 하늘로 올라간 것은 죽은 것에 대한 비유적 표현이다.
③ 본사로 올라가는 것은 상급, 중앙 쪽으로 자리를 옮기는 것이다.
④ 서울로 올라가는 것은 지방에서 중앙으로 가는 것이다.

3.

정답 ②

정답 풀이 ㉠은 호일, 톰, 호킨스, ㉡은 스톤헨지를 세운 당시 사람들, ㉢은 호킨스를 옹호하는 학자들, ㉣은 스톤헨지를 세운 당시 사람들이므로 답은 ②번이다.

4.

정답 ④

정답 풀이 ㉠은 한문문학, ㉡은 국문학을 의미한다. ㉢은 순(純)국문학인 국문학을 의미하고, ㉣은 준(準)국문학인 한문문학을 의미한다. 즉, ㉠ 중의 일부, 한문문학 중 일부인 것이다. ㉤은 '순(純)국문학'이며 국문학을 뜻한다. ㉥은 한문으로 된 것들을 준(準)국문학으로 지칭한 것에 해당한다. 따라서 지시하는 바가 같은 것들은 ㉢과 ㉤이다.

5.

정답 ④

정답 풀이 본문의 ㉠은 사건과 같은 '어떤 일이 생기다.'의 의미를 띤다. 싸움이 일어나다 역시 해당 의미를 띠므로 적절하다.

오답 풀이
① 선택지의 '일어나다'는 '위로 솟거나 부풀어 오르다.'의 의미를 띠므로 적절하지 않다.
② 선택지의 '일어나다'는 '약하거나 희미하던 것이 성하여지다.'의 의미를 띤다고 볼 수 있으므로 적절하지 않다.
③ 선택지의 '일어나다'는 '잠에서 깨어나다.'의 의미를 띠므로 적절하지 않다.

PART 5 평론 문학

<1> 실전 연습 문제

1.

정답 ①

정답 풀이 해당 문항에서는 '3·1 운동 이후 새로운 시대의 문학을 담당한 작가들의 초기 소설'이 '현실의 묘사라는 근대 소설의 본령과 다른 모습을 보여' 주었으나, 그와 달리 '염상섭의 「만세전」은 당대 현실의 모순을 정면에서 묘사'했다는 점에서 1문단에 설명된 '새로운 세대'의 작품과 경향이 다르다는 사실을 파악하는 것이 핵심이었다. (근대 소설의 속성인 '당대 현실의 묘사'와 「만세전」의 속성인 '당대 현실의 모순을 정면에서 묘사'를 대응하는 것이 중요했고 그다음으로는 '이례적인'이라는 단어를 주목했어야 했다.) 그러므로 '현실의 모순을 정면에서 묘사'하는 「만세전」은, '문학 속의 현실이 극히 축소되었던 '새로운 세대'의 초기 소설과 달리 '현실의 묘사라는 근대 소설의 본령'을 실현하는 작품이라고 할 수 있다.

오답 풀이
② 개성과 자유를 바탕으로 한 사유는 염상섭의 「만세전」이 아니라, 3·1 운동 이후 새로운 시대의 문학 경향성에 해당한다.
③ 민족주의적 야망은 「만세전」에서 가지고 있지 않은 것이다.
④ '조선의 현실'은 근대적 지식인에 해당하는 이인화의 지적 통찰에 의해서가 아니라 '피동적이고 몰개성적인 방식으로 독자에게 반사'된 것이므로, 근대적 지식인이 자신의 논리적 통찰을 통해 조선의 현실을 통찰했다는 설명은 적절하지 않다.

2.

정답 ①

정답 풀이 제시문에 따르면 '이야기를 갈등과 절정으로 치닫게 하는 인물의 문제적인 행위가 나타나지 않는' 것은 '기존 소설의 주인공 개념까지도 해체시킨 것'이라고 볼 수 있다. 따라서 '별다른 목적 없이 집을 나와 사방을 기웃거리며 하루를 보'내면서 '현실을 철저히 방관하는 입장에 서' 있는 「소설가 구보 씨의 일일」의 주인공은, 이야기를 갈등과 절정으로 치닫게 하는 문제적인 행위를 보여 주지 않음으로써 기존 소설의 주인공 개념을 해체시킨다고 볼 수 있다. 또한 '이 작품에서 주인공의 소설 쓰기 과정은 일상적 공간 속에 낱낱이 해체되어 나타'난다고 설명되고 있으므로, 「소설가 구보 씨의 일일」이 일상적 공간에서 기존 소설의 주인공 개념뿐만 아니라 소설 쓰기 과정까지 해체한다는 설명은 적절하다.

오답 풀이
② '소설에서 사건의 극적 전개, 인물의 대립과 갈등, 집단적인 이념의 총체적 구현 등에 익숙한 독자들에게는 박태원의 소설이 파격적으로 다가올 것'이라는 설명은, '집단적인 이념의 총체적 구현'이 박태원의 소설에서 확인되기 어렵다는 사실을 보여 준다. 실제로 '경향파 소설 이후 리얼리즘 문학'이 '개인과 사회의 총체적 관계'(=집단적인 이념의 총체적 구현)를 파악하는 데에 주력한 반면, 박태원은 '개체화된 인간'을 작품에 투영했다는 점에서 차이가 있다. 따라서 「소설가 구보 씨의 일일」이 개체화된 인간을 작품에 등장시킨 것은 사실이지만, 그러한 방식으로 개인과 사회의 총체적 관계를 파악한 것은 아니다.
③ '그는 현실을 철저히 방관하는 입장에 서서 인간의 생활을 지배하는 일상성을 인식하게 될 뿐'이라는 설명에 따르면, 「소설가 구보 씨의 일일」의 주인공이 현실을 방관하는 입장에 선 것은 사실이지만, 그는 도시의 낯선 모습이 아니라 '일상'적인 모습을 인식하고 있다. 이처럼 「소설가 구보 씨의 일일」에 등장하는 주인공이 도시의 일상성을 인식한다는 사실은 '주인공의 소설 쓰기 과정'이 '일상적 공간 속에 낱낱이 해체되어 나타난다'라는 설명에서도 확인된다.
④ '문학이나 예술을 창조하는 활동이라 하면 상상력이라는 낭만적 원리 하에 그 과정이 신비화되기 마련이다. 하지만 이 작품에서 주인공의 소설 쓰기 과정은 일상적 공간 속에 낱낱이 해체되어 나타난다.'라는 설명에 따르면, 「소설가 구보 씨의 일일」에서 소설가가 문학의 창조성을 탈신비화하는 과정을 보여 주는 것은 사실이다. 그러나 문학의 창조성이 탈신비화된 것은 주인공의 소설 쓰기 과정이 '일상적 공간'에서 '해체되'었기 때문이지, '일상적 공간'을 '해체하'였기 때문이 아니다. 신비화된 소설 쓰기의 과정이 일상적 공간에서 일상적인 것으로 해체됨으로써 탈신비화될 수 있었던 것이다.

3.

정답 ③

정답 풀이 '해당 작품을 서구의 상징주의적 관점에서 독해한 이들은 작품에 나타난 이중적·수직적 구조에 주목하였다. 이는 인간과 자연을 분리하여 이해하는 이분법적 세계관에 기초한 시각이라고 할 수 있다'라는 내용을 근거로 판단할 때, 상징주의적 관점은 「빼앗긴 들에도 봄은 오는가」가 세계관을 구조적으로 표현했다고 볼 것이다. 또한 '이 작품은 6연을 축으로 우주의 조화와 불화가 구조적으로 대칭을 이루는 것이다'라는 2문단의 내용을 근거로 판단할 때, 대종교의 관점은 「빼앗긴 들에도 봄은 오는가」가 우주관을 구조적으로 표현했다고 볼 것이다. 따라서 상징주의적 관점과 대종교의 관점은 「빼앗긴 들에도 봄은 오는가」가 세계관 혹은 우주관을 구조적으로 표현한다고 본다는 점에서 공통적이라고 할 수 있다.

오답 풀이

① 「빼앗긴 들에도 봄은 오는가」가 『개벽』의 종교적 색채를 드러낸다는 것은 대종교의 관점에만 해당되는 설명이며, 정치학적 관점에는 해당되지 않는 설명이다. '계급과 민족의 문제에 주목'하는 '정치학적 관점'은 '해당 작품의 발표 지면이었던 『개벽』이 종교적 색채에서 사회주의적 색채로 옮겨갔음을 설명하기 위해 도입된 시각'이었다. 이를 바탕으로 할 때, 「빼앗긴 들에도 봄은 오는가」를 정치학적 관점에서는 『개벽』이 종교적 색채에서 사회주의적 색채로 옮겨갔음을 보여 주는 사례로서 이해했을 것이다. 달리 말해 정치학적 관점에서는 「빼앗긴 들에도 봄은 오는가」가 종교적 색채가 아니라 사회주의적 색채를 보여 준다고 봤을 것이다.

② 「빼앗긴 들에도 봄은 오는가」가 민족 고유의 세계관을 작동시킨다고 보는 것은 대종교의 관점에만 해당되는 설명이며, 정치학적 관점에는 해당되지 않는 설명이다. '정치학적 관점'은 '계급과 민족의 문제에 주목'한 것이자 '『개벽』이 종교적 색채에서 사회주의적 색채로 옮겨갔음을 설명'하는 시각이었는데, '사회주의'가 민족 고유의 세계관에 해당한다거나 정치학적 관점이 민족 고유의 다른 세계관을 전제한다는 설명은 확인되지 않는다.

④ 「빼앗긴 들에도 봄은 오는가」가 인간과 자연의 분리라는 문제 상황을 제기한다는 것은 대종교의 관점에만 해당되는 설명이며, 상징주의적 관점에는 해당되지 않는 설명이다. 상징주의 관점은 '인간과 자연을 분리하여 이해하는 이분법적 세계관에 기초'해 있는데, 이에 대해 대종교의 관점은 '인간과 자연의 분리는 세계관의 전제가 아니라 우주관이 제기하는 문제 상황'이라고 비판하고 있다. 따라서 상징주의적 관점은 인간과 자연의 분리를 세계관의 전제로 삼고 있을 뿐이지, 세계관이 제기하는 문제 상황으로 여긴 것은 아니다.

4.

정답 ③

정답 풀이 제시문에 따르면 「운수 좋은 날」은 '현진건의 관심이 민족의 고통스러운 현실에 밀착되어 있었음을 말해' 주는 작품이며, 또한 현진건은 「운수 좋은 날」에 '3인칭 시점을 도입함으로써 현실 문제에 대해 객관적으로 접근'하려 했다. 따라서 「운수 좋은 날」이 민족의 고통스러운 현실을 객관적인 시선에서 바라보려는 현진건의 시도를 드러낸다는 설명은 적절하다.

오답 풀이

① 현진건이 '3·1 운동 직후에 지식인의 좌절이나 경제적인 빈곤상을 드러내는 작품'을 쓴 것은 사실이지만, 「운수 좋은 날」은 '하층민의 곤궁한 생활 현장을 문제 삼는' 작품으로서 지식인의 좌절이 아니라 경제적인 빈곤상을 드러내는 작품이다. 따라서 「운수 좋은 날」이 지식인의 좌절을 표현한다는 설명은 적절하지 않다.

② 제시문에 따르면 김 첨지의 경제적 빈곤이 그의 심리에도 영향을 미쳤다는 사실은 그의 '반어적 태도'에서 알 수 있다. 이때 그의 '반어적 태도'는, '막상 돈이 생기자 가장 먼저 아픈 아내를 생각'할 만큼 아내를 사랑함에도 불구하고 '설렁탕을 사 달라는 아내에게 거친 면박을 주었'던 그의 모습에서 확인되는 것이다. 즉, 김 첨지의 경제적 빈곤이 그의 심리에도 영향을 미쳤다는 사실을 보여 주는 것은 작품의 결말이 아니라 위와 같은 김 첨지의 반어적 태도에 해당한다.

④ 제시문에 따르면 「운수 좋은 날」은 '가난한 인력거꾼의 하루를 배경으로 하고 있음'이 확인된다. 따라서 「운수 좋은 날」이 김 첨지가 인력거를 끌며 일하는 여러 날들을 보여 준다는 설명은 적절하지 않다.

5.

정답 ④

정답 풀이 정신적이고 적극적 자아, 즉 저항적 자아는 마지막까지 이어진다고 기술되어 있으므로 해당 선지는 적절하지 않다.

오답 풀이

① 밤비, 육첩방 등으로 시공간적 배경을 확인할 수 있다.

② 침전, 절망하는 등으로 확인할 수 있다.

③ 마지막 10연에서 적극적 자아가 소극적 자아에게 눈물과 위안으로 악수를 하는 것은 바로 1문단에서 등장한 연민을 바탕으로 한 주관 사이의 진정한 화해이다.

6.

정답 ③

정답 풀이 '우리 민족이 공유하던 구비 문학을 기반'으로 하는 「접동새」는 '당시 평안도 지방에 전해 내려오던 '접동새 설화'를 수용하여 재창조하는 작품'이다. 따라서 「접동새」가 기반으로 하는 우리 민족의 구비 문학이란 '접동새 설화'임을 알 수 있다. 「접동새」에서 "아홉 오래비"를 변형시킨 '아우래비'는 접동새 울음의 생생한 청각적 이미지를 의미와의 연관 속에서 제시하는 독창적인 시어'인데, 여기에서 '아홉 오래비'는 '출가를 앞두고 계모에게 억울하게 죽은 큰 누나의 원혼이 접동새가 되어 남은 동생들을 못 잊고 밤마다 구슬피 운다는' 접동새 설화의 내용을 고려할 때 '남은 동생들'에 해당함을 알 수 있다. 그러므로 「접동새」의 '아우래비'는 우리 민족의 구비 문학(접동새 설화)과 관련된 표현인 '아홉 오래비'를 '아우래비'라는 접동새 울음으로 재창조한 독창적인 시어라고 할 수 있다.

오답 풀이
① 「접동새」는 '평안도 진두강가에 살았던 오누이의 슬픈 이야기로, 출가를 앞두고 계모에게 억울하게 죽은 큰 누나의 원혼이 접동새가 되어 남은 동생들을 못 잊고 밤마다 구슬피 운다'는 내용인 '접동새 설화'를 수용하고 있을 뿐이다. 「접동새」가 실제 시인의 누나에 관련된 체험을 바탕에 두고 있는지는 제시문의 내용으로 알 수 없다.
② 「접동새」에서 누이가 죽은 것이지, 동생이 죽은 것은 아니다.
④ 「접동새」가 '민중들의 집단적인 감수성에 기대어 시적 주체의 감정을 보편적인 정서로 일반화시키는 것은 사실이다. 그러나 「접동새」가 수용하는 '접동새 설화는 평안도 진두강가에 살았던 오누이의 슬픈 이야기로, 출가를 앞두고 계모에게 억울하게 죽은 큰 누나의 원혼이 접동새가 되어 남은 동생들을 못 잊고 밤마다 구슬피 운다는 내용'이다. 따라서 「접동새」가 '이러한 설화를 이끌어와 당시에 나라를 잃고 슬픔에 빠진 우리 민족의 심정을 절실한 가락으로 노래'한 작품이라고 볼 수는 있어도, 이는 2문단의 내용처럼 '설화의 단순한 차용이나 반복에 그치지 않는 현대시적 변용과 재창조'를 통해 가능했던 것이지, 그 설화 속의 평안도 오누이가 나라를 잃고 슬픔에 빠졌었다고 보기는 어렵다.

7.

정답 ②

정답 풀이 일상적 진실의 관점에서 볼 때 인생은 '인간의 일상적인 실존'으로 구성되는 것이며, 문학은 '인생의 단편'을 그려 내는 것이다. 반면 당위적 진실의 관점에서 볼 때 문학이 모방하는 대상은 '있는 그대로의 인생'이 아니라 '있어야 하는 인생'이다. 그렇다면 앞선 내용을 고려할 때 '있는 그대로의 인생'을 모방의 대상으로 삼는 입장은 일상적 진실의 관점일 것이다. 일제 말기의 비참한 역사적 현실은 당시의 '있는 그대로의 인생'에 해당하며, 따라서 ㉠은 '일상적 진실'이다. 일제 말기의 극한 상황이 '있는 그대로의 인생'임을 고려할 때, 「나그네」에 담긴 평화롭고 향토적인 인생은 비참한 역사적 현실이 사라진 '있어야 하는 인생'에 해당한다고 볼 수 있다. 따라서 ㉡은 '당위적 진실'이다. 마지막으로 아리스토텔레스의 '시는 '지금-여기의 진실을 드러내는 리얼리즘 문학과 다르다(구분된다)'고 설명되어 있다. '지금-여기 진실'이 곧 '있는 그대로의 인생'이라면, '있을 수 있는 세계'에 주목한 아리스토텔레스는 '있어야 하는 인생'을 담은 당위적 진실을 가치 기준으로 설정했을 것이다. 따라서 ㉢은 '당위적 진실'이다.

8.

정답 ③

정답 풀이 제시문에서 윤동주의 「병원」은 '발견', '감응', '환기'로 정식화된 서정의 구조마저도 불완전하다는 사실을 드러낸다는 점에서 문제적인 작품으로 소개되어 있다. 따라서 해당 문항을 해결하기 위해서는, 「병원」에 대한 설명이 '발견', '감응', '환기' 가운데 어떠한 계기의 불완전함을 지적하고 보완하는 것인지 이해할 필요가 있었다. 먼저 「병원」에 등장하는 늙은 의사가 화자인 젊은이의 병을 이해하지 못하는 대목은 특수자(화자)의 고통을 자신(의사)의 아픔으로 감응하지 못하는 모습을 보여 준다. '합리적 인식이 타자의 고통을 총괄하여 규정할 수 있어도 체험할 수는 없다'라는 아도르노의 말은, 특수자의 고통을 자신의 아픔으로 느끼는 '감응'이 불가능할 수 있다는 사실을 시사한다고 볼 수 있다. 따라서 ㉠에 들어갈 말은 '감응'이다. 또한 화자가 병원 뒤뜰에서 병들고 고립된 어떤 여성 환자의 오후를 목격하는 대목은 특수자의 고통스러운 현실을 발견하는 모습을 보여준다. '발견'은 동일성의 폭력 속에서 신음하는 특수자의 현실을 목격하는 것인데, 만일 화자가 '자신과 그녀를 동일시하게 되는 시선'을 갖게 된다면 '특수자의 현실을 외려 동일화'하게 되는 아이러니한 결과가 생겨날 것이다. 이처럼 그녀에 대한 화자의 무심한 언급은 동일성의 폭력 속에서 신음하는 특수자의 현실을 외려 동일화할 가능성을 경계하는 의미가 있는 것이므로, ㉡에 들어갈 말은 '발견'이다. 마지막으로 그녀가 누웠던 자리에 화자도 가서 누워 보며 서로의 건강이 회복되기를 소망하는 대목은 고통 없는 세계를 환기하는 장면이라고 할 수 있다. 제시문은 화자와 그녀의 건강이 당장 회복되지는 않을 것처럼 고통 없는 아름다운 세계가 아직 여기에 없음을 보여 주는 부정적인 방식으로써 그 세계가 환기되어야 한다는 점을 강조하고 있다. 따라서 ㉢에 들어갈 말은 '환기'이다.

9.

정답 ④

정답 풀이 제시문에 따르면 '믿을 수 없는 서술'의 비신빙성을 형성해 가는 요인들은 크게 네 가지로 유형화될 수 있다. 해당 문항은 2문단에 제시된 각각의 한국소설에서 '믿을 수 없는 서술'을 형성하는 요인이 1문단의 어떠한 유형에 해당하는지를 확인하는 작업이 요구되었다. 먼저 김동인의 「발가락이 닮았다」의 경우 서술자인 '나'가 총각 M의 친구이자 의사이며, '서술자의 친분에서 비롯된 선입견이 작동'한다고 설명되어 있다. 이는 '서술자가 다른 인물과 맺은 개인적 연루 관계(=친분)가 서술자의 이성적인 판단을 흐리게 하여 편견(=선입견)에 사로잡힌 서술을 낳는 경우'에 해당한다. 따라서 ㉠은 '개인적 연루 관계'에 해당한다. 참고로 「발가락이 닮았다」의 서술자는 의학적 지식이 있는 인물이므로, '서술자의 지식 수준이 사회적·도덕적 상식에 미치지 못하'는 경우에 해당한다고 보기 어렵다. 다음으로 염상섭의 「제야」의 경우 서술자는 '구시대의 성관념'이라는 당대 현실의 리얼리티에 대해 '현대적 윤리'라는 독특한 관점을 견지하는 인물인데, 이는 '봉건적 가치관에 사로잡힌 독자에게 새로운 관점을 제공'한다고 설명되어 있다. 이는 '당대 현실의 리얼리티에 대해 독특한 관점을 제시하는 특이한 개성을 소유한 서술자가 등장하는 경우'에 해당한다. 따라서 ㉡은 '특이한 개성'에 해당한다. 참고로 ㉡이 '문제적인 가치규범'에 해당하려면 서술자의 가치규범이 '작품이 전달하려는 주제의식과 대립을 형성'해야 하는데, 「제야」가 전달하려는 주제의식은 '봉건적 가치관에 사로잡힌 독자'를 향한 '새로운 관점'으로서 '신여성'인 서술자가 보여 주는 '현대적 윤리'이므로, 서술자의 가치규범이 작품의 주제의식과 대립을 형성한다고 볼 수 없다. 마지막으로 채만식의 「치숙」의 경우 '식민지 상황을 긍정하고 기꺼이 일본에 동화하려는 서술자의 가치관'이 '독자의 비판의식을 맹렬하게 이끌어' 낸다고 설명되어 있는데, 이는 '서술자가 문제적인 가치규범(=일본에 동화)에 윤색되어 있어 작품이 전달하려는 주제의식(=친일에 대한 비판의식)과 대립을 형성하는 경우'에 해당한다. 따라서 ㉢은 '문제적인 가치규범'에 해당한다.

<2> 실력 확인 문제

1.

정답 ②

정답 풀이 마지막 문단에 기술되었듯이, 마지막 4연은 외면이나 도피가 아닌, 현실을 새롭게 규정하는 적극적 행위로 읽어야 한다.

오답 풀이
① 뚜렷한 계절의 변화는 기술되어 있지 않다.
③ 반목과 화해를 거듭한 적이 없다.
④ 절망하는 것에서 투사의 면모가, 희망을 놓지 않으려는 것에서 시인의 면모가 나타나는 것이다.

2.

정답 ①

정답 풀이 2문단은 1문단의 사례로 볼 수 있다. 첫 번째 빈칸 근처에서는 고뇌, 민감한 주제 등이 언급되어 있으며 이것은 문제의 현실성에 해당한다. 두 번째 빈칸 근처에서는 당시의 시공간이 언급되어 있으며 이는 첫 문단에 언급된 세계의 현실성에 해당한다. 나아가, 이데올로기를 근저에서 흔들었다는 이야기, 자살을 선택했다는 이야기는 결국, 해결의 현실성과 연관이 있다. 정답은 ①이다.

3.

정답 ③

정답 풀이 2문단에 따르면 20세기 초 문학 독자층 중 일본을 비롯한 외국의 순수문학 소설 등을 향유했던 이들을 '엘리트 독자층'이라고 부름을 확인할 수 있다.

오답 풀이
① 2문단에 따르면 전통과 근대의 두 범주에 귀속시키기 어려운 독자층이 '엘리트 독자층'임을 확인할 수 있다. 따라서, 근대적 대중 독자층에서 엘리트 독자층이 분화되어 나왔다고 보기는 어렵다.
② 1문단에 따르면 전통적 독자층에 농민과 양반이 근대적 대중 독자층에 도시 노동자와 학생이 속함을 확인할 수 있다. 이를 통해, 신분과 학력만을 기준으로 20세기 초에 문학 독자층을 구분하였다고 판단하기는 어렵다.
④ 1문단에 따르면 전통적 독자층에 농민과 양반이, 근대적 대중 독자층에 도시 노동자 및 학생이 속함을 확인할 수 있다. 따라서, 이러한 내용만으로는 특정 독자층이 경제적으로 부유했다고 판단하기는 어렵다.

4.

정답 ③

정답 풀이 2문단에 따르면 한문소설을 필사한 경우는 이본별 내용 차이가 거의 없는 반면 한글소설을 필사한 경우는 같은 제목의 소설이라도 내용이 상당히 다른 다양한 이본이 있었다. 이는 한자에 비해 한글은 익히기 쉽고 그만큼 쓰기도 편해서 한글 소설의 필사자는 내용을 바꾸고 싶다는 의지가 있다면 쉽게 바꿀 수 있었기 때문이므로 적절하다.

오답 풀이
① 윗글에 따르면 한자로 표기한 한문소설과 한글로 표기한 한글소설의 종류는 각각 3가지로 동일하다.
② 조선 시대의 지식인들은 조선에서 창작된 많은 한글소설을 저급한 오락물로 여겨 외면한 반면 한문소설은 즐겨 읽었다. 조선에서 창작한 한문소설은 한문소설에 속하므로 적절하지 않다.
④ 2문단에 중국에서 들여온 한문소설은 그 필사본이 거의 없는 반면, 조선에서 창작한 한문소설은 필사본으로 유통되었다고 제시되고 있다. 그러나 조선의 필사본 소설 중 한문소설을 필사한 것과 한글소설을 필사한 것 중 어느 것이 더 많았는지는 지문에 제시되지 않았다.

5.

정답 ④

정답 풀이 (가)의 '옮겨 쓰는' 과정은 원본을 필사하여 이본을 만들어 내는 과정을 의미한다. ⓔ은 한문소설을 필사하여 이본을 만들어 내는 과정을 의미하므로 문맥상 (가)의 의미와 가장 가깝다.

오답 풀이
① ㉠의 '표기한'은 한문소설이 한자로 적혀있음을 의미한다.
② ㉡의 '번역한'은 한글을 한문으로 바꾸어 적었음을 의미한다.
③ ㉢의 '기록한'은 당대의 지식인들이 한글소설에 대한 의견을 문헌에 남기는 것을 의미한다.

6.

정답 ④

정답 풀이 '천상계의 의지나 그 대리자의 개입에 의해서 지상계의 서사가 결정'되는 것은 판소리계 소설이 아닌 영웅 소설의 특징이다. 이원적 세계상을 잘 보여 주는 영웅 소설에서 천상계는 지상에서 일어나는 모든 사건의 발생과 귀결을 지배하는 초월적 세계로서, 일시적으로 고난에 빠졌던 주인공이 세상에 창궐한 악을 물리치고 승리하도록 해 주는 근거로 작용한다. 더불어 '판소리계 소설에는 초월적 세계가 지배적 장치로 나타나는 경우가 극히 드물다'는 내용 또한 선지 판단의 근거가 된다. 따라서 저러한 양상이 두드러진다는 것은 적절하지 않다.

오답 풀이
① 1문단에서 '천상계와 지상계로 나누어진 영웅 소설의 세계 구조에서 서사적으로 중요한 것은 지상계의 일이지만 인과론적 구도로는 천상계가 우위에 있다.'를 확인할 수 있다. 이러한 특징을 1문단 마지막에서 '이원적 세계상'이라는 한 단어로 정의하고 있기에 해당 선택지는 적절함을 알 수 있다.
② 2문단의 '판소리계 소설의 세계상은 대체로 일원적이고 경험적이다. 판소리계 소설에는 초월적 세계가 지배적 장치로 나타나는 경우가 극히 드물며, 현실의 경험적 인과 관계에 의해 서사가 전개된다.'를 통해 적절함을 알 수 있다. '판소리계 소설에는 초월적 세계가 지배적 장치로 나타나는 경우가 극히 드물다'는 특징이 선택지의 '경우가 많다.'와 연결되는 점까지 확인할 수 있다.('항상'이 아닌, '많다'라는 점) 서사에 있어 영웅 소설은 인과론적 구도로 천상계가 우위에 있는 인과 관계, 판소리계 소설은 초월적 세계의 의지나 그 대리자의 개입 없이 현실의 경험적 인과 관계의 특징을 보인다는 것이 핵심 차이점이다.
③ '초월적 세계가 이미 설계한 바에 따라 쉽사리 해소되는 '이런 모습'의 세계 구조를 '이원적 세계상'이라고 부른다고 하였다. 지시어에 힘주어 읽어야 했다.

7.

정답 ②

정답 풀이 2문단에 따르면 이광수가 「무정」에서 표준어를 사용한 것은 근대적 가치를 실현하기 위한 의도적인 선택이었다. 따라서, 해당 선지의 내용이 적절하다고 판단할 수 있다.

오답 풀이

① 1문단에 따르면 「배따라기」에서 인물들의 대화는 출신지와 작중 배경에 맞는 사투리로 이루어졌고, 이 점에서 작품의 리얼리티가 잘 구현되었다. 따라서, 「배따라기」는 표준어를 사용하여 작품의 리얼리티를 확보하였다고 보기 어렵다.

③ 3문단에 따르면 「토지」에서 '서희'는 사투리를 구사하지 않으므로 해당 선지의 내용은 적절하다고 보기 어렵다.

④ 1문단에 따르면 작품의 리얼리티를 얼마나 잘 구현했는가를 기준으로 본다면, 「무정」보다 「배따라기」가 더 뛰어나다고 볼 수 있다고 제시되었다. 2문단에서 「무정」을 리얼리티의 구현 정도를 기준으로 낮잡아 평가하는 것은 곤란하다고 서술하고 있지만, 1문단과 2문단의 내용을 종합해 본다면 작품의 리얼리티를 기준을 할 때, 「무정」이 「배따라기」보다 더 뛰어나다고 단정짓기는 어렵다.

8.

정답 ①

정답 풀이 '영합(迎合)하다'는 '사사로운 이익을 위하여 아첨하며 좇음.' 또는 '서로 뜻이 맞음.'의 의미이다. 따라서, ㉠ '맞는'를 '영합하는'로 바꾸어 쓰는 것은 적절하지 않다.

오답 풀이

② '표상(表象)하다'는 '추상적이거나 드러나지 아니한 것을 구체적인 형상으로 드러내어 나타냄.'의 의미이다. 따라서, ㉡ '나타내는'를 '표상하는'로 바꾸어 쓰는 것은 적절하다.

③ '상기(想起)하다'는 '지난 일을 돌이켜 생각하여 냄.'의 의미이다. 따라서, ㉢ '떠올리면'을 '상기하면'으로 바꾸어 쓰는 것은 적절하다.

④ '분명(分明)하다'는 '모습이나 소리 따위가 흐릿함이 없이 똑똑하고 뚜렷하다.'의 의미이다. 따라서㉣ '뚜렷하게'를 '분명하게'로 바꾸어 쓰는 것은 적절하다.

PART 6 빈칸 추론

<1> 실전 연습 문제

1.

정답 ③

정답 풀이 지문의 핵심은 이해관계가 소유에 바탕을 둔다는 것에 있으며, 필자는 이러한 내용을 뒷받침하기 위해 개인들의 관계와 국가 간의 관계를 제시하고 있다. 이를 고려해 볼 때 괄호 안에 들어갈 내용으로는 '소유욕은 이해(利害)와 정비례한다.'라는 내용이 가장 적절하다고 볼 수 있다.

오답 풀이

①, ④ 지문의 핵심은 이해관계가 소유에 바탕을 둔다는 것에 있으며, 소유사에서 무소유사로 그 방향을 바꾼다면 싸우는 일이 사라질 것이라고 제시하고 있을 뿐이다. 이를 고려해 볼 때 괄호 안에 들어갈 내용으로 소유 또는 소유욕이 없어지는 세상이 온다는 내용은 적절하지 않다.

② 필자는 괄호의 내용을 뒷받침하기 위해 개인들의 관계와 국가의 관계를 제시하며 이해관계가 소유에 바탕을 둔다는 지문의 핵심을 제시하고 있다. 따라서 괄호 안에 들어갈 내용으로 '소유욕이 불가역적이다'라는 것은 적절하다고 볼 수 없다.

2.

정답 ①

정답 풀이 지문에 따르면 18세기 말부터 19세기까지의 소설이 개인에 의해 필연적으로 구성되는 법칙을 찾는 주관적인 목표만 있다고 하였다. 이로 인해 범죄와 영웅적인 행위, 광기와 지혜의 구별은 개인 의식의 특성과 복잡성에 의해 판단된다고 한다. 이를 고려해 볼 때, 괄호 안에 들어갈 내용으로는 문화적 권위의 전통적인 원천이 외적으로 주어지는 것과 달리, 소설의 개인적인 특성을 내세운다는 것이 적절함을 알 수 있다.

오답 풀이

② 사회적 의식의 복잡한 구조를 강조한다는 내용은 찾아볼 수 없다.

③ 지문에 따르면 범죄와 영웅적인 행위, 광기와 지혜의 구별은 개인의 의식의 특성이나 그 특성의 복잡성에 의해 판단되는, 전적으로 주관적인 것으로 파악할 수 있으므로 적절하지 않다.

④ 주인공의 내적 자아를 집단적 지혜로 발전시킨다는 내용은 찾아볼 수 없다.

3.

정답 ④

정답 풀이 지문에서 과학상에서의 많은 발견들이 직관적 영감 없이는 이루어질 수 없었다고 하며, 직관적 영감의 역할의 중요성을 강조한다. 과학의 발견이 단 1%의 영감에 의해 이루어진다는 말은 직관적 영감의 역할을 과소평가한 것으로 볼 수 있다.

오답 풀이

① 지문에서 과학의 발견에서 직관적 영감의 역할의 중요성을 강조할 뿐, 과학자들의 천재성을 이야기하고 있지 않다.

② 지문에서 영감과 노력의 상호 작용에 대한 내용은 찾아볼 수 없다.

③ 지문에서 직관적 영감이 예술뿐만 아니라 과학의 발견에서도 중요함을 강조하고 있다. 그러나 과학의 발견이 단 1%의 영감에 의해서 이루어진다는 말은 직관적 영감의 역할을 과소평가한 것이지, 과학과 예술의 유사성을 시사한다고 볼 수 없다.

4.

정답 ④

정답 풀이 지문의 '천문학자들'은 '뉴턴의 이론'을 근거로 예측한 달의 운동과 관찰 결과 사이의 불일치를 지적하며 '뉴턴의 이론'이 틀렸음을 주장하였다. 하지만 이들은 '뉴턴'의 충고에 따라 관찰 방법을 수정하였고, 그 결과 자신들의 오류를 인정하게 된다. (㉠)에는 누군가의 문제점을 지적하려다가 스스로의 문제점을 발견한 '천문학자들'의 모습을 비유적으로 표현한 것이 들어가야 한다. '혹 떼러 갔다가 혹 붙인'은 자기의 부담을 덜려고 하다가 다른 일까지도 맡게 된 경우를 비유적으로 이르는 말로, 이와 같은 상황을 적절히 드러낸다고 할 수 있다.

오답 풀이

① '길러준 개 주인 문'은 은혜를 모르고 배은망덕하게 행동을 하는 경우를 비유적으로 이르는 말이므로, 누군가의 문제점을 지적하려다가 스스로의 문제점을 발견한 '천문학자들'의 모습을 비유적으로 표현한 것으로 적절하지 않다.

② 누군가의 문제점을 지적하려다가 스스로의 문제점을 발견한 '천문학자들'의 모습을 돈과 친구 모든 것을 잃은 모습으로 볼 수 없으므로 적절하지 않다.

③ '다 된 밥에 재 뿌린'은 거의 다 된 일을 마지막에 망치게 된 경우를 비유적으로 이르는 말이므로, 누군가의 문제점을 지적하려다가 스스로의 문제점을 발견한 '천문학자들'의 모습을 비유적으로 표현한 것으로 적절하지 않다.

5.

정답 ③

정답 풀이 '기분조정 이론'은 '기분관리 이론'이 현재 시점에만 초점을 맞추고 있다는 점을 지적한다. 이를 고려할 때, 빈칸에는 현재 시점 외의 상황을 고려하여 음악을 선택하는 사람들의 행위가 들어가야 함을 알 수 있다. 실험자 A는 '집단 1'에 재미있는 놀이를, '집단 2'에는 심각한 과제를 예고했다. 이에 '집단 1'은 최적 상태 수준에서 즐거움을 유지했으며, 기다리는 시간 동안 흥겨운 음악을 선택, 유지하는 결과를 보였다. 반면 '집단 2'는 최적 상태 수준보다 낮은 흥분 수준을 보였다. 이에 그들은 시간이 흐름에 따라 과도하게 흥겨운 음악을 선택하는 것에서 기분을 가라앉히는 차분한 음악을 선택하는 쪽으로 변화를 보였다. 이는, 그들이 미래에 올 상황에 맞추어 기분을 조정하는 것으로 이해할 수 있다. 따라서 정답은 ③이다.

오답 풀이

① 기분 조정 이론을 검증하기 위한 실험에서 집단 2는 최적 상태 수준을 벗어날 정도로 기분이 가라앉은 후 과도하게 흥겨운 음악을 선택하고 있으므로, 현재의 기분을 지속하는 데 도움이 되는 음악을 선택한다고 볼 수 없다.

② 기분 조정 이론을 검증하기 위한 실험에서 집단 1은 최적의 기분 상태에서 다소 즐거운 음악을 선택했을 뿐, 다음에 올 상황을 고려해 흥분을 유발할 수 있는 음악을 선택하고 있지 않으므로 적절하지 않다.

④ 기분조정 이론은 기분관리 이론이 현재 시점에만 초점을 맞추고 있다는 점을 지적하고 이를 보완하고자 한 이론이므로 적절하지 않다.

6.

정답 ④

정답 풀이 지문의 마지막 단락에서 '인의 도'를 다하기 위해서는 실천하여 행해야 한다고 나와 있는데, 『논어』와 『맹자』의 사례 모두 이를 온전히 행하지 못한 모습을 드러낸다. 따라서 빈칸에 들어갈 내용은, '인의 도가 지향하는 이상'인 '천지만물을 자기와 하나로 여긴다'는, 사람이 만물을 죽이지 않는다는 것을 철저하게 실천하지 못했다는 내용이 진술된 ④라고 할 수 있다.

오답 풀이

①, ②, ③ 지문의 마지막 단락에서 '인의 도'를 다하기 위해서는 실천하여 행해야 한다고 나와 있다. 그러나 유교 경전인 『논어』와 『맹자』의 사례 모두 '나는 새를 맞추'고 '고기를 먹'어 '인의 도'를 온전히 행하지 못하는 모습을 드러내고 있으므로 적절하지 않다.

7.

정답 ④

정답 풀이 지문의 핵심 논지는 '알고리즘'이 비록 '실수'로 인해 완벽하지 못하더라도, 그보다 더 신뢰할 만한 게 없다는 것이다. 이러한 내용은 두 번째 문단에서의 '인간'과의 비교, 마지막 문단에서의 '처칠'의 민주주의와 관련된 말을 통해 파악할 수 있다. 빈칸 안에는 이러한 중심 내용이 들어간 문장이 들어가야 하는데, ④가 그러한 내용을 담고 있다고 할 수 있다.

오답 풀이

①, ⑤ 지문의 내용을 살펴볼 때, '모든 결점을 제거'하라는 주장과 '이 결점 때문에 우리의 질서가 무너질 것'이라는 주장은 지문에서 찾아볼 수 없기에 ①과 ⑤는 오답이 된다.

②, ③ 지문의 앞부분에 제시된 내용이기는 하나 이것들이 핵심 논지라고 할 수는 없다.

8.

정답 ②

정답 풀이 '시간 여행'이 불가능하다고 주장하는 사람과 가능성을 옹호하는 사람에 대한 내용이 제시되어 있다. 전자의 경우, '시간 여행 중에 발생하는 사건'에 의해 '역사'가 변화할 수 있고, 그 과정에서 모순이 생겨난다고 주장했다. 이를 반박하기 위해서는 후자는 '시간 여행 중에 발생하는 사건'에 의해 '역사'가 변화할 수 있다는 전자의 전제를 부정할 수 있을 것이다. 따라서 정답은 ②가 된다.

오답 풀이

①, ③ 전자의 논리에 모두 반박되므로 적절하지 않은 주장이라 할 수 있다.

④, ⑤ 지문의 내용과 무관한 내용이 진술되어 있다.

<2> 실력 확인 문제

1.

정답 ③

정답 풀이 밀렵 금지법은 11C 후반 이후 제정된 것이다. ①번 선지는 고로 적절하지 않다. 작중 인물 국왕 에드워드는 1307년 즉위이므로, 14세기 이전은 불가능하다. ②번 선지도 고로 적절하지 않다. 에드워드 3세는 순행 기록이 없으므로, 14C 후반도 적합하지 않다. 따라서, ④번 선지도 적절하지 않다. 정답은 ③번뿐이다.

오답 풀이

① 로빈후드 이야기의 시대 배경은 에드워드 2세의 재위 기간인 1307년~1327년일 가능성이 가장 크므로, 빈칸에 들어갈 말로 '11세기 후반'은 적절하지 않다.
② 로빈후드 이야기의 시대 배경은 에드워드 2세의 재위 기간인 1307년~1327년일 가능성이 가장 크므로, 빈칸에 들어갈 말로 '14세기 이전'은 적절하지 않다.
④ 로빈후드 이야기의 시대 배경은 에드워드 2세의 재위 기간인 1307년~1327년일 가능성이 가장 크므로, 빈칸에 들어갈 말로 '14세기 후반'은 적절하지 않다.

2.

정답 ④

정답 풀이 (가)는 '부모, 친구, 선생님 등'을 가리키는 것이고, 이는 '그 사람이 나에게 중요하다면 그 평가는 자아 개념 형성에 큰 영향을 미칠 수 있다.'는 지문 서술에 대해 '그런 범주에 들어갈 수 있는 사람'으로 제시된 것이므로, (가)에는 '중요한 타인'이 들어갈 것이라고 판단할 수 있다.

(나)에 이어지는 문단에 따르면 이 개념은 '단순히 타인을 모범으로 삼아 따라 하거나 타인의 훈육을 통해 자아를 형성하기보다는', '타인에게 비치는 나의 모습을 상상'한다는 것이므로, '모범적인 타인을 따르는 자아'는 적절하지 않음을 알 수 있다. 이 둘을 모두 만족하는 것은 ④이다.

PART 7 순서 추론

<1> 실전 연습 문제

1.

정답 ③

정답 풀이 (가)의 뒷부분에서는 '자신이 스스로 결정한다고 믿는 것'이 이미 짜인 각본이라는 내용을 제시한다. (다)는 이러한 내용에 대해 의문을 제기하므로, (가) 뒤에 바로 연결된다고 할 수 있다. 또한, (나)는 '그런 운명'을 활용하여 (다)의 내용과 상충되는 내용을 제시하며, (라)는 (나)의 내용에 대한 부연을 제시한다. 이를 통해 정답은 ③이 됨을 알 수 있다.

2.

정답 ②

정답 풀이 선지를 살펴볼 때, 지문은 (가) 혹은 (라)로 시작하는 것을 알 수 있다. 하지만 (라) 앞에서 '그것은'이 제시되었으므로, (라)는 첫 번째 문장이 될 수 없다. 따라서 첫 문장은 (가)가 된다. (가)는 '인물 그려내기'에 대한 통념을 제시한다. (가)에는 (나)의 '여기서'와 (라)의 '그것은'에 대응되는 개념이 없으므로, (가) 뒤에 연결된 문장은 (다)가 된다. (다)는 '인물 그려내기'에 대한 통념을 반박하는 진술이 제시되었다. (나), (라)는 이에 대한 상술이 제시되었기에, 정답이 ②임을 알 수 있다.

3.

정답 ②

정답 풀이 (다)와 (라) 모두 '언어 표현'과 관련된 것이기에, 이들보다 '심리 구조'를 '언어 표현'에 연관 지어 제시한 (나)의 내용이 먼저 (가)와 연결되어야 한다. (라)는 (나)에 대한 사례이며, (다)는 (라)의 사례를 보다 구체적인 예시를 들어 설명한 것이다. 따라서 (나)가 제시된 후에는 (라)-(다)의 순서로 연결되어야 한다.

4.

정답 ②

정답 풀이 (라)에 제시된 사례는, (다)의 '속성'을 아는 것이 '비교급에 해당하는 관계'에 선행해야 한다는 내용에 대한 것이다. 따라서 (라)는 (다)의 뒤에 위치하게 되며, (다)-(라)의 연결 관계를 보이지 않는 선지 ①, ③은 소거된다. 한편, (다)의 첫 문장에 '이러한 속성'이 제시되었으므로, (다)의 내용은 첫 순서가 될 수 없다. 이에 정답은 (가)-(다)-(라)-(나)의 ②가 된다.

5.

정답 ③

정답 풀이 (나)에서는 '이혼'과 관련한 『대명률』의 내용과 조선의 태도에 대해, '조선은 『대명률』을 준용하면서도 '조선에는 이혼이란 없다.'라는 태도를 견지하였다.'와 같이, 간략히 제시되어 있다. 이러한 『대명률』과 실제 조선의 상황 간의 관계에 대해서는 (가)에 구체적으로 상술되어 있다. 이에 (나) 뒤에 (가)가 와야 함을 알 수 있다. 또한, (가)에서는 '조선'의 국가적 분위기 자체가 '이혼'에 대해 부정적이었다는 내용이 제시되었는데, (다)에서는 '양반 남자 집안' 또한 그러했다는 내용을 덧붙이며 (가)의 내용을 부연해 나가고 있다. 이를 통해 (가) 뒤에는 (다)가 위치해야 함을 알 수 있다. 또한 그 과정에서 '적처'의 정의와 존재의 중요성에 대해 제시되기도 했는데, 이는 (다)가 (라)의 앞에 위치하는 이유가 된다. 따라서 정답은 (나)-(가)-(다)-(라)이다.

6.

정답 ③

정답 풀이 (나)에서는 '전투 신경증'에 대한 논쟁이 '환자의 의지력'을 중심으로 이루어졌다고 하는 일반적 진술이 제시되었다. (다)에서는 '전통주의자'들이 '전투 신경증'을 보이는 군인이 '의지박약'하기 때문이라는 구체적인 내용이 제시되었다. 따라서 (나)-(다) 순의 연결이 이루어진다. (가)에는 '이러한 정신적 증후군의 발병'이라는 표현이 활용되었는데, 이는 (라)의 '심리적 외상의 실재'와 관련된 내용을 지칭하는 것이다. 이를 고려해 본다면, (라)-(가) 순의 연결이 이루어짐을 알 수 있다. 또한, (가)에서는 '심리적 외상을 계기로 발생'하는 '신경증적 증후군'에 대한 일반적인 진술이 제시되었는데, (나)에서는 이에 대한 구체적인 진술로 '전투 신경증'의 내용이 제시되었다고 할 수 있다. 즉, (가) 뒤에는 (나)가 연결되어야 하는 것이다. 이러한 연결 관계를 고려하였을 때, 정답은 (라)-(가)-(나)-(다)의 ③이 된다.

<2> 실력 확인 문제

1.

정답 ②

정답 풀이 매들이 인기가 있었다는 전제 문항을 기억하자. (나)가 제일 먼저 와야 한다. '이 북방의 매'라는 지시어가 있기 때문이다. 그 다음에는 (가)가 와야 한다. 동어 즉 조선과 일본의 단절과 관계에 대한 이야기가 등장하기 때문이다. 마지막으로는 (다)가 와야 하는데, 이러한 외교 관계는 대마도를 매개로 한 관계를 일컫고 있고, 대마도라는 동어가 등장하므로 정답은 ②번이다.

2.

정답 ②

정답 풀이 (가)의 앞부분에서는 '원리'를 설명하여야 할 현상이 제시되어야 한다. (나)의 '롤러블 TV'가 이에 해당한다고 볼 수 있으므로 (나)-(가) 순으로 연결된다고 볼 수 있다. 또한, (가)에서는 LCD와 OLED의 차이점을 알아야 한다며, LCD의 속성을 우선적으로 제시하고 있다. 따라서, (가)의 뒤에는 LCD와는 다른 OLED의 속성이 제시되어야 하므로 역접으로 연결되고 있는 (라)가 뒤에 와야 하므로 (나)-(가)-(라) 순으로 연결될 것이다. 또한, (가)에서 제시된 '원리'에 관한 내용이 LCD와 OLED의 차이점 뒤에 제시되어야 하므로 (다)가 제일 마지막에 와야 함을 알 수 있다. 따라서, (나)-(가)-(라)-(다)의 순으로 연결되어야 한다.

3.

정답 ③

정답 풀이 선택지 확인을 통해, 윗글의 시작이 (나) 혹은 (다)일 것을 예상할 수 있다. (다)의 내용을 살펴보면 '이미지를 디지털로 저장하는 가장 기본적인 방법은 픽셀 단위로 수치화하여 저장하는 것'으로 내용이 초점화되고 있으며, 픽셀 단위로 수치화하는 것과 관련하여 이어지는 자연스러운 내용은 (가)의 내용이 된다. 따라서 (다) - (가) 순이 될 것을 알 수 있다. (가)의 내용에서는 초기 컴퓨터의 경우 흑백만 표현할 수 있었기 때문에 이미지는 하나의 픽셀에 대해 흑과 백이 0과 1로 표현되는 1비트로 저장되었다는 초기 컴퓨터의 특징이 제시된다. 이러한 내용과 관련하여 '하지만'이라는 접속어로 연결해, 초기에는 1비트였으나 최근에는 32비트까지 사용한다는 (라) 내용을 봤을 때, (다) - (가) - (라) 순의 내용이 적절한 나열이라 할 수 있다. (라)의 마지막 내용에서 '최근에는 높은 해상도를 구현하기 위해 픽셀 하나에 32비트까지 사용한다.'라는 내용을 확인할 수 있는데, 이러한 높은 해상도의 구현이 일으킨 문제를 언급하는 (나)가 (라) 다음에 이어지는 것이 자연스러울 것이다. 더불어 (나)에서 의의를 제시하는 내용이 나타난다는 점을 고려한다면 마지막에 배치되는 것이 가장 자연스럽다.

PART 8 작문과 화법

<1> 실전 연습 문제

1.

정답 ④

정답 풀이 문제점이 세 개인데, 해결책이 두 개다. 그러므로 학년 간 체험 활동 내용의 중복에 대한 해결 방안이 제시되어야 한다. 정답은 ④번이다.

오답 풀이
① 상위 항목은 직업 체험 활동의 의의임에 반해 ㉠은 활동에 대한 수요를 다루고 있으므로 관련성이 떨어지는 것은 맞다. 하지만 고친 표현도 '학생들'과 '사회적'으로 수요의 주체만 달라졌을 뿐, 활동의 의의가 아닌 활동에 대한 수요를 다루고 있으므로 적절하다고 볼 수 없다.
② ㉡은 진로를 선택할 잣대를 제공해 준다는 것에 반해, ㉢은 그렇게 설정된 진로를 추구하기 위해 필요한 것인 능력 향상의 동기를 유발한다는 것이므로 내용이 중복된다고 볼 수 없다.
③ 간접 체험 위주의 활동은 직접 체험이 필요할 경우 문제가 되고, 학생들의 적성이 반영되지 않는다면 학생들에게 맞는 직업을 체험할 수 없다는 것이며, 학년 간 체험 활동 내용이 중복되면 체험 내용의 다양성이 떨어진다는 것이므로 모두 체험 활동의 문제점이라고 볼 수 있다. 따라서 ㉣이 하위 항목을 포괄하지 못한다는 것은 적절한 검토라고 볼 수 없다.

2.

정답 ④

정답 풀이 논의 범주는 옥외 쉼터 조성이다. 낙후된 교실 환경에 대한 사회적 관심 촉구는 글의 주제와 관련성이 떨어진다.

오답 풀이
① 주제 및 상위 범주의 내용에서 벗어난 내용이므로, '휴식 및 친교 기능의 공간 요구'로 바꾸는 것이 적절하다.
② ㉡의 상위 항목은 '조성의 장애 요인'이다. 자연 친화적 공간 활용 계획을 수립한다는 것은 대책이지, 문제 상황이 아니다. 본론의 3. 해결 방안의 나. 항목은 반대로 '활용 방안 부재'라는 문제 상황이지 문제를 해결할 수 있는 대책이 아니므로 둘이 서로 위치를 바꾸는 것이 적절하다.
③ 2. 조성의 장애 요인에서는 다. 항목으로 재원 확보의 어려움을 지적했으므로, 글의 완결성을 위해서는 이에 대응되는 해결 방안이 제시되어야 한다. 주어진 <보기>에서는 장애 요인 가, 나에 대응하는 해결 방안만 제시되었으므로, 다에 대응하는 '재원 확보' 하위 항목이 추가되는 것이 적절하다.

3.

정답 ⑤

정답 풀이 불신 풍조의 확산으로 사회적 소통이 단절된 것은 해결책 파트인 [3회]에서 다룰 필요가 없다.

오답 풀이
① '자기 방어와 자기 보호 심리'는 나, 다, 라와 달리 거짓말의 유형이 아니라 '심리적 동기'에 해당하는 것이므로 교체하는 것이 옳다. 사실 은폐와 위증은 진실을 감추고 거짓으로 진술하는 것이므로 거짓말의 한 유형이라고 볼 수 있으니 이것으로 교체하는 것은 적절한 수정 방안이다.
② 1-라는 '사회'의 범주를 넘어, 국가 간의 문제를 다루고 있는 것이므로 적절한 수정 방안이다.
③ 작성 계획에 따르면 구조 및 제도적 차원의 원인이 제시되어야 한다. 선지의 경우 '구조'를 다루고 있는 것이 맞으므로, 작성 계획에 부합하고, 1.에서 나. 루머와 흑색선전, 다. 논문 표절과 실험 결과 조작이 제시되고 있는데 2.에서 업적주의와 성공 지상주의로 다에 대한 원인은 이미 제시했다고 볼 수 있으므로, 나에 대한 원인이 제시되어야 한다고 판단할 수 있다. 신뢰성 없는 정보의 확대 재생산은 '루머'와 잘 연결된다고 볼 수 있으므로, 적절한 수정 방안이다.
④ 작성 계획과 제목을 참고할 때, 상위 항목인 3.은 거짓말이 사회에 미치는 악영향이어야 하는데, 제재 수단의 부족은 거짓말이 끼치는 악영향이라고 보기는 어렵다. 오히려 거짓말을 해도 제재를 받지 않아서라는 원인에 가까우므로, 적절한 수정 방안이다.

4.

정답 ①

정답 풀이 서론을 볼 때 (가)에서는 '평화에 대한 일반적인 인식'이었던 것이, (나)에서는 '위기에 빠진 세계 평화 – 최근의 국제적 분쟁 상황'으로 바뀌었다. 이는 '최근'이라는 표현에 근거해 볼 때 시급성이 기존에 비해 더 강조되었다고 볼 수 있고, 일반적인 인식에서 나아가 실제 우리가 살아가는 '세계'를 이야기하면서 국제적 분쟁 상황을 이야기한다는 점에서 문제의 현실성을 강화하는 것으로 볼 수 있으므로 적절하다고 판단할 수 있다.

오답 풀이

② (가)에서는 본론에서 평화에 대한 두 가지 관점을 제시한 데 비해, (나)에서는 이러한 다양한 관점이 명시적으로 드러나고 있다고 보기 어렵다.
③ (가)에서는 서론에서 제시한 평화에 대해 본론 1에서 소극적 관점과 적극적 관점으로 나누어 설명하고 있는 데 비해, (나)에서는 평화 자체에 대한 설명이 (가) 수준으로 제시되고 있다고 보기 어렵다.
④ (가)에서는 평화에 대한 인식을 다루면서, 소극적 관점과 적극적 관점을 제시한 뒤 본론 2에서 '1의 나'에서 다루었던 적극적 관점을 바탕으로 적극적인 노력을 촉구하고 있다고 볼 수 있고, 결론 역시 이 흐름을 이어 평화에 대한 인식의 변화를 촉구하고 있으므로 (나)에 비해 논리적 비약이 있다고 단언하기는 어렵다.
⑤ (가)에서 평화에 대한 일반적인 인식으로 서론을 구성한 뒤, 평화 일반에 대한 관점을 제시한 데 반해, (나)의 경우 최근의 국제적 분쟁 상황을 다루면서 결론부에서는 현 상황에서의 핵심 과제를 제시하고 있으므로 문제의 일반화가 드러나고 있다고 보기는 어렵다.

5.

정답 ③

정답 풀이 강연자는 청중에게 타이포그래피의 기능을 보여 주는 구체적인 사례를 제시하고 이를 분석하면서 강연의 중심 내용을 설명하고 있다.

오답 풀이

① 청중과 공유했던 경험을 제시하고 있지 않다.
② 객관적인 통계 자료를 활용하고 있지 않다.
④ 청중이 희망하는 직업들의 특징을 언급하고 있지 않다.
⑤ 강연 중간에 청중이 질문하거나 강연자가 질문에 답하는 부분은 찾을 수 없다.

6.

정답 ①

정답 풀이 '작품 1'은 '어린이 보호 구역'이라는 글자의 가독성을 높여 제작한 것이므로 타이포그래피의 언어적 기능에 중점을 둔 것이다.

오답 풀이

② '작품 2'는 외형적 아름다움뿐만 아니라 글자가 나타내는 의미까지 시각화하여 전달한 것이다. 즉, 글자가 나타내는 의미와 상관없이 글자를 작품의 재료로만 활용하고 있는 것은 아니다.
③ '작품 3'은 글자의 의미와는 무관하게 글자의 형태만을 활용하여 제작자의 신선한 발상을 전달하고 있으므로 타이포그래피의 조형적 기능에 중점을 둔 것이다.
④ '작품 1'과 '작품 2'가 글자의 색을 화려하게 사용했는지는 제시된 강연만으로 확인하기 어렵다. 또 '작품 1'은 타이포그래피의 언어적 기능에, '작품 2'는 조형적 기능에 중점을 둔 것이다.
⑤ '작품 2'와 '작품 3'이 모두 타이포그래피의 조형적 기능에 중점을 둔 것은 맞지만, '작품 3'은 '작품 2'와 달리 글자의 의미와는 무관하게 글자의 형태만을 활용한 것이다. 즉, '작품 3'이 글자의 외형적 아름다움을 통해 글자의 의미 전달을 돕고 있는 것은 아니다.

7.

정답 ①

정답 풀이 토론의 초입에서 사회자가 어떤 논제에 대해 토론하는 것인지를 제시하고 있다. 이에 따르면 해당 토론은 '책방 주인의 이윤 추구 행위가 정당한지 부당한지에 대해' 하는 것이므로, 어떤 행위의 정당성을 판단하고 있는 것이라고 볼 수 있고, 학생 1과 학생 2는 이에 따라 자신의 주장에 근거를 제시하고, 반대 학생의 주장에 반론을 제시하고 있으므로 자신의 판단을 제시하는 데에 그치지 않고 자신의 판단이 더 타당한 것임을 밝혀야 하는 논제라고 판단할 수 있다.

오답 풀이

② 토론의 초입에서 사회자가 제시한 논제는 '책방 주인의 이윤 추구 행위가 정당한지 부당한지'이므로, 어떤 행위의 정당성이 문제되는 것이지, 어떤 문제 해결 방법이 더 유용한지가 문제되는 것이라고 보기는 어렵다. 더불어 이를 판단하고 다른 방법과의 절충 방안을 밝혀야 하는 논제이지도 않다.
③ 토론의 초입에서 사회자가 제시한 논제는 '책방 주인의 이윤 추구 행위가 정당한지 부당한지'이다. 책방 주인의 이윤 추구 행위를 현안으로 보고 거기에 문제를 제기한다고 보더라도 이를 해결하기 위한 정책을 제시하고 있다고 보기는 어렵다.
④ 토론의 초입에서 사회자가 제시한 논제는 '책방 주인의 이윤 추구 행위가 정당한지 부당한지'이다. 즉, 정당성에 대한 가치 판단이 제시되고 있는 것이고, 책방 주인의 이윤 추구 행위의 사실 관계에 대해서는 논해지고 있는 바 없다.
⑤ 토론의 초입에서 사회자가 제시한 논제는 '책방 주인의 이윤 추구 행위가 정당한지 부당한지'이지, 정책이 아니므로 적절하다고 보기 어렵다. 정책을 광의적으로 해석하여 이윤 추구 행위를 책방 주인이 취한 이윤 극대화 정책으로 본다고 하더라도, 실현 가능성에 대한 검토는 찾아볼 수 없다.

8.

정답 ⑤

정답 풀이 학생 1은 입론에서 '우월한 지위를 이용하여 과도한 이익을 얻고자 했다.'라고 주장하고 있을 뿐, '나'의 상황을 고려했어야 했다고 발언한 바는 없다. 학생 1의 반론까지 포함하여 본다고 하더라도 학생 1이 '절박한 상황에 있었다'라고 한 것은 학생 2의 입론에서 '대등한 관계'였다고 한 것을 부정하기 위한 것이고, 이를 통해 책방 주인의 가격 결정을 수용할 수밖에 없었다는 것이지, 책방 주인이 이 상황을 고려하여 가격을 책정했어야 했다는 것은 아니므로 적절한 반박이라고 판단할 수 있다.

오답 풀이

① 학생 2 반론의 입장에 부합하는 것이므로 학생 1이 할 수 있는 반박으로 볼 수는 없다.
② 학생 2는 '나'가 책을 팔았을 때의 상황에 대해 언급한 바 없으므로 적절한 반박으로 볼 수 없다.
③ 학생 2는 반박에서 '합리적이지 않을 뿐만 아니라 현실적으로도 가능하지 않습니다.'라고 주장하고 있다.
④ 학생 2가 할 수 있는 주장이다. 학생 2는 학생 1의 주장이 합리적이지 않다고 비판하고 있는 것이며, 자신의 입론에서 가격 결정권은 책방 주인에 있고, '나'는 거래의 여부를 선택할 수 있다고 주장하였으므로 학생 2 자신의 가격 결정권이 책방 주인에 있는 것을 '합리적'인 것으로 두고 합리성을 고려한다면 책방 주인에게 판매 가격을 결정할 수 있는 권한을 인정하고, 다만 책값을 수용하지 못하면 거래를 하지 않겠다는 의사를 밝혔어야 한다고 주장할 수 있을 것이다. 따라서 학생 1이 할 수 있는 반박으로는 적절하다고 볼 수 없다.

9.

정답 ③

정답 풀이 학생 2의 입론 두 번째 근거는 '가격 결정권이 책방 주인에게 있는 대신 '나는 거래를 할 것인지를 선택할 수 있었'다는 것이다. 비합리적인 가격 급등으로 어떤 물건이 '시간이 지나면서 소비자의 외면을 받아 결국 가격이 내려가게 되었다.'라는 것은 오히려 '나'는 거래를 할 것인지 말 것인지를 선택할 수 있다는 점을 강화하는 사례로 볼 여지가 있으므로, '학생 2'의 입론에 사용된 둘째 논거가 현실과 어긋남을 보여 주는 사례라고 할 수 없을 것이다.

오답 풀이

① 학생 2의 경우 입론에서 '저는 책방 주인의 이윤 추구 행위가 정당하다고 생각합니다.'라 명시적으로 밝힌 바 있고, 학생 1 역시도 반론에서 '이윤 추구 자체가 부당한 것이 아니라'며 이윤 추구 행위 그 자체는 인정하였으므로 적절하다고 판단할 수 있다.
② 학생 2의 입론에서 '가격 결정권이 책방 주인에게 있는 대신'이라는 표현, 학생 1의 반론에서 '책방 주인에게 가격 결정 권한이 있다는 건 인정합니다만'이라는 표현을 통해 적절하다고 판단할 수 있다.
④ 학생 1의 반론 두 번째 근거는 '구입 가격의 열 배에 해당하는 금액으로 결정한 것은 상식적으로 적당한 이윤 추구로 볼 수 없습니다.'이므로 적절하다고 판단할 수 있다. 상식적인 수준의 이윤 추구를 '사회적으로 용인되는 수준'으로 바꾸어 표현한 것으로 볼 수 있다.
⑤ 학생 1의 반론에서 드러나는 것과 같이 '상식적으로 적정한 이윤 추구로 볼 수 없습니다. 이윤 추구 자체가 부당한 것이 아니라, 과도한 것이 문제'라는 관점에 맞게 '이윤을 많이 남기려고 하기보다는 ~ 합리적 가격을 책정하여야 한다.'라고 하였으므로 적절하다고 판단할 수 있다.

10.

정답 ①

정답 풀이 ㉠은 찬성 측의 입론의 일부로 제시된 것이다. 즉, 사회자가 제시한 '청소년의 팬덤 활동은 청소년에게 긍정적 영향을 준다.'라는 논제를 긍정하기 위해 제시된 것이라고 판단할 수 있다. 따라서 물음의 형식을 취하고 있으나, 실제 의문의 표현이라기보다는, 자신의 주장이 옳다는 것을 강조하기 위해 물음의 형식을 취한 것으로 볼 수 있다.

오답 풀이

② 전후 맥락을 고려할 때 '자신이 좋아하는 것을 좋다고 솔직하게 표현하며 건강하게 성장하는 청소년의 모습'을 일반적인 서술이 아닌 실제 있는 구체적 사례라고 보기는 어렵다.
③ '바람직하지 않습니까?'라는 구체적 의문 표현에서도 드러나듯, 의문형으로 제시된 것은 맞지만, 자신이 좋아하는 것을 좋다고 솔직하게 표현하는 청소년이 바람직하다는 것이지, 용어의 적절성을 묻는 발화이지는 않다.
④ 찬성 1의 입론에서 청소년 팬덤 활동을 부정적으로 보는 측의 견해를 일부 인정하는 모습이 드러난다고 볼 수는 없다.
⑤ 사회자가 서두에서 제시한 '청소년의 팬덤 활동은 청소년에게 긍정적 영향을 준다.'라는 논제의 범위를 한정하기 위한 질문이라 볼 수 없으며 단순히 자신의 견해를 의문의 형식으로 드러내는 것일 뿐이다.

11.

정답 ⑤

정답 풀이 〈보기〉의 논의를 고려할 때 자료의 신뢰성, 내지는 편파성을 지적해야 할 것이다. 이 경우 찬성 측의 응답에 따르면 자료가 팬덤에서 조사한 자료이므로, 팬덤 활동을 하는 입장을 강화하기 위한 편파성이 있을 수 있다고 의심할 수 있을 것이므로 이를 바탕으로 편파성, 즉 자료의 공정성에 문제를 제기하는 것이 〈보기〉의 논의에 따른 반대 신문으로 적절하다고 판단할 수 있다.

오답 풀이

① 〈보기〉에서 신뢰성이 논의된 바는 있으나, 찬성 1에 의해 출처 자체는 명확히 제시되고 있으므로 적절하다고 볼 수 없다.
② 〈보기〉의 협의 내용에서 자료의 활용 방향에 대해 논의한 바는 없으므로 적절하다고 보기 어렵다.
③ 찬성 1의 입론에서 '최근의 한 조사'임이 드러나고 있으므로 적절하다고 보기 어렵다.
④ 찬성 1의 입론에서 '팬덤 활동을 하는 청소년들과 하지 않는 청소년들의 삶의 만족도를 비교한 결과'임이 드러나고 있으므로 적절하다고 보기 어렵다.

12.

정답 ④

정답 풀이 사회자가 제시한 '청소년의 팬덤 활동은 청소년에게 긍정적 영향을 준다.'라는 논제와 맞는다고 볼 수 없다. 논제는 팬덤 활동 일반이 아니라, 청소년의 팬덤 활동을 다루고 있는 것이므로 청소년이 아닌 이모 팬덤과 삼촌 팬덤에 대한 내용은 논제에 부합하는 사례로 타당하지 않다.

오답 풀이

① 찬성 1의 입론에서 팬덤의 정의, 팬덤 활동을 통해 친구와의 관심사 공유와 인간관계 확장이 주장되고 있음을 확인할 수 있다. 제시된 팬덤 활동의 정의, 반대 측의 해당 부분에 대한 반론 부재 등을 고려할 때 특정 인물이나 분야에 대한 관심사를 공유한다고 볼 수 있고, 이를 통해 관심사를 공유하는 청소년 간의 인간관계의 확장이 일어날 수 있다는 점은 타당한 것으로 인정 가능하다.
② '팬덤은 대중문화의 문제점을 지적하고 다양한 문화 운동을 하고 있'다면, 이는 문화 실천의 주체가 되는 것이라고 볼 수 있을 것이므로 찬성 1의 견해에 대해 파악한 평가 내용으로 적절하다고 판단할 수 있다.
③ 팬덤 활동 자체가 갖는 특성을 바탕으로 청소년의 팬덤 활동이 불러올 수 있는 문제를 지적하는 반대 1의 근거는 '팬덤 활동의 배타성'이나 '스타에 대한 맹목적 숭배'이다. 이에 따라 반대 1의 견해에 대해 파악한 평가 내용으로 적절하다고 판단할 수 있다.
⑤ '중독을 이야기하셨는데 어떤 의미로 사용하신 거죠?'를 통해 '중독'의 의미를 확인한 뒤, '정상적인 생활을 할 수 없는 상태'라는 정의를 바탕으로 '정상적으로 생활하면서도 팬덤 활동을 열심히 하는 대부분의 청소년들'에게는 적용이 어렵다는 점을 지적하고 있으므로 적절하다고 판단할 수 있다.

<2> 실력 확인 문제

1.

정답 ④

정답 풀이 '청소년 고용 업체 규모 축소'는 청소년 아르바이트의 노동 문제 발생 원인에 대한 해결책으로 보기 어려우므로 청소년 아르바이트의 노동 문제 개선 방안에 들어가기에 적절하지 않다.

오답 풀이
① '청소년의 노동 환경에 대한 실효성 있는 제도 부족'이 청소년 아르바이트의 노동 문제 발생 원인으로 제시되고 있다. 따라서, 이에 대하여 청소년의 노동 환경 개선을 위한 제도 정비가 해결책으로 들어가기에 적절하다.
② '노동 관계법에 관한 청소년 고용 업주의 인식 부족'이 청소년 아르바이트의 노동 문제 발생 원인으로 제시되고 있다. 따라서, 이에 대하여 청소년 고용 업주에 대한 노동 관계법 교육과 지도 확대가 해결책으로 들어가기에 적절하다.
③ '청소년 노동자의 인권을 존중하지 않는 사회의 통념'이 청소년 아르바이트의 노동 문제 발생 원인으로 제시되고 있다. 따라서, 이에 대하여 청소년 노동자의 인권 보호를 위한 사회적 교육 기관 설립이 해결책으로 들어가기에 적절하다.

2.

정답 ④

정답 풀이 영민은 '어떻게 하면 죽는 사람의 수를 최소화하는가'라는 기준이 '명확한 기준'이 되어야 한다고 보고 있고, 소현 역시 '한 명이 죽더라도 다섯 명을 살리는 선택을' 하는 것이 '결과적으로 봤을 때 불가피한 조치'라면서 '결과가 선택의 기준'이 된다고 보고 있다. 둘 모두 선택의 기준으로 죽는 사람의 수가 어떤가라는 '결과'를 보아 죽는 사람을 줄이는 쪽의 선택을 해야 한다고 보고 있으므로 둘 사이에 차이가 있다는 해당 선지는 적절하다고 볼 수 없다.

오답 풀이
① 은주는 '스위치를 눌러서 사람을 '죽이는 것''이라는 표현으로, 보은도 '스위치를 누르면 살인이고'라는 표현을 통해 스위치를 누르는 것을 살인으로 보고 있음을 확인할 수 있다.
② '생명의 가치는 수량화할 수 없'다고 주장하는 보은에 이어 발언한 영민은 '죽는 사람의 수를 최소화하는가'를 기준으로 삼아야 한다고 하면서도, '생명의 가치를 수량화할 수 없다는 데 원론적으로는' 동의하고 있으므로 적절하다고 판단할 수 있다.
③ 소현은 '결과가 선택의 기준이 된다고 나는 생각해'라면서 행위의 결과를, 은주는 '행위 자체의 도덕성을 기준에 두어야 하는 것 아니야?'라며 행위 자체의 도덕성을 기준으로 설정해야 한다는 견해를 피력하고 있으므로 적절하다고 판단할 수 있다.

3.

정답 ④

정답 풀이 〈지침〉에서 결론은 '기대 효과와 향후 과제'를 순서대로 제시하라고 했으므로, (라)에는 3장에 제시된 정책 지원 방안에 따른 기대효과가 제시되어야 한다. '친환경 방송 제작을 위한 세부 지침과 인력 채용 방안 제시'는 그 내용이라 볼 수 없으므로 적절하지 않다.

오답 풀이
① 〈지침〉에서 서론은 '보고서 작성의 배경과 필요성'을 포함하라고 하였다. 서론의 항목 1에 보고서 작성의 배경이 제시되고 있으므로 (가)에는 필요성의 내용이 제시되어야 한다. '국내 방송 산업의 친환경 제작 전략의 필요성'은 그 내용으로 적절하다.
② 〈지침〉에서 본론은 제목에서 밝힌 내용을 2개의 장으로 구성하되, 2장의 하위 항목이 3장의 하위 항목과 서로 대응하도록 하라고 하였다. 따라서 (나)에는 3장의 항목 1과 대응되는 현황이 제시되어야 한다. '국내 방송 산업 내 친환경 제작을 위한 지침 부재'는 '국내 방송 산업의 특성을 반영한 친환경 제작 지침의 마련'이라는 정책 지원 방안과 대응되므로 적절하다.
③ 〈지침〉에서 본론은 제목에서 밝힌 내용을 2개의 장으로 구성하되, 2장의 하위 항목이 3장의 하위 항목과 서로 대응하도록 하라고 하였다. 따라서 (다)에는 2장의 항목 2와 대응되는 정책 지원 방안이 제시되어야 한다. '국내 친환경 방송 제작 관련 전문 인력 채용의 제도화'는 '국내 친환경 방송 제작 관련 전문 인력 부재'라는 현황과 대응되므로 적절하다.

PART 9 강화, 약화 추론

<1> 실전 연습 문제

1.

정답 ②

정답 풀이 밑줄 친 주장과의 대립적 입장을 한번 생각해 보자. 그 대립적 입장은 다음과 같다. '평균값이면 집단의 실상을 드러낼 수 있다'. 이 예시로 제시된 것이 바로 평균 수명이 기니까, 이 지역 사람들은 대체로 오래 살 것이라고 생각하는 것이다. 그렇다면 반대로 밑줄 친 주장은 평균값은 있는데 그것이 집단의 실상이 아닌 것을 찾으라는 것이다. ②번 선지에 따르면 평균 소득이 높지만, 그 집단의 구성원은 대부분 빈곤하다. 즉 해당 문장이 주장을 강화하는 사례가 된다.

오답 풀이
① 지역 간 비교는 해당 주장과 상관이 없다.
③ 신장과 체중은 서로 다른 범주이다.
④ 지역 간 비교는 해당 주장과 상관이 없다.
⑤ 평균 기온과 수영 능력 여부는 서로 다른 특성일 뿐이다.

2.

정답 ②

정답 풀이 ㄷ. 'ㄷ'의 사례는 (나)의 색소가 진하면 진딧물 수가 줄어든다는 주장을 강화하는 사례이다.

오답 풀이
ㄱ. '단풍이 든다면 (물질 이동을 차단하는) 떨켜가 작용한 것이다.'라는 문장을 약화시키려면 단풍은 들었는데 그것은 떨켜가 작용하지 않는 것이면 된다. 즉 ㄱ은 오히려 (가)를 약화한다.
ㄴ. (가)는 본래 주황빛이 이미 안에 있다고 주장한다. ㄴ은 이와 반대이므로 (가)를 약화한다.

3.

정답 ①

정답 풀이 ㄱ. 2문단에 따르면 도덕적인 사람은 행복할 것이라고 단언되고 있으므로 이를 만족하지 못하는 경우가 있다면 논증이 약화될 것이라고 판단할 수 있다.

오답 풀이
ㄴ. 2문단에서 훌륭하게 사는 사람, 즉 도덕적인 사람은 행복할 것이며, 행복한 것은 이익을 주므로 도덕적인 것은 이익이 된다고 제시되고 있다. 하지만 이 논증으로부터 도덕적으로 살지 않는 것은 이익이 되지 않는다는 주장을 추론할 수 있다는 것은 논리적 오류에 해당한다. 윗글에서 주어진 명제 P(도덕적으로 살다) → Q(이익이 된다)에서 추론할 수 있는 것은 해당 명제의 대우인 ~Q(이익이 되지 않다) → ~P(도덕적으로 살지 않다)일 뿐이지, 해당 명제를 통해 ~P(도덕적으로 살지 않다) → ~Q(이익이 되지 않다)를 추론할 수 없고 이것은 전건부정의 오류에 해당하기에 해당 선지의 내용은 적절하지 않다고 판단할 수 있다.
ㄷ. 2문단에 따르면 올바름 혹은 도덕적임은 혼이나 정신의 훌륭한 상태이지, 눈이나 귀의 고유한 기능과는 무관하다. 눈이나 귀가 고유의 기능을 잘 수행하는 것은 따라서 도덕적이라는 판단과 무관하며, 눈이나 귀를 도덕적이라고 하지 않는 것은 이 논증을 강화하지도, 약화하지도 않는 무관한 사례가 될 것이다.

4.

정답 ④

정답 풀이 ㄴ. 뉴턴역학에서 사용되는 단어의 의미가 뉴턴역학에 의거하여 결정될 수 있다는 것은 과학 이론이 과학의 단어가 지니는 의미를 규정하는 것이므로 2문단에 제시된 '이론 A'에 정확히 부합한다고 판단할 수 있다. 따라서 해당 사례는 ㉠을 강화할 것이다. ㄷ. 지문 2문단에 따르면 ㉠ '이론 A'는 1문단에 제시된 직접적인 관찰만으로 '가바가이'라는 '토끼'로 추정되는 어휘의 의미를 결정할 수 없었던 문제에서 제기된 것이다. 즉, 관찰만으로 '가바가이'라는 단어의 의미를 결정할 수 없다는 것이다. 그런데, '언어 행위에 대한 직접적인 관찰 증거만으로 그 의미를 결정할 수 있다.'면 ㉠은 약화될 것이다.

오답 풀이
ㄱ. '고래는 포유류이다.'의 의미를 확정하기 위해 문장에 사용된 단어인 '포유류'의 의미를 결정해야 한다는 것은 단어를 포함하는 문장을 모아 이를 기반으로 문장의 구성요소에 해당하는 단어의 의미를 결정하는 ㉠과 정확히 반대되는 것이므로, ㉠을 강화하지 않는다.

5.

정답 ②

정답 풀이 을의 주장은 공정한 법은 지켜야 한다는 것이고, 공정하지 않은 법은 지키지 않아도 되는 것이다. 즉 '법의 선별적 준수'를 말한다. 그런데 그 공정의 기준(선별의 기준)이 없다면 을의 주장은 성립할 수 없다. 따라서 ㄴ은 옳다.

오답 풀이
ㄱ. ㄱ의 사례는 '공정 여부와 무관하게 법은 무조건 지켜야 한다.'라는 갑의 주장을 강화하지 않는다.
ㄷ. 병의 주장은 '법은 선별적으로 준수할 수 없다.'라는 것이다. 설사 차별법이 있더라도 그것을 선별적으로 준수를 거부할 수는 없다. 그러므로 'ㄷ'은 약화 사례가 될 수 없다. 법의 존재 유무와 병의 주장은 관련이 없다.

6.

정답 ⑤

정답 풀이 ㄴ. 공직자 임용과정의 공정성을 높일 필요성이 부각된다면, B의 주장은 능력 중심, 공개경쟁, 기회 균등 등이므로 B의 주장은 설득력을 얻는다. ㄷ. 인구의 절반을 차지하는 비수도권 출신 공무원의 비율이 1/4에 그쳐 지역 편향성을 완화할 필요성이 제기된다면, C의 주장, 즉 지역별 인구 비례에 따른 공무원 선발은 지역의 편향성을 완화시킬 수 있다.

오답 풀이
ㄱ. A는 정당에 대한 충성도와 공헌도에 따라 공직자를 임용해야 한다고 한다. 그런데 정치적으로 중립적이어야 한다면 A의 주장은 설득력을 얻을 수 없다.

7.

정답 ⑤

정답 풀이 밑줄에서 언급한 것과 같이, 트랜스 지방을 더 많이 먹이자 심혈관계 질환인 심장병 발병률이 증가한 것이므로 ㄱ은 주장을 강화한다. 트랜스 지방 함량을 낮추자 동맥경화 발병률이 약화되었다는 것은 트랜스 지방이 동맥경화 발병의 원인이 되었다는 것으로 볼 수 있으므로 ㄴ 사례는 주장을 강화한다. 지문에 따르면 HDL은 혈관에 좋은 것이고, 패스트푸드는 트랜스 지방이 들어 있다. 따라서 이 음식을 섭취할 때, HDL이 감소한 ㄷ의 사례는 해당 주장을 강화한다.

<2> 실력 확인 문제

1.

정답 ④

정답 풀이 윗글에서 앳킨슨은 스톤헨지를 세운 사람들을 '야만인'으로 묘사하면서, 이들은 호킨스의 주장과 달리 과학적 사고를 할 줄 모른다고 주장했음을 확인할 수 있다. 이러한 점에 비추었을 때, 기원전 3,000년경 인류에게 천문학 지식이 있었다는 증거가 발견되면 앳킨슨의 주장은 약화될 것이므로 적절하다.

오답 풀이
① 윗글에서 천문학자 호킨스는 스톤헨지의 모양이 태양과 달의 배열을 나타낸 것이라는 의견을 제시했다는 것을 확인할 수 있다. 스톤헨지가 제사를 지내는 장소였다는 후대 기록이 발견된다면, 제사를 지내는 것과 천문학적 내용은 직접적인 관련이 없기에, 이것이 호킨스의 주장을 강화하지는 않는다.
② 윗글에서 천문학자 호일은 스톤헨지가 일종의 연산장치라는 주장을 하였다는 것을 확인할 수 있다. 스톤헨지 건설 당시의 사람들이 숫자를 사용하였다는 증거가 발견되면 호일의 주장은 강화될 것이므로 적절하지 않다.
③ 글쓴이의 주장은, 스톤헨지가 건설된 때에 현대인과 같은 지능을 가졌다 하더라도 그들은 우리와는 달리 수학과 천문학 지식의 축적이 없어 과학적 사고와 기술적 지식을 가지지 못했다는 입장이다. 스톤헨지의 유적지에서 수학과 과학에 관련된 신석기시대 기록물이 발견되면 글쓴이의 주장은 오히려 약화될 것이다.

2.

정답 ②

정답 풀이 ㄱ. 건축이 기후의 영향을 받는 것이므로 해당 주장을 강화한다. ㄷ. 여름, 겨울의 기후가 달라서 건축물이 다른 사례이므로 해당 주장을 강화한다.

오답 풀이
ㄴ. 같은 지역이므로 기후가 같을 텐데도, 주거 양식이 혼합되어 있어 건축이 기후의 영향을 받는 사례가 아니므로 해당 주장을 강화하지 않는다.

3.

정답 ③

정답 풀이 표기보다는 문화가 중심이라면, (나)와 같이 반드시 표기가 그 나라의 글이 아니라고 할지라도 국문학으로 인정될 수 있을 것이다. 따라서 (나)를 강화한다.

오답 풀이
① 문학적 가치와 분류가 직결된다고 보기 어렵거니와, (가)는 한문을 국문학에서 배제하자는 입장이므로 한문문학이 해외에서 가치를 인정받는다고 하여 한문문학을 배제하자는 (가)의 주장을 강화하지 않는다.
② 그 나라의 말과 글로 표현해야 한다는 정의는 (가)의 주장을 강화한다.
④ 차자표기의 작품이 다수 발견되었다고 하여, 일부의 국문학적 가치가 있는 한문문학을 준국문학으로 인정하자는 것은 (나)를 약화하지 않는다.

4.

정답 ②

정답 풀이 '교사를 지망하는 대학 졸업 예정자들 다수는 교육 환경과 사회 기반 시설이 열악한 도시 이외의 지역에서 일하기를 꺼리기 때문'에 '사회 기반 시설을 확보하는 것이 급선무'라고 주장하고 있으므로 윗글이 주장의 근거로 내세운 '사회 기반 시설이 열악'한 경우의 근무 기피를 증명할 수 있는 해당 선지는 윗글의 논지를 강화한다.

오답 풀이
① '교사를 지망하는 대학 졸업 예정자들 가수는 교육 환경과 사회 기반 시설이 열악한 도시 이외의 지역에서 일하기를 꺼리기 때문'에 '교육 환경과 사회 기반 시설을 확보'해야 한다고 주장하고 있다. 그런데 교육 환경에 차이가 없다면, A국 도시 외 지역의 교사 부족이 교육 환경 때문이 아니라는 것이므로 논지는 약화된다.
③ '교사 연봉을 10% 인상'하는 정책에 대해 '근본적인 해결책이 되기 어렵다.'라고 비판하고 있으므로, 이런 비판과는 달리 B국에서 연봉 인상이 효과를 보았다면 윗글의 논지는 약화된다.
④ '교사 양성 프로그램을 확대하는 정책'에 대해 '근본적인 해결책이 되기 어렵다.'라고 비판하고 있으므로, 윗글의 비판과는 달리 교사 양성 프로그램 확대가 교사 부족 문제를 해결할 수 있다면 윗글의 논지는 약화된다.

5.

정답 ④

정답 풀이 쿤에 따르면 '정상과학'과 '과학혁명'기의 과학자 모두 패러다임에 따라 과학 활동을 하므로 '성숙한 수준에 도달'하여 있지만, '전정상과학 시기'는 '패러다임을 한 번도 정립하지 못'하여서 '성숙한 수준에 도달하지 못'한 것이라고 진단하고 있으므로, 일부 사회과학 분야가 아직 한 번도 패러다임을 정립하지 못하였다면 쿤은 그런 사회 과학 분야를 전정상과학 시기에 있는 것으로 '아직도 성숙한 수준에 도달하지 못했다.'라고 진단할 것이므로 (가)를 강화하는 사례라고 판단할 수 있다.

오답 풀이
① 쿤에 따르면 연구 방향 및 평가 기준이 동일하다면, 즉 패러다임이 동일하다면 이는 정상과학의 시기라는 것이다. 그런데 이 시기는 과학혁명 시기와 함께 '성숙한 수준에 도달'해 있는 것이므로 (가)를 강화할 수 있는 사례로 적절하지 않다.
② 쿤에 따르면 패러다임이 교체되는 과학혁명 시기 역시, '성숙한 수준에 도달해 있'는 것이다. 따라서 이는 (가)를 강화할 수 있는 사례로 적절하지 않다.
③ '과학자들의 연구 방향 및 평가 기준이 서로 다'르다는 것은 쿤이 패러다임을 '연구 방향과 평가 기준을 따르게 한'다고 정의한 것을 고려할 때 과학혁명기에 있다는 것이다. 그런데 쿤은 이런 과학혁명 시기 역시 '성숙한 수준에 도달해 있는' 것이라고 보았다. 따라서 이는 (가)를 강화할 수 있는 사례로 볼 수 없다.

6.

정답 ③

정답 풀이 해당 글은 '인공일반지능의 개발은 허용될 수 없다.'면서, 그 근거로 인공일반지능이 실업과 인간의 독점적 지위 상실이라는 형태로 인간의 본질적 가치를 훼손할 것이라는 점을 들고 있다. 선지와 같이 인공지능이 오히려 본질적 가치를 회복하는 데 도움을 줄 수 있다면, 인공일반지능이 '어떠한 경우에도 훼손되어서는 안'되는 인간의 본질적 가치를 훼손하는 것이 아니라, 오히려 회복시킬 수도 있다는 것이므로, 논지가 약화될 것이다.

오답 풀이
① 인공일반지능의 수준에 미치지 못하는 인공지능조차도 실업자를 만들어 낼 수 있다면, 인공일반지능은 더 많은 일자리를 빼앗아 인간이 소외감을 느끼게 하고 본질적 가치를 훼손시킬 것이므로 이는 글의 논지를 강화한다.
② 글의 저자가 제시한 두 번째 근거와 부합하는 전문가의 의견이므로 오히려 전문가의 권위를 통해 이 글의 논지를 강화하는 것이다.
④ 이 글의 주장인 '인공일반지능의 개발은 허용될 수 없다.'에 공감하는 전문가가 많다는 것은, 전문 지식을 갖춘 이들도 이 글의 주된 주장인 인간의 본질적 가치 훼손이 일어날 것이라고 본다는 것이므로 글의 논지를 약화하는 것이 아니라 오히려 강화한다.

새로운 독해 2 - 출제 기조 전환 유형편 빠른 정답

PART 1 내용 이해, 추론

<1> 실전 연습 문제

1. ④   2. ④   3. ③   4. ③   5. ①
6. ①   7. ①   8. ③   9. ②   10. ①
11. ② 12. ④ 13. ④ 14. ② 15. ①
16. ③ 17. ② 18. ② 19. ① 20. ①

<2> 실력 확인 문제

1. ②   2. ③   3. ①   4. ①   5. ④
6. ①   7. ②   8. ②   9. ②   10. ①
11. ④ 12. ② 13. ② 14. ②

PART 2 제목, 중심 내용 찾기

<1> 실전 연습 문제

1. ④   2. ②   3. ①   4. ②   5. ②
6. ①   7. ③   8. ④   9. ④   10. ①
11. ④ 12. ①

<2> 실력 확인 문제

1. ④   2. ②

PART 3 세부 정보 추론

<1> 실전 연습 문제

1. ④   2. ②   3. ①   4. ①   5. ②
6. ④   7. ②   8. ①

<2> 실력 확인 문제

1. ③   2. ③

PART 4 어휘 개이득

<1> 실전 연습 문제

1. ④   2. ④   3. ②   4. ④   5. ①
6. ④   7. ③   8. ①   9. ②   10. ①
11. ② 12. ④ 13. ① 14. ④ 15. ④
16. ② 17. ② 18. ④

<2> 실력 확인 문제

1. ③   2. ①   3. ②   4. ③   5. ④

PART 5 평론 문학

<1> 실전 연습 문제

1. ①   2. ③   3. ③   4. ③   5. ④
6. ③   7. ②   8. ③   9. ④

<2> 실력 확인 문제

1. ②   2. ①   3. ③   4. ③   5. ④
6. ④   7. ②   8. ①

PART 6 빈칸 추론

<1> 실전 연습 문제

1. ③   2. ①   3. ④   4. ④   5. ③
6. ④   7. ④   8. ②

<2> 실력 확인 문제

1. ③   2. ④

PART 7 순서 추론

<1> 실전 연습 문제

1. ③   2. ②   3. ②   4. ②   5. ③
6. ③

<2> 실력 확인 문제

1. ②   2. ②   3. ③

PART 8 작문과 화법

<1> 실전 연습 문제

1. ④   2. ④   3. ⑤   4. ①   5. ③
6. ①   7. ①   8. ⑤   9. ③   10. ①
11. ⑤   12. ④

<2> 실력 확인 문제

1. ④   2. ④   3. ④

PART 9 강화, 약화 추론

<1> 실전 연습 문제

1. ②   2. ②   3. ①   4. ④   5. ②
6. ⑤   7. ⑤

<2> 실력 확인 문제

1. ④   2. ②   3. ③   4. ②   5. ④
6. ③